Jürgen Hagel

Das Filstal

Die Fils kurz vor ihrer Mündung in den Neckar bei Plochingen. Hinter der Brücke erkennt man einen Teil des Baus von Friedensreich Hundertwasser.

Jürgen Hagel

Das Filstal

Natur, Kultur, Geschichte, Orte

Silberburg-Verlag

Das vordere Vorsatzblatt zeigt Göppingen,
von Westnordwest aus der Luft gesehen, im Jahr 2003.

1 2 3 4 5 07 06 05 04 03

Schönbuchstraße 48, D-72074 Tübingen.

Umschlag: Frank Butzer, Tübingen,
unter Verwendung eines Fotos von Rainer Fieselmann.
Druck: Gulde-Druck, Tübingen.
Printed in Germany.

ISBN 3-87407-564-8

Inhalt

Vorwort

Die Anregung, dieses Buch zu schreiben, kam vom Silberburg-Verlag. Es ehrt mich, dass sich der Verlag mit seiner Bitte, es zu erarbeiten, gerade an mich wandte. In der vorbereitenden Diskussion wurde uns bald klar, dass diese Darstellung nicht nur über den Fluss und die an ihm liegenden Orte berichten, sondern das gesamte Einzugsgebiet der Fils vorstellen sollte, denn dieses bietet so viele interessante Eigen- und Besonderheiten, dass es ungemein reizvoll und lehrreich, ja sogar fesselnd ist, sich mit ihnen zu befassen. Freilich muss jeder, der über diese Landschaft berichten will, mit dem Mut zur Lücke seinen Text beschränken, denn sonst müsste er gleich mehrere Bände vorlegen, zumal dann, wenn er zugleich die schönsten und interessantesten Bilder aus Vergangenheit und Gegenwart zeigen will. In diesem Buch wird deshalb versucht, auf einem Mittelweg den roten Faden durch die Zeit zu ziehen, aber zugleich durch eingestreute Darstellungen von Details und zeitgenössischen Schilderungen etwas Kolorit zu geben.

Das Einzugsgebiet der Fils deckt sich im wesentlichen mit dem Gebiet des Landkreises Göppingen. Nur am Rand gibt es einige Ausnahmen: Böhmenkirch und Steinenkirch gehören zum Einzugsgebiet der Brenz, Zell unter Aichelberg und Aichelberg zu dem der Kirchheimer Lauter, andererseits liegen Hochdorf und Reichenbach im Landkreis Esslingen und Teile des Einzugsgebiets der Fils im Nordwesten und Nordosten sowie das Gebiet oberhalb des Filsursprungs in den jeweils angrenzenden Landkreisen. Das soll hier aber unmaßgeblich sein. Die weitgehende Übereinstimmung von Einzugsgebiet und Landkreis erleichtert die Beschaffung von Informationen.

Ein Vorteil ist es auch, dass aus dem Landkreis Göppingen dank dem Eifer seiner Archivare sowie einiger Lehrer und Heimatfreunde viele gehaltvolle Ortschroniken und ausführliche zusammenfassende Darstellungen zu verschiedenen Themen vorliegen, auf die man sich stützen kann. Ich bin deren Autoren für ihre Arbeit dankbar und ganz besonders auch denjenigen Damen und Herren in Behörden und Unternehmen, die mir durch ihre mündlichen und brieflichen Hinweise geholfen haben, insbesondere den Herren Oberarchivrat Walter Ziegler und Kreisarchäologe Dr. Reinhard Rademacher (Schloss Filseck) sowie den Herren Archivaren Dr. Karl-Heinz Rueß (Göppingen) und Hartmut Gruber M. A. (Geislingen). Mein Dank gilt zugleich allen Bildgebern sowie ganz besonders den Herren Titus Häussermann und Martin Klaus vom Silberburg-Verlag für die ausgezeichnete Zusammenarbeit.

Ich widme dieses Buch meiner lieben Brigitte in Winnipeg.

Jürgen Hagel, Nürtingen

Warum die Fils einen Haken schlägt – Die Landschaftsgeschichte der Fils-Region

Wer von Wiesensteig aus filsaufwärts der schmalen Straße folgt und vom Parkplatz bei der Papierfabrik ab weiter wandert, wird nach etwa 20 Minuten in 625 Meter Höhe über Normal-Null vor dem Fils-Ursprung stehen. Aus mehreren armdicken Löchern im Fels, auch aus einigen etwas talabwärts, sprudelt das Wasser auf der Schichtgrenze Weißjura α/β heraus, je nach Wetterlage zwischen 50 und 4000, im Mittel jedoch 160 Liter pro Sekunde. Sogleich hat es eine ansehnliche Strömung, so dass schon nach 1,5 Kilometern Lauf eine Mühle die Energie nutzen konnte. Noch stärker ausgeprägt ist das bei der Geislinger Rohrach, deren Quelle auf 508 Meter Höhe entspringt, im Durchschnitt 250 Liter pro Sekunde schüttet und damit die stärkste Quelle aller Fils-Zuflüsse ist. Auf 5,3 Kilometer überwindet der tief eingeschnittene Bach einen Höhenunterschied von 81,5 Metern, hauptsächlich an sechs Tuff-Terrassen. Schon 1415 trieb der Fluss sechs Mühlen. Auch die Wasserführung der kurzen Eyb reichte aus, 1840 sieben Wasserwerke zu treiben. Das ist typisch für eine Karstlandschaft, denn in einer solchen befinden wir uns hier.

Wie gelangt das Wasser, das hier austritt, in den Berg? Es ist das Regen- und Schmelzwasser von der Oberfläche der Schwäbischen Alb. Dieses versickert nämlich im klüftigen Gestein dieser Karstlandschaft, deren Täler auf der Hochfläche deshalb vielfach kein Wasser führen. Tief unter der Oberfläche sammelt sich das Wasser auf größeren Klüften oder gar in Höhlen und strömt einem Ausfluss zu. Die topographische Karte verzeichnet im Einzugsgebiet der oberen Fils noch weitere derartige

Beim Filsursprung fließt das Wasser aus mehreren Quellen in armdickem Strom und bildet gleich einen kleinen Fluss.

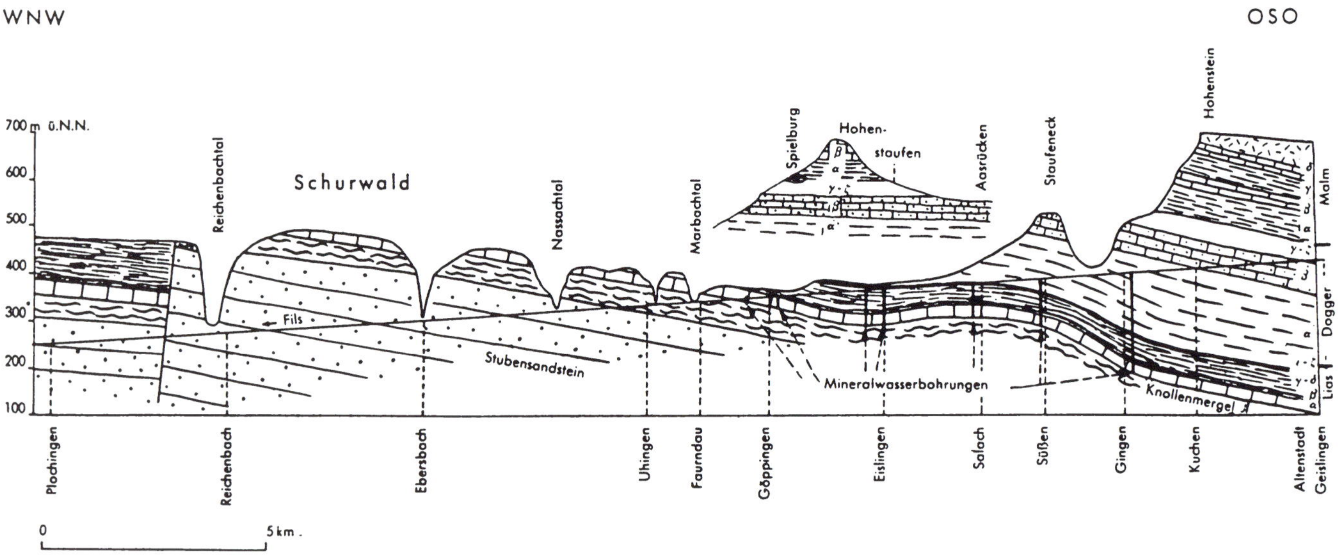

Geologischer Längsschnitt durch das Filstal von Plochingen bis Geislingen (schematisiert)

Rechte Seite oben: Die Gefällskurven der Lone und der Fils mit ihren Nebenflüssen lassen erkennen, dass sich die Fils und ihre Zuflüsse infolge der Anzapfung durch den Neckar stark eingeschnitten haben, in ihren obersten Abschnitten aber noch auf die gestrichelt dargestellte Ur-Lone ausgerichtet sind. Obere Darstellung 40-fach, untere fünffach überhöht. Unten ist das von der Fils inzwischen ausgeräumte Gebiet schraffiert dargestellt.

Quelltöpfe. Die über diese Austritte hinaus weiter aufwärts führenden Täler, wie das Hasental oberhalb der Filsquelle und das obere Magental, liegen trocken, weil das Wasser unterirdisch abfließt.

Hier fragt man sich allerdings, warum es denn überhaupt trockene Täler gibt? Dabei muss man zweierlei bedenken: Erstens ist der Kalk, der im Jurameer vor 150 Millionen Jahren abgelagert wurde, klüftig; zweitens herrschte im Tertiär (vor 65 bis 2,5 Millionen Jahren) ein anderes, feuchteres Klima, aber im folgenden Pleistozän, das durch den Wechsel von Kalt- und Warmzeiten gekennzeichnet war, blieb der Untergrund während der Kaltzeiten tiefgründig gefroren – nur der Boden taute im Sommer auf. Die Klüfte im Gestein waren deshalb durch Eis plombiert, und das Niederschlags- und Schmelzwasser konnte nicht versickern, sondern musste oberirdisch abfließen. Dabei schuf es die Täler. Sobald der Untergrund mit dem Einsetzen der Warmzeiten tief auftaute, konnte das Wasser in dem klüftigen Gestein versickern und unterirdisch abfließen. Die Täler auf der Höhe blieben fortan trocken und führen nur nach starken Regen Wasser. Die Brunnen bleiben deshalb zeitweise trocken, weshalb der Volksmund sie »Hungerbrunnen« nennt. So versiegten die 16 Brunnen, über die Türkheim um 1840 verfügte, in trockenen Sommern bis auf einen in Hanglage. Eben wegen dieser Wasserarmut blieb den Bewohnern der Hochfläche oft nichts anderes übrig, als Regenwasser aufzufangen, für das Vieh Hülen (Hülben) anzulegen, um Wasser zu sammeln, und in trockenen Zeiten über eine »Brunnsteige« wie bei Schnittlingen Wasser aus dem Tal zu holen. In Stötten erinnert ein Relief am Brunnen daran.

Die Gesteine des Jura wurden einst in einem Meer abgelagert. Dabei änderten sich die Sedimente mehrfach in ihrer Zusammensetzung, so dass eine Schichtung entstand, die in der Landschaft deutlich abzulesen ist. In dem Meer bauten Schwämme, Kalkalgen und Korallen Massenkalke auf, die heute oft markante Felsnadeln wie das Steinerne Weib und die Roggennadel bilden. In der folgenden Zeit (Kreidezeit vor etwa 145 bis 65 Millionen Jahren, Tertiär, Quartär) war unser Gebiet Festland, Verwitterung und Abtragung konnten also an der Oberfläche wirksam werden. Insbesondere das feucht-warme Klima des Tertiärs sowie der Wechsel von Gefrieren, Auftauen und Durchfeuchtung des Bodens während der Kaltzeiten des Quartärs trieben diese Vorgänge stark voran. Eisbedeckung war nicht mit im Spiele, denn sie gab es hier nicht.

Die Schichten sind leicht nach Südosten geneigt. Das hat zur Folge, dass das Wasser auf der Oberfläche zur Donau abfließt. Das versickerte Wasser aber findet in einem traufnahen Bereich den Weg zum Neckar. So greift das Einzugsgebiet der Geislinger Rohrach unterirdisch auf etwa 30 Quadratkilometer in das oberirdische Gebiet der Lone ein. Die unterirdische Wasserscheide liegt in der Alb also weiter südostwärts als die oberirdische.

Der Oberlauf der Fils und die Eyb folgen einer tektonischen Muldenzone. Bei Geislingen schnitt der vom Neckar her zurück erodierende Lauf der Fils diese Zone an und tiefte sich auch darüber hinaus weiter ein. So entstand einschließlich des Längentals ein Knoten von fünf Tälern. Dort also schlägt die Fils einen Haken von etwa 90 Grad. Warum folgt sie nicht geradeaus der Richtung, aus der die Eyb kommt, warum biegt sie nicht um in die Richtung des auf der Alb ab Amstetten zur Lone gerichteten breiten Talzugs? Der Grund für die Gestalt des Flussnetzes ist in der Erdgeschichte zu finden.

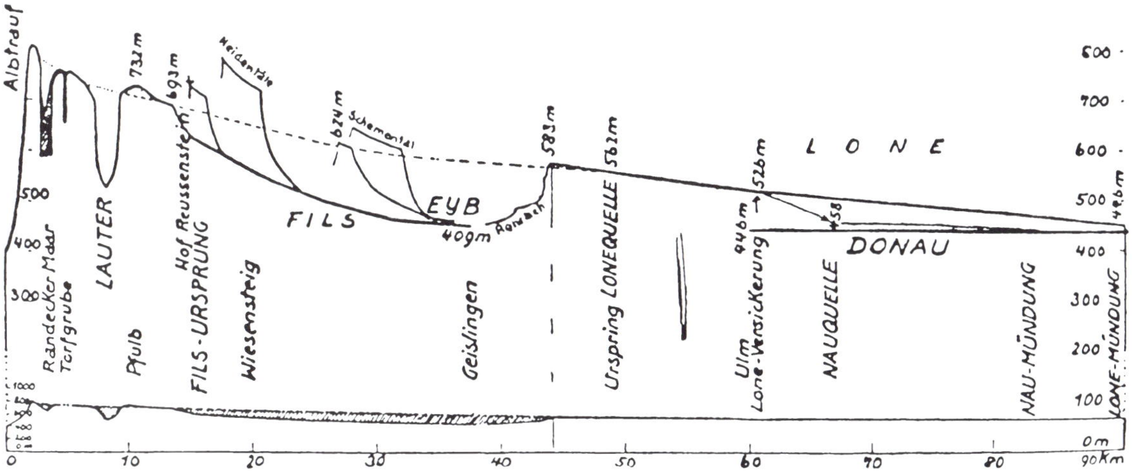

Noch im Tertiär reichte die Alb viel weiter nach Nordwesten. Das bezeugen die Alb-Gesteine, die bei der Eruption des Scharnhäuser Vulkans vor etwa zwölf Millionen Jahren emporgeschleudert wurden und in den Schlot zurückfielen (wo man sie heute findet), das bestätigen auch die Dreikaiserberge, die aus demselben Gestein wie die Alb bestehen. Die Gerölle der Ur-Eyb, die sich vom Furtle-Pass über Weißenstein, Treffelhausen, Schalkstetten, Stubersheim bis Lonsee nachweisen lassen, wie auch Flussgerölle in etwa 710 Meter Höhe am Kornberg (zwischen Boll und Gruibingen) bezeugen, dass die Wasserläufe vor 30 bis 10 Millionen Jahren auf der Hochfläche südwärts zum Molasse-Meer und (später) zur Donau flossen. Die »Ur-Lone« reichte damals viel weiter nach Nordnordwesten zurück, wahrscheinlich bis in die Gegend um Bad Cannstatt, mit einem großen Nebenfluss von Horb her, der bei Plochingen die Lone erreichte. Aber der zum Rhein fließende Neckar

Unten: Die Hausener Wand, freigelegt durch einen Bergsturz, lässt den Wechsel von Kalk- und Mergelbänken sowie den Beginn der Bildung von Schwammstotzen gut erkennen, doch wird das aus der Ferne nicht deutlich. Wegen der faunistischen Besonderheiten darf hier zeitweise nicht geklettert werden.

Blick über den Michelsberg (rechts, mit der Hausener Wand) und Weigoldsberg (halblinks) ins obere Filstal

hat ein größeres Gefälle. Somit konnte er sich entlang des Ur-Lone-Tals stark zurückschneiden, mit seinen Zuflüssen den Albrand zurückverlegen, irgendwann den von Horb kommenden Zufluss der »Ur-Lone« anzapfen und damit die Abtragung am Albrand weiter verstärken. Danach schnitt er sich mit der Fils ab Plochingen weiter zurück und raubte, indem er sein Tal weiter rückwärts eintiefte, der »Ur-Lone« einen immer länger werdenden Teil ihres Laufs. Deshalb beginnt die Lone heute erst bei Urspring, obwohl ihr breites Tal weiter aufwärts reicht.

Bei seiner Einschneidung zapfte der Fluss auch die Nebenflüsse der Lone an: die Eyb (Roggental) und die obere Fils. Nun schnitten sich auch diese immer stärker ein. Das Tal der Eyb, das sich rückwärts bis zum Eyb-Ursprung bei Treffelhausen stark eingetieft hat, lässt sich als ein breitsohliges Tal mit flachen Hängen weiter aufwärts verfolgen, und zu ihm gehörende Terrassen kann man auf der Markung Degenfeld finden. Die oberste Lauter nutzt diesen alten Talzug – inzwischen tief eingeschnitten –, bis sie mit scharfem Knick nach Donzdorf umbiegt.

Die Einschneidung der heutigen Fils erfolgte nicht gleichmäßig. Während der Kaltzeiten war der Schuttanfall groß, und die Flüsse schotterten ihre Betten auf, doch während der Warmzeiten schnitten sie sich tiefer ein. Von Göppingen bis Reichenbach finden sich in mehreren Höhenlagen Schotter-Terrassen, die das belegen.

Der längste Zufluss, der dem Talknoten bei Geislingen zuströmt, ist derjenige von Wiesensteig; er gab deshalb mit Recht dem gesamten Lauf den Namen, auch wenn die Fils damit einen ebenso starken Knick macht wie der Neckar bei Plochingen. Dass die Eyb in dem Talknoten nicht auf dem kürzesten Wege zur Fils strebt, sondern erst unterhalb Altenstadt mündet, ist eine normale Erscheinung. Ihre Schleifen, die sie einst bei Altenstadt aufwies, sind längst begradigt.

Auf der topographischen Karte wird nicht nur deutlich, sondern geradezu augenfällig, dass der oberen Fils von der Südseite her nur kurze, steile Wasserläufe zufließen, die teils linienhaft, teils buchtenförmig in den Albkörper zurückschneiden. Von der Nordseite jedoch kommen, der Schichtenneigung folgend, längere Bäche mit geringerem, gleichmäßigerem Gefälle, die ausnahmslos die alte Fließrichtung nach Süden aufweisen. Dass die Zuflüsse von Norden einstmals weiter zurück reichten, wird daran deutlich, dass am Albtrauf im Norden die Einkerbungen ihrer früheren Täler zu sehen sind. Selten ist der Albrand durch so viele Flüsse derart aufgelöst wie hier.

Ähnliches gilt für die Donzdorfer Lauter und ihre Nebentäler.

Sicherlich flossen die Nebenflüsse der »Ur-Lone« und diese selber nicht genau über den heutigen Läufen von Neckar und Fils. Es liegt auf der Hand, dass sich die Flüsse, während sie sich einschnitten – beim Neckar geschah dies immerhin in der Größenordnung von 400 bis 450 Metern –, etwas verlagerten. Aber die Talrichtungen stimmen überein.

Die Eintiefung der Flüsse nach der Anzapfung durch den Neckar führte dazu, dass ein größeres Gebiet allmählich von der Alb abgetrennt wurde. Die Höhenlagen von Tegelberg, Michelsberg, Dalisberg, Weigoldsberg, Nordalb, Hochalb und den Höhen beiderseits von Gruibingen wie auch der mit demjenigen der Alb übereinstimmende Formenschatz dieser Berge und der Höhen nordöstlich von Gruibingen zeigen die Zugehörigkeit zur Alb an. Das gilt auch für den flachkuppigen, verkarsteten Alb-Bereich westlich des Eyb-Tales, für den Galgenberg, das Kalte Feld bei Lauterstein und für die weiter entfernt auf der Wasserscheide von Fils und Rems liegenden Zeugenberge Hohenstaufen, Rechberg und Stuifen mit ihrer Weißjura-Kappe. Die obere Fils und die Eyb fließen also *in* der Alb, die bis Geislingen denn auch als Fils-Alb bezeichnet wird, während die Eyb die Treffelhauser Alb vom Albuch trennt. Die Flüsse haben sich durch den Weißen Jura bis in den Braunen Jura eingeschnitten, doch sind die Täler eng. Unterhalb Altenstadt jedoch werden sie und der Braunjura-Streifen breiter, bis die Fils bei Gingen ins Albvorland übertritt. Die Lauter fließt ab Weißenstein ganz im Braunen Jura. Bei Uhingen tritt der Fluss in den Stubensandstein des Keupers über, das Tal verengt sich, insbesondere ab Ebersbach.

Die Einschneidung der Wasserläufe hält noch heute an. Wegen des Geislinger Knicks der Fils ergibt sich dabei die seltene Erscheinung, dass weiter abwärts mündende Nebenflüsse der Fils mit weiter oberhalb zufließenden mitten im Einzugsgebiet miteinander um eine Wasserscheide kämpfen: Die Fils hat eine Wasserscheide mit sich selbst. Besonders deutlich wird dies südöstlich und südlich von Schlat sowie südlich Gammelshausen: Nördlich des Albtraufs haben die Bäche steiles Gefälle nach Norden, südlich davon erstrecken sich die alten, flachen Täler des Donausystems nach Süden. Ähnlich nähern sich dem oberen Längental einige Lauter-Zuflüsse, kämpfen ebenfalls zwei Nebenflüsse der Fils um ihre Wasserscheide. Die Südgrenze des Einzugsgebietes ist übrigens die Europäische Wasserscheide zwischen dem Neckar- und dem Donau-System.

Über dem Opalinus-Ton liegt eine Sandsteinschicht, die den bezeichnenden Namen »Wasserfallbank« erhalten hat. Genau genommen, sind es zwei Bänke, der untere und der obere Donzdorfer Sandstein. Diese Schichten bilden die meist bewaldete Geländestufe im Albvorland, die sich von Boll über Schlat nach Süßen zieht und Rehgebirge und Asrücken bildet.

Der aus dem Albkörper kommende und deshalb an Hydrogenkarbonat reiche Fluss baut aber auch auf. Wo ein Hindernis den Weg versperrt und das Wasser im Fall mit Luft vermischt wird, entweicht aus ihm Kohlendioxid, und Kalk scheidet sich als Kalktuff ab. Dieser »Dauch«, wie der Tuff hier im Volksmund heißt, bildete sich erst nach der letzten Kaltzeit, also seit etwa 10 000 Jahren. Wo er sich in stärkerem Umfang absetzte, entstanden Terrassen, die wegen ihres Gefälles gute Standorte für Mühlen sind. Unterdrackenstein steht auf solchem Tuff, den der dortige Bach im Lauf der Zeit aufgebaut hat. Überdies lud der Fluss schon während der letzten Kaltzeit im Talgrund bis zu acht Meter mächtige Schotter ab. Sie wurden von Auelehm überdeckt, nachdem der Mensch mit Beginn der Sesshaftigkeit begonnen hatte, die Wälder zu roden und damit ungewollt die Bodenabtragung und entsprechend die Ablagerung im Tal verstärkte.

In einer Karstlandschaft findet man wegen der Löslichkeit des Gesteins viele Höhlen. So auch hier. Genannt seien die Schertelshöhle südwestlich von Wiesensteig, die Todsburger Höhle östlich von Wiesensteig, die Brunnensteighöhle südwestlich von Bad Überkingen sowie das Rabenloch östlich von Gingen. In das von einem Bach durchflossene, 4320 Meter lange Mordloch im Tal der Eyb, die zweitlängste Höhle der Alb, soll ein Wilderer den von ihm ermordeten Schloss-Förster hineingeworfen haben und selbst wenig später vom Ravensteiner Felsen gestürzt sein. Solche Höhlen sind nicht erst heute Quartiere der Fledermäuse, sondern waren auch früher Schlupfwinkel von Tieren. So enthielt eine erst 1964 bei Aufhausen entdeckte Höhle gut erhaltene Reste eiszeitlicher Tiere wie Mammut, Wollnashorn, Wisent, Wildpferd und vieler anderer Arten. Stürzen unterirdische Hohlräume ein, so können an der Erdoberfläche Kessel entstehen, die Dolinen. Ein solcher Einsturz ereignete sich im Winter 1840/41 mitten in Unterböhringen.

Die Ausbildung des neuen Talsystems der Fils ist, geologisch gesehen, noch jung. Die Enge und die steilen Hänge der oberen Täler sind hierfür der Beweis. Allerdings spielt dabei auch die Beschaffenheit des Gesteins eine wichtige Rolle. Die Abtragung der Steilwände der Alb erfolgt nämlich an ihrem Fuß in den Tongesteinen (Schwarzjura β,

Luftbild der Schwäbischen Alb bei Gruibingen (im Vordergrund halbrechts). Im oberen rechten Viertel des Bildes ist das Filstal mit der Hausener Wand (in der Mitte) erkennbar. Zwischen ihm und dem links sichtbaren Albtrauf liegt die Voralb. Trotz der kuppigen Oberfläche der Alb wird ihr Charakter als Hochfläche deutlich sichtbar.

Oberhalb von Wiesensteig liegt die 1820 entdeckte Schertelshöhle, eine Klufthöhle, die mit wunderbaren Tropfsteingebilden beeindruckt.

Rechte Seite: Blick etwa von Türkheim auf die wohl größte Rutsch- und Sturzmasse des oberen Filstals (Bildmitte). Links der Kempten. Dahinter sind Hausen und der Weigoldsberg erkennbar.

Opalinuston = Braunjura α, Braunjura ζ). Besonders in die mächtige Schicht des Opalinustons haben die Quellwässer am Rand der Alb tiefe Schluchten eingeschnitten, insbesondere südlich von Bad Boll, wo Maustobel, Rankklinge und Franzosenschlucht die wildesten Klingen bilden. Durch die Quellen und die Niederschläge werden die Tongesteine zudem aufgeweicht und rutschen langsam hangabwärts. Sobald dadurch die vordere Felsenwand ihren Halt verliert, reißt sie vom Albkörper ab und wird zu einem »hangenden Stein«. Dieser rutscht im Lauf der Zeit als Block zunächst etwas mit, ehe er irgendwann umstürzt und zerbricht. Das geschieht seit Jahrtausenden.

Das ganze »Täle« ist ein ausgesprochenes Bergrutsch- und -sturzgebiet mit Abriss-Nischen an den Felswänden und Trümmerschutt im Talgrund, der durch seine wellig-kuppige Oberfläche auffällt. An der berühmten Hausener Wand kann man das gut erkennen. Die wohl größte Rutsch- und Sturzmasse blockiert das Tal zwischen Hausen und Bad Überkingen derart, dass die Fils diesen Abschnitt in einer Enge durchschneiden und die Straße auf den Berghang ausweichen muss. Sie dürfte das Tal bereits blockiert haben, ehe Menschen hier lebten. Berühmt ist der Bergrutsch, der in der Nacht vom 2. auf den 3. März 1805 oberhalb Hausen am Osterberg im Greuth auf einer Fläche von zwölf Hektar den Fluss über rund 140 Meter blockierte und aufstaute, so dass er sich einen neuen Weg suchen musste. Ein donnernder Lärm weckte am 3. Oktober 1824 die Einwohner von Gosbach, als am Tierstein mehrere große Brocken herabstürzten. Ähnlich fiel am 5. Dezember 1836 nach langem Regen vom Beutelfelsen ein Block herunter und rutschte am 3. Oktober 1851 infolge großer Durchfeuchtung zwischen Nenningen und Donzdorf eine große Scholle ab und drohte die Lauter zu blockieren. Eine solche Gefahr besteht auch weiterhin: Erst 1938 blockierte eine Rutschung die Straße von Hausen nach Unterböhringen, und im Frühjahr 1994 rutschten nach ergiebigem Regen an der ehemaligen Bahnstrecke zwischen Hausen und Bad Überkingen größere Böschungsteile ab.

Der für diese Rutschungen verantwortliche Opalinuston ist im Bauwesen ebenso gefürchtet wie der Knollenmergel am Schurwald-Rand. In Geislingen hat das abgerutschte Gestein zwischen Türkheimer und Bismarckstraße bei Bauvorhaben schon manche Schwierigkeiten bereitet. Im Gelände kann man Rutschgebiete an ihrer welligen Oberfläche und an schief stehenden Obstbäumen erkennen.

Im November 1911 stürzte bei Unterdrackenstein ein Felsen aus Kalksinter ab. Die Ursache war das starke Erdbeben im Zollerngraben. Man verarbeitete den Felsen später in Bad Ditzenbach zu Baustein. Ein anderes Erdbeben verursachte 1673 in Bad Boll einige Schäden, das Beben vom 4. August 1940 bei Plochingen blieb im Gebiet der Fils dagegen ohne Folgen.

Oft bildet der Kalkstein – infolge der Abrisse – am Trauf weißgrau leuchtende Bänke. Zudem bleibt massiger Riffkalk säulenförmig stehen. Es sind also morphologisch harte Schichten, welche die Stufen bilden und weshalb man von einer »Schichtstufen-Landschaft« spricht. So entstanden die vielen als »Felsen« oder »Stein« bezeichneten Kalkklötze, die der Landschaft im oberen Fils-Gebiet ihr romantisches Aussehen verleihen.

Diese Art der Abtragung in den tiefer gelegenen Schichten ließ beachtliche Höhenunterschiede ent-

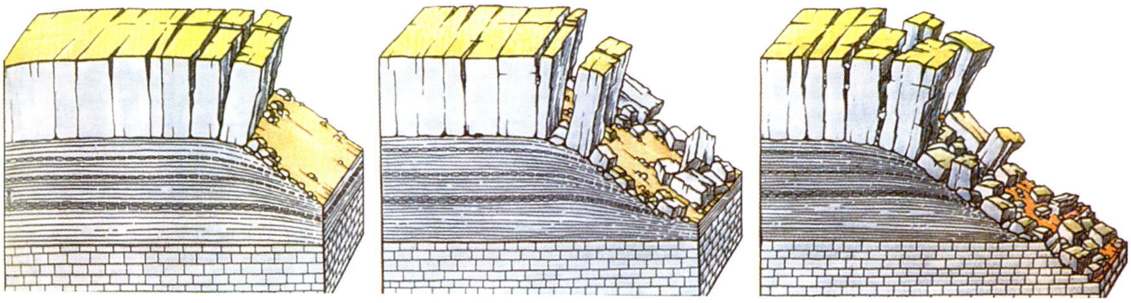

Diese drei Blockbilder zeigen, wie der Albrand langsam zurückverlegt wird.

stehen. Vom 820 Meter hohen Lämmerbuckel bis nach Wiesensteig (592 Meter) sind es in der Luftlinie nur etwa 1600 Meter, doch der Höhenunterschied erreicht über 220 Meter, von der Höhe östlich Weiler (701 Meter) bis Geislingen (463 Meter) auf eine Entfernung von rund 1700 Meter fast 240 Meter.

Der höchste Punkt im Einzugsgebiet der Fils liegt (außerhalb des Kreises Göppingen) beim Sportplatz nordöstlich Donnstetten und erreicht 861 Meter; der Westenberg (nordnordöstlich Westerheim) mit 844 Metern und der Hochbuch (nördlich Donnstetten) mit 829 Metern stehen ihm nicht viel nach. Alle diese Punkte sind von Trockentälern gesäumt, die über das Neckertal beziehungsweise das Hasental hinab zum Filstal ziehen. Der tiefste Punkt, die Mündung der Fils in den Neckar, liegt in 248 Meter Höhe. Der größte Höhenunterschied in dem rund 700 Quadratkilometer großen Einzugsgebiet erreicht also 613 Meter. Die Fils selbst fließt von ihrer Quelle bis zur Mündung über 63 Kilometer Länge 377 Meter hinab. Ihre Energie konnten um 1950 noch 100 Stauanlagen mit 150 Triebwerken nutzen, darunter nicht einmal die Hälfte Mühlen und Sägewerke, doch immerhin elf Elektrizitätswerke.

Die Hänge und die Hochfläche im Fils-Gebiet sind gekennzeichnet durch Magerrasen und durch Wacholder-Heide. Allerdings sind die Heiden hier nicht urtümlich, denn sie konnten sich nur entwickeln, weil die Schafe den Wacholder mieden. Sie verwildern deshalb dort, wo sie nicht erhalten werden, schon bald, weshalb heute versucht wird, sie durch Beweidung offen zu halten. Im Magentäle, einem Nebental des Roggentals, überzieht feuchter Schluchtwald die Hänge, und den hintersten Teil bedecken geschlossene Eibenbestände. Nordöstlich Schnittlingen gedeihen seltene Farne. Um diese Kostbarkeiten der Natur zu erhalten, wurden im Gebiet der oberen Fils besonders viele Naturschutzgebiete ausgewiesen.

Noch heute wird der Rand der Alb langsam, aber stetig immer weiter zurück verlegt. Die geologisch jungen Bergrutsche beweisen es. Dadurch wurden nördlich der Alb die unter dem Weißen Jura liegenden Schichten des Braunen und des Schwarzen Jura freigelegt. Sie bilden das Albvorland. Auch in ihnen wechseln weichere und härtere Gesteine ab. So prägen Platten des Lias (unterer Jura) das Gebiet südwestlich der unteren Fils man spricht von der Schlierbacher Platte – und solche des Braunen Jura mit Ebenheiten und Stufen das Gebiet südlich der Linie Eislingen–Boll sowie das stark zertalte Rehgebirge und den Asrücken. Wo Fils und Lauter das Gebiet des Weißen Jura verlas-

In den weichen Mergeln bilden sich oft tiefe Klingen, die bei der Zurückschneidung in die härteren Schichten enge Schluchten entstehen lassen. Das Bild stammt aus dem Schurwald aus der Nähe von Börtlingen.

sen – und das ist etwa bei Süßen und Donzdorf –, ändert sich also das Landschaftsbild: Die Stufen sind niedriger, die Ebenheiten rundlicher, die Täler breiter. Die Abtragung vollzieht sich auch hier vor allem in den Tonen. Das gilt entsprechend für den Knollenmergel bei Reichenbach, wo 1720 und 1769 Erdrutsche die Straße nach Plochingen blockierten.

Dass tektonische Störungen (Verwerfungen, an denen sich Schollen vor allem vertikal bewegt haben) das Bild modifizieren – am stärksten am Hohenstaufen –, sei nur am Rande erwähnt. Das obere Filstal zeichnet übrigens bis hinter Deggingen und auch unterhalb von Hausen solche Verwerfungen nach.

Nördlich der unteren Fils sind der Braune und großenteils auch der Schwarze Jura gleichfalls längst abgetragen. Geblieben sind die vom Stubensandstein des Keupers und von dem noch zum Jura gehörenden, in Abtragungsresten erhaltenen Angulatensandstein gebildeten hohen Flächen des Schurwalds. Zwischen den Sandsteinschichten liegen Mergel, die dort, wo sie zu Tage treten, gleichfalls leicht ausgeräumt werden und rutschgefährdet sind. Steile Klingen im Schurwald zeigen ihr Vorkommen an.

Es gibt noch eine Besonderheit, die viele hier nicht vermuten: Aichelberg und Turmberg, die beide auf der Wasserscheide zwischen Fils und Lindach (Kirchheimer Lauter) liegen, sind ebenso wie die Hunnenburg bei Gingen vulkanischen Ursprungs. Es sind Tuffschlote, die zum »Schwäbischen Vulkan« gehören, der vor 20 bis 16 Millionen Jahren um Bad Urach als Zentrum herum über 350 Schlote bildete. Weil dieses Gestein härter ist als das des umgebenden Jura, blieben die Tuffschlote bei der Ausräumung als Kuppen stehen. Noch heute ist im Bereich des Vulkans und seiner Umgebung die Erdwärme größer als normal. Steigt die Temperatur mit der Tiefe gewöhnlich auf 33 Meter um ein Grad, so wächst sie bei Boll schon auf 9,10 Meter um diesen Betrag. Damit ist Boll der »heißeste Fleck« in Mittel-Württemberg. Das erklärt auch, weshalb es hier Thermalquellen gibt.

Das so reizvolle Bild der mehrere Stufen zeigenden Landschaft ist also das Ergebnis zum einen der Gesteinsverhältnisse, zum anderen der je nach diesen sowie nach dem Gefälle der Flüsse und den Klimaverhältnissen unterschiedlich wirkenden und verschieden rasch ablaufenden Abtragung. Selten wird das auf kurze Distanz so deutlich wie hier.

Heilende Wässer und Bäder

Schon seit Jahrhunderten zog ein ganz besonderer Bodenschatz des Fils-Gebietes die Aufmerksamkeit auf sich: mineralhaltige, heilende Wässer. Sie waren anfangs aus dem Schwarzen Jura erschlossen, konnten später jedoch auch in tieferen Gesteinen bis hin zum Buntsandstein erbohrt werden. Die meisten Quellen sind Säuerlinge, aber auch salinare Wässer treten an mehreren Stellen zu Tage. Die Schwefelwässer des Jura entstammen schwefelkies-haltigen Tonsteinen.

Wahrscheinlich wurde das Quellwasser des Filstales zunächst lediglich getrunken. Später badete man im Freien oder in Hütten in hölzernen Zubern, in die immer wieder erwärmtes Wasser nachgefüllt werden musste. Erst im 15. Jahrhundert kamen Badehäuser und ärztlich verordnete Kuren auf. Der Göppinger Stadt- und Boller Badearzt Hieronymus Walch empfahl 1650, mit einer Stunde Badezeit anzufangen und sie auf drei Stunden am Vor- und weitere zwei Stunden am Nachmittag auszudehnen.

Lange Zeit war es üblich, während des Bades zu speisen, Karten zu spielen und andere Vergnügungen zu genießen, zumal Männlein und Weiblein unbekleidet nicht unbedingt getrennt badeten. Erst Herzog Christoph verlangte in Göppingen die Trennung der Geschlechter. Im Entwurf der Badeordnung für Boll von 1597 – in diesem Jahr herrschte in Göppingen gerade die Pest, der etwa 1100 Einwohner erlagen – wurden das Küssen und das Anfassen fremder Frauen ausdrücklich verboten. Dass man sich auch bei Tänzen und Spielen im Freien vergnügte, zeigt die Boller Landtafel von 1602. Die Buchdruckkunst half, Informationen über die Bäder und das Baden zu verbreiten und damit Gäste anzulocken.

Die Bedeutung der Bäder schwankte im Lauf der Zeit mehrfach. Das hatte verschiedene Gründe, hauptsächlich die sich wandelnden Vorstellungen von Hygiene und Reinlichkeit. Vor allem wirkte sich nach einer badefreudigen Zeit der Dreißigjährige Krieg sehr nachteilig aus. Bis zum 19. Jahrhundert konnten sich ohnehin nur vermögende Personen eine Trink- und Bade-Kur leisten, weshalb der Volksmund treffend meinte: »Wer Geld hat, schickt seine Frau ins Bad, wer keins hat, wäscht sie selber ab«.

Das 19. Jahrhundert erwies sich für etliche Bäder als schwierig. Das zeigen die häufigen Besitzer-Wechsel an. Im 20. Jahrhundert konnten sie sich jedoch konsolidieren, insbesondere nach dem Zweiten Weltkrieg, als Thermalquellen erbohrt wurden und damit »Thermal-Bewegungsbäder« geschaffen werden konnten, zuerst 1971 in Bad

Das alte Göppinger Christophsbad im 17. Jahrhundert

Badestube im Spätmittelalter. Die Gäste hielten sich stundenlang im Wasser auf, aßen und tranken, während Musiker für Unterhaltung sorgten. Das Bild lässt ahnen, dass man im Bad auch anderes trieb.

Überkingen. Heute verfügen alle Kurorte, Bad Überkingen, Bad Ditzenbach und Bad Boll, über neue Badehäuser mit großen Becken.

Den bereits 1404/05 erwähnten Göppinger »Sauer-« oder »Swalbrunnen« nutzte man für Trink- wie für Badekuren. Im folgenden Jahr ließ sich Nikolaus von Schwerdt, von Graf Eberhard III. von Württemberg zum Leibarzt bestellt, als erster Arzt in der Grafschaft hier nieder. Anfang 1417 kam der Graf nach Göppingen auf seine Burg, um eine harmlos erscheinende Krankheit zu kurieren. Er starb unerwartet am 16. Mai desselben Jahres, wurde aber in Stuttgart beigesetzt. Das Bad erfreute sich bei den Herren von Württemberg weiterhin besonderer Beliebtheit. Herzog Christoph ließ deshalb ein neues Badehaus, das seitdem als »Christophsbad« bekannt ist, sowie ab 1559 für seinen Aufenthalt »ein fürstliches Schloss und Lusthaus« errichten. Im Bereich des Bades sollte »Burgfrieden« herrschen, für dessen Übertretung schwere Strafen drohten.

Im Jahr 1617 erbaute Heinrich Schickhardt die Badherberge neu. Mit ihren zwei Obergeschossen verfügte sie über 17 Stuben und zugehörige Kammern. Viele Adlige nahmen hier Quartier. 1633 zum Beispiel kam Johann Friedrich, Pfalzgraf bei Rhein, Herzog in Bayern, Jülich, Kleve und Berg, mit seiner Gemahlin, begleitet von einem Hofrat, einem Medikus, einem Sekretär, fünf Kammerjungfern, zwei Kammermägden, einem Pagen, einem Trompeter, einem Kurschreiber, einem Kanzleidiener, drei Kammerdienern, zwei Lakaien, einem Koch, zwei Marstallknechten, drei Leibkutschern, drei Nebenkutschern, sechs Personen mit fünf Packwagen und 33 Pferden. Auch der Astronom Johannes Kepler und ein Erbprinz von Norwegen kamen hierher zur Kur.

Nach der Schlacht bei Nördlingen 1634 verlor das Bad allerdings seine Bedeutung. Erst Herzog Eberhard Ludwig ließ zu Anfang des 18. Jahrhunderts ein neues Gast- und Badehaus, ein Trinkhaus und ein Spazierhaus errichten und Alleen setzen, »damit die Gäste einen angenehmen Spaziergang möchten genießen können«. Auch an einem Schießstand konnte man sich vergnügen, Trödler und Blumenmädchen boten ihre Waren feil, fahrende Musikanten unterhielten die Besucher, das Wasser wurde weithin versandt. Bei einfachen Mahlzeiten wurden vier bis sechs, bei gehobenen sieben bis neun Gänge gereicht. Nach dem Essen sollte man eine Stunde ruhen.

Noch im selben Jahrhundert begann der Verfall, so dass der Badwirt 1742 klagte, es habe sich nur noch ein Badegast eingefunden. 1852 wandelte der damalige Besitzer Dr. Heinrich Landerer – er hatte es 1839 erworben – das Christophsbad in eine Heil- und Pflegeanstalt für Gemüts- und Nervenkranke um, in der 1874 390 Patienten weilten. 1943 erhielt das Bad eine neurologische und später auch eine Reha-Abteilung. Den Verkauf des Wassers setzte man ständig fort; um 1925 wurden jährlich mehr als eine halbe Million Flaschen ausgeliefert. Noch heute darf jeder Einwohner Göppingens hier kostenlos Sprudelwasser holen.

Nach neuen Bohrungen konnten in Göppingen 1900 der Hohenstaufenbrunnen und 1932 der Neue Brunnen eröffnet werden. Sie gehören zu einer anderen Gruppe von Quellen als die früher bekannten und verbreitern damit den Anwendungsbereich.

Einen guten Ruf besaß auch die Quelle in Jebenhausen, ja das dortige Bad war schon 1450 als beliebt erwähnt und zeitweise sogar stärker besucht als das in Göppingen. Viele Adlige und kirchliche Würdenträger kamen zur Kur und fanden Quartier im Badwirtshaus »Zum großen Christophel«, hinter dem im 15. Jahrhundert das Badhaus stand. In seiner heutigen Form stammt dieses Wirtshaus von 1610. Damals hatte es 23 Zimmer mit Kammern sowie im Erdgeschoss einen Saal für Krämer. 1730 wurde der Badebetrieb eingestellt, und 1770 verschüttete ein Wolkenbruch die Quelle. Heute werden in Jebenhausen jährlich bis zu einer Million Liter Wasser abgefüllt und weithin verkauft.

Das am Rand von Jebenhausen gelegene Badhaus ging 1961 in den Besitz der Stadt Göppingen über, die dort das Naturkundliche Museum einrichtete. In ihm kann man die von Dr. Engel zusammengetragene und inzwischen ergänzte Sammlung von Versteinerungen aus dem Jura studieren.

Das Lengenbad in Faurndau ist erstmals 1477 urkundlich belegt. Es bestand aus einem Sauer-

Am Sauerbrunnen von Göppingen konnten sich die Einwohner ihre Krüge füllen.

Das Christophsbad heute

Viele kommen zum alten Badhaus in Jebenhausen, um sich am Brunnen Mineralwasser abzufüllen.

brunnen, einem Bade- und einem Wirtshaus. Ein Lageplan von 1589 zeigt ein etwa 130 Meter langes und 45 Meter breites ummauertes Gelände mit einem Badehaus. Das Wasser wurde in einem Trog aufgefangen und von dort abgeleitet. Zwei Kessel dienten dazu, es zu erhitzen. Im Jahr 1620 erwarb das Herzogtum Württemberg die Anlage, die als

bedeutend gegolten haben muss, denn sonst hätte Matthäus Merian sie nicht 1643 abgebildet. 1686 wurden die Herberge zum Hirschen, das Badhaus sowie Scheuer, Pferdestall, Keller, Schöpfhaus und weitere Herbergen neu aufgeführt. Die Württemberger gaben das Bad später jedoch auf, hatten sie doch die Quelle in Göppingen.

Die Schwefelquelle bei Boll war mindestens seit 1477 bekannt. Weil Wild und Vieh zu ihr drängten, stellten einige Einwohner kleine Hütten auf, in denen man abgeschirmt baden konnte. 1595 ließ Herzog Friedrich I. in der Hoffnung, Salz zu finden, das Wasser durch den Arzt Johannes Bauhin untersuchen und einen Schacht graben. Das erhoffte Salz fand man nicht, doch stießen die Bergleute auf zwei schwefelhaltige Quellen. Der Herzog ließ sie fassen und durch Heinrich Schickhardt neue Gebäude für das Bad errichten, wozu man – wie damals allgemein üblich – die Steine von einer Ruine, nämlich von der ehemaligen Burg Aichelberg holte. Auch ein Lustgarten durfte nicht fehlen. 1597 gab der Herzog dem Bad eine Ordnung, die festlegte, wie sich Badegäste und Hausmeister verhalten sollten. Für ungebührliches Verhalten drohte der Landesherr sogar Strafen an, denn »Burgfriede« sollte in seinem »Wunderbad« herrschen, Ruhe, Ordnung, Sicherheit. Jeweils zwölf »unvermöglichen und bresthaften Leuten«, die im »Gnadenbau« untergebracht wurden, ermöglichte der Herzog eine Kur auf seine Kosten.

Johannes Bauhin veröffentlichte schon 1598 unter dem Titel »Historia novi et admirabilis fontis balneique Bollensis« (Geschichte der neuen und wunderbaren Quelle und des Bades Boll) eine lateinisch abgefasste, ausführliche Beschreibung von Boll und Umgebung. 1602 kam die etwa 900 Seiten starke deutsche Ausgabe heraus: »Ein New Badbuch vnd Historische Beschreibung von der wunderbaren Krafft vnd Würckung des Wunder-Brunnen und heilsamen Bads zu Boll«. Das Buch enthielt nicht nur eine Beschreibung der Quelle, ihres Wassers und seiner Wirkungen und Nebenwirkungen, sondern zudem die bereits erwähnte Badeordnung. Auch eine Art Naturführer für Boll und Umgebung fehlte nicht. Bauhin beschrieb sogar Insekten und Mineralien sowie 60 Apfel- und 39 Birnensortern, die bei Boll kultiviert wurden, ja er legte die erste, durch zahlreiche Abbildungen ergänzte Abhandlung der Welt über Fossilien vor, auf die man hier bei den Grabarbeiten erstmals gestoßen war. Man sah in den Versteinerungen damals allerdings nur Kuriositäten der Natur, keine Objekte wissenschaftlicher Neugier.

Einem Teil der deutschen Ausgabe war die berühmte »Boller Landtafel« beigegeben, ein Holzschnitt des herzoglichen Hofmalers Philipp Gretter. Die Darstellung besteht aus sechs Teilen, die man aneinanderfügen kann, und erreicht insgesamt die Maße 112 mal 53 Zentimeter. Gretter stellte darin nicht nur die Dörfer und die Landschaft dar, sondern auch das Leben und Treiben der Menschen in ihr: beim Pflügen, Ernten und Gülle-Fahren, beim Reiten und Jagen, beim Treiben der Rinder und Ziegen, beim Graben nach Erz wie auch bei Spielen. Nicht weniger als 320 Menschen und 258 Tiere beleben das Bild. Man sieht die Etter (Zäune) um die Dörfer ebenso wie Ziehbrunnen, Fuhrwerke und eine Schießscheibe.

Nach dem Dreißigjährigen Krieg verlor das Bad Boll seine Bedeutung, die Ausgaben überstiegen die Einnahmen. Erneuerungen in den Jahren 1725 und um 1740 reichten für einen neuen Aufschwung nicht aus. Die württembergische Regierung über-

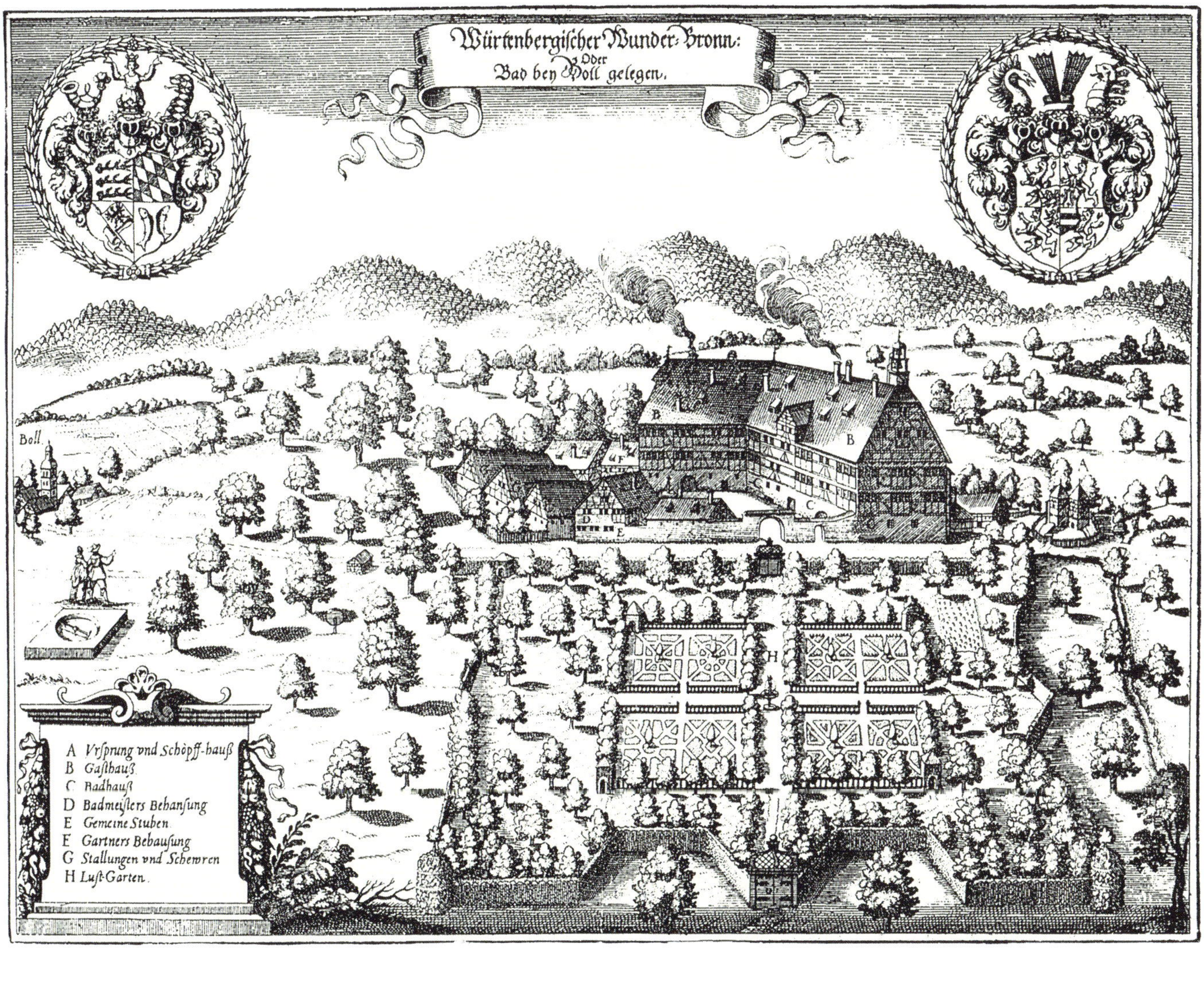

»Würtembergischer Wunder-Bronn oder Bad bey Boll gelegen«, Kupferstich aus der Zeit um 1650

Vom Tanzen in Bad Boll

Im Jahr 1697 wurde ein Gebot erlassen, wonach das Tanzen nur am Tag und nur in Anwesenheit eines Obmanns stattfinden durfte, und 1713 wurde das Tanzen an Sonn- und Feiertagen gänzlich verboten, lediglich dem Badwirt blieb wegen seines alten Bestandsbriefes eine Ausnahme gestattet. Das nutzten verständlicherweise auch die jungen Leute aus dem Dorf. 1720 musste Badmeister Seitz jedoch dem Keller [Verwalter] in Göppingen schreiben, der Pfarrer in Boll weigere sich, seinen Beichtkindern, die im Bad getanzt hätten, das Abendmahl zu geben, vielmehr habe er deren Namen von der Kanzel verlesen. Zwar wurde der Göppinger Untervogt vom Herzog gerügt, doch 1722 musste der Badmeister abermals schreiben. Der Pfarrer hatte Pfingstmontag statt einer Bußpredigt eine Zornpredigt gehalten und das Tanzen verdammt, so dass an diesem Tag niemand wagte, zum Tanz zu gehen. Als dann an den Feiertagen Philippi und Jakobi einige Leute wieder zu tanzen gewagt hätten, seien sie auf Veranlassung des Pfarrers ins Narrenhäuslein gesteckt und mit einem Pfund Heller bestraft worden. Der Pfarrer wurde erneut zur Ruhe verwiesen, die Strafen wurden aufgehoben und den Dörflern das Tanzen im Bad an den Feiertagen gestattet.

Das Bad Boll, Ausschnitt aus der Boller Landtafel von 1602. Rechts Gäste bei einem Spiel, davor Verkaufsstände.

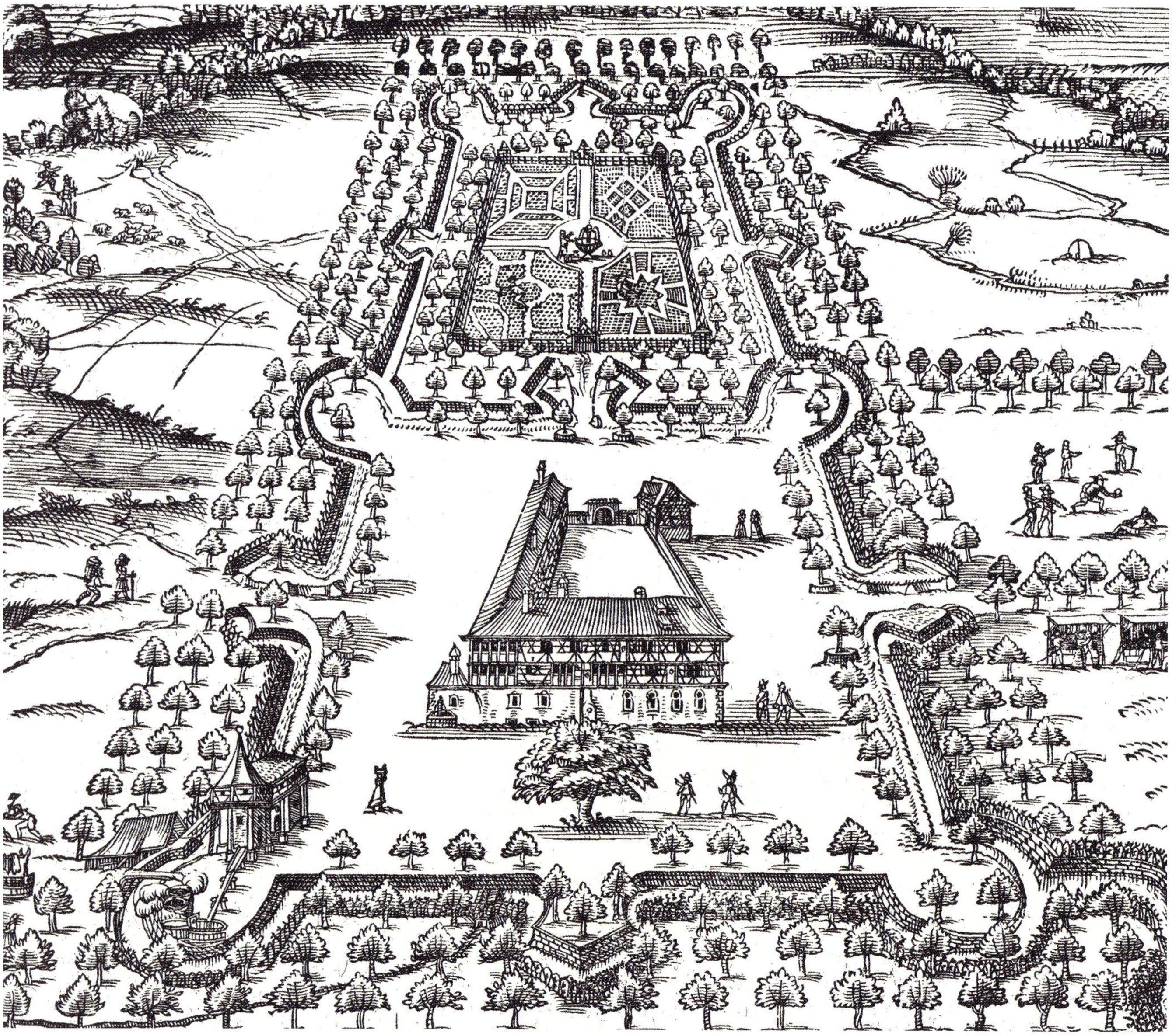

Die Badegebäude von Boll um 1830

legte 1818 schließlich, das Bad zu verkaufen. 1822 hieß es ja auch, das Badhaus sei heruntergekommen und nur noch ein Schatten seiner großen Vergangenheit. »Dies ist das allerlangweiligste der Welt; denn es mangelt bisher an Allem dem, was die eigentliche Würze des Badelebens ausmacht«, meinte der Schriftsteller Jakob Dangelmaier; nur wenn man keine andere Möglichkeit finde, komme man »an diesen Ort der höchsten Langeweile und gähnt und seufzt, von schwerem Leiden niedergedrückt, auf seinem Zimmer«.

Der württembergische König Wilhelm I. ließ das Bad in den Jahren 1823 bis 1825 wieder herrichten. Das dabei von dem Stuttgarter Baumeister Gottlob Georg Barth im spätklassizistischen Stil errichtete Kurhaus gleicht mit seinem repräsentativ wirkenden Eingang einem Schloss, und mit dem Promenade-Saal ihm gegenüber gelang ein Kleinod des Biedermeiers. Der königliche Hofgärtner Bosch (der zur selben Zeit den Rosensteinpark in Stuttgart anlegte) musste den alten Lustgarten in einen Park umwandeln. Mitglieder der Königsfamilie gingen gerne hierher in die Sommerfrische, auch König Wilhelm I. kam zur Kur. Gebadet wurde jetzt in Wannen und Kabinen. Im 19. Jahrhundert bestand in Bad Boll überdies in der im Stil eines Schweizer Bauernhauses gehaltenen Schweizerei eine (Ziegen-)»Molkenkuranstalt«, wie sie damals beliebt war.

Die wirtschaftliche Krise der 1840er Jahre war auch in Bad Boll zu spüren. Die Regierung verkaufte deshalb das Bad 1852 an Pfarrer Johann Christoph Blumhardt aus Möttlingen. Dieser verfolgte eine neue Konzeption und erreichte durch seine »Gebetsheilungen« und Seelsorge einen neuen Aufschwung. Die Erben seines Sohnes Christoph verkauften das Bad 1920 an die Herrnhuter Brüdergemeine. Diese entwickelte es zu einem Ort auch von Tagungen und gab dem Haus damit eine weitere Funktion.

Das Kurhaus von Bad Boll heute

Die Wandelhalle in Bad Boll

Seit 1945 waren zunächst Kriegs- und mehrmalige Unwetterschäden zu überstehen. Nachdem 1972 eine Bohrung Thermalwasser erschlossen hatte, konnten die Anlage um ein Bewegungsbad erweitert und das Kurhaus zu einer Kurklinik ausgebaut werden. Ein großes neues Hotel entstand jüngst nicht weit entfernt. Aus einem Schieferbruch bei Boll stammt der gemahlene Posidonienschiefer für den im Bad verwendeten »Jura-Fango«.

Die ältesten Nachrichten über den »Schwallbrunnen« in Überkingen reichen zurück bis 1415 (und nicht, wie vielfach zu lesen, ins 12. Jahrhundert), doch wurde er wohl mindestens seit den 1370er-Jahren genutzt. Einrichtungen für Kuren sind aber erst seit 1434 nachweisbar. Das Bad beherbergte schon im 15. und 16. Jahrhundert zahlreiche vornehme Gäste. 1588/89 ließ die Reichsstadt Ulm ein neues Badhaus errichten und 1602 das so genannte Neue Haus mit einem geräumigen Stall, denn viele Gäste kamen ja zu Pferd oder mit eigenem Wagen. Der Dreißigjährige Krieg brachte ein Ende, doch im 18. Jahrhundert kamen wieder bessere Zeiten: 1718 entstand ein Trinkhaus, 1724 stiftete ein Gast eine Lindenallee, 1794 erhielt das Bad ein Saal-Gebäude. Vornehme Kurgäste badeten jetzt im Kurgasthaus auf ihren Zimmern, andere in den Badestuben. Von 1950 bis 1979 Heimat der Fachschule für das Hotel- und Gaststättengewerbe, dient das Haus heute wieder als Bad-Hotel. Nach neuen Tiefbohrungen, bei denen eine Thermalquelle erschlossen wurde, konnte 1972 das neue Thermalbad errichtet werden. Um den Überkinger Sprudel leichter versenden zu können, wurde 1903 beim Bau der Bahn eine Verlade-Anlage geschaffen. Um 1918 gingen bereits über zwei Millionen Flaschen im Jahr in den Versand. Nach dem Ausbau der Abfüll-Anlage können jetzt stündlich 180 000 Flaschen gefüllt werden.

Die Ditzenbacher Quelle war schon 1560 bekannt, gewann aber erst zwei Jahrhunderte später

Das Bad-Hotel in Bad Überkingen heute

Wie Ulrich von Helfenstein den Ditzenbacher Sauerbrunnen entdeckte

Graf Ulrich von Helfenstein hatte am Galgenberg gejagt und war bei der Verfolgung eines angeschossenen Hirsches im Wald von der Jagdgesellschaft abgekommen. Überlegend, was er tun solle, hörte er in der Nähe ein Plätschern. Er wollte nachschauen und entdeckte den angeschossenen Hirsch, der den verwundeten Lauf im Wasser badete. Unvorsichtig trat der Graf auf einen dürren Ast, und der Hirsch verschwand hinkend zwischen den Bäumen. Als der Graf von dem etwas säuerlich schmeckenden Wasser trank, merkte er, dass es ihn in besonderer Weise erfrischte. Nun badete auch er seinen bei einem früheren Kampf verletzten Fuß, legte sich in das Moos und schlief ein. Später suchte er immer wieder die Quelle auf, badete in ihr und spürte, dass sich sein Leiden zusehends besserte. Deshalb ließ er die Quelle einfassen und sich regelmäßig Wasser auf die Burg holen, er trank davon, und sein Fußleiden verschwand.

Bedeutung. Bei einer Grabung im Jahr 1666 stieß man auf eine ältere, völlig verdrückte Fassung. 1667 wurde die Quelle verschüttet, doch erst 1717 begann eine neue, erfolgreiche Suche. Man fasste die Quelle 1755 neu und konnte 1760 rund 70 000 Krüge mit Mineralwasser nach Bayern versenden (wozu Ditzenbach damals gehörte). Eindringendes Süßwasser und Schäden durch Hochwasser machten das Bad 1782 bedeutungslos, der Betrieb verfiel. 1825 erwarb Hauptmann Anton von Schweizer aus Deggingen das Bad und ließ ein Kur- und Badehaus mit sechs Badekabinen errichten. Mit 61 Badegästen im Jahr 1840 war es allerdings nicht stark frequentiert, die Besitzer wechselten mehrfach, das Bad verkam, obwohl der Versand an Mineralwasser um 1860 etwa 200 000 Flaschen im Jahr erreichte. Im Jahr 1890 übernahm die Kongregation der Barmherzigen Schwestern von Untermarchtal das Bad, nutzte die Anlage zunächst als Erholungsheim und als Anstalt für geistig behinderte Kinder, ließ die Quelle jedoch 1901 und 1914/15 neu fassen. 1930, 1971 und 1983 wurden weitere Quellen erschlossen. Das 1973 errichtete Vinzenz-Bad wird allen heutigen Wünschen gerecht.

Das Wasser des Brunnens in Hattenhofen wurde in der Mitte des 20. Jahrhunderts noch täglich getrunken, doch hat das inzwischen aufgehört. In Süßen nutzte man das 1948 erbohrte Wasser nur bis 1989, das in Salach (1948) gar nicht. In Grünbach durfte 1481, nachdem Kranke die Quelle erfolgreich genutzt hatten, mit kaiserlicher Erlaubnis ein »Wildbad« eingerichtet werden, doch ist es anscheinend bald verfallen. Ebenso besteht das Rötelbad in Rorgensteig schon längst nicht mehr.

Erste Hinweise auf Badestuben

Geislingen, oberes und unteres Bad	1355
Rechberghausen	1458
Eislingen	1498
Heiningen	1524
Ebersbach	1535
Gruibingen	1541
Schlat	1550
Reichenbach an der Fils	1575
Unterböhringen	1581
Uhingen (hinter dem Rathaus)	1594

Normale Badestuben gab es in den Städten, ja auch in einigen Dörfern bereits im Mittelalter, sei es dass die Badestuben in den Archivalien als solche genannt sind oder aber ein Bader nachweisbar ist. Dabei ist klar, dass ein Bad meistens schon einige Zeit lang bestand, ehe es erstmals erwähnt wurde. Wie beliebt das Baden am Ende des Mittelalters war, bezeugt das »Badegeld«, das man anstelle des heute üblichen Trinkgelds gab. Auch Schwitzbäder waren üblich, und man ließ sich im Bade sogar die Haare schneiden, rasieren und zur Ader lassen. Das Haus, in dem »Hübschlerinnen« den Männern ihren Dienst anboten (wie es in Göppingen 1477 neben dem unteren Bad nachgewiesen ist), war oft nicht weit entfernt. Als im 15. Jahrhundert die Holzpreise stiegen und zudem Pest und Syphilis sich ausbreiteten, begannen die Bürger, die Bäder zu meiden, man setzte mehr auf Puder und Parfüm. Erst im 19. Jahrhundert nahm der Badebetrieb wieder zu und man begann, Freibäder, später auch Hallenbäder einzurichten. Eines der ältesten in Württemberg, das Freibad »Eselstall« in Ebersbach, wurde 1888 eröffnet.

Blick in das heutige Thermalbad von Bad Ditzenbach

Schätze der Erde: Erze, Öl, Fossilien

Es muss ein bewegender Moment gewesen sein, als die Menschen der Vorzeit die Möglichkeit entdeckten, das Eisenerz zu nutzen. Es war zunächst das im Tertiär als Verwitterungsrest entstandene Bohnerz auf der Hochfläche der Alb, das man verarbeitete. Außerdem gibt es in einer Schicht des Braunen Jura β Flöze von Brauneisen, und gerade sie spielten für die Entwicklung des Fils-Gebietes zeitweise eine Rolle. Bei Aalen und Wasseralfingen nutzten schon die Kelten dieses Erz, und zwischen Frickenhausen und Metzingen wurde es immerhin bereits im frühen und hohen Mittelalter verhüttet. Das Geislinger Vorkommen finden wir 1365 in einer Urkunde Kaiser Karls IV. für Graf Ulrich den Jüngeren von Helfenstein erwähnt.

Das Erz tritt in der Form von Brauneisen-Oolithen auf. Diese entstanden dadurch, dass Verwitterungsprodukte vom Festland ins Meer geschwemmt wurden, wo sich um Sandkörner herum Kügelchen bildeten (Oolithe – »Eiersteine«), die je nach den Strömungsverhältnissen an bestimmten Stellen zu abbauwürdigen Flözen zusammengeschwemmt wurden. Bei Geislingen hat die etwa 2,5 bis drei Meter mächtige Lagerstätte eine Länge von etwa 15 Kilometern und 0,5 bis 0,7 Kilometer Breite. Der mittlere Eisengehalt des Erzes liegt bei 34 bis 35 Prozent.

Am Messelberg baute man dieses Erz zwischen Donzdorf und Unterweckerstell schon seit dem Beginn des 18. Jahrhunderts ab. Der rechbergische Obervogt Johann Benedikt Jehlin betrieb dort ein Hüttenwerk, das er aber wegen Überschuldung 1724 schließen musste. Der Name »Schmelzofen« hat sich bei einem Gehöft bis heute erhalten.

Das ergiebigste Erzfeld des Braunen Jura erstreckt sich von Kuchen bis Aufhausen. Beim Bau der Bahn wurde es 1846 bei Kuchen angefahren, woraufhin die württembergische Bergverwaltung

So sah das Erzbergwerk Staufenstollen bei Geislingen mit dem dazugehörigen Verschiebebahnhof aus.

1857 Bergleute aus Aalen und Wasseralfingen holte und am Fuß des Michelbergs ein Bergwerk anlegte. In südwestlicher Richtung wurde ein Hauptstollen gegraben, der »Kuchenstollen«, von dem seitwärts Nebenstollen abzweigten. 1861/62 förderten hier 25 Mann rund 3500 Tonnen Erz, das man in die Hüttenwerke bei Schussenried und Horb verfrachtete. Schon 1885 musste der Betrieb jedoch schließen, da Pläne, bei Kuchen ein Hüttenwerk aufzubauen, auf zu viele Schwierigkeiten stießen.

Als 1874 durch das neue Berggesetz auch der Privatwirtschaft die Möglichkeit geboten wurde, Bergbau zu betreiben, plante Daniel Straub, der Gründer von MAG (Maschinenfabrik Geislingen) und WMF (Württembergische Metallwaren-Fabrik) in Geislingen, mit der »Grube Hohenstein« auf einem Grubenfeld von zwei Millionen Quadratmeter Fläche das Erz abzubauen. Der Tod seines einzigen Sohnes Heinrich hindert ihn jedoch daran, sein Vorhaben auszuführen. Spätere Pläne von anderer Seite erwiesen sich als zu aufwändig.

Der Verlust der Lothringer Erzvorkommen infolge des Ersten Weltkriegs belebte die Nutzung der Vorkommen in Deutschland. So begannen die Schwäbischen Hüttenwerke 1921 im Gewann Hagnach bei Altenstadt, den Karlstollen in die erzführende Schicht des Michelsberges vorzutreiben. 1924 musste der Betrieb aber als unrentabel eingestellt werden. Mit Rutschungen und Einbrüchen zeigten sich noch bis 1967 unliebsame Nachwirkungen des Bergbaus.

Als das »Dritte Reich« danach strebte, von Einfuhren unabhängig zu werden, unternahm die Gutehoffnungshütte Oberhausen 1935 einen neuen Anlauf und wältigte den Karlstollen wieder auf. Die Ausbeute reichte aber nicht, weshalb 1936 zwischen Altenstadt und Bad Überkingen der Staufenstollen gegraben wurde. Der Karlstollen diente jetzt als Wetterschacht. Das Erz gelangte mit der Bahn als Rückfracht der Kohlenzüge zur Gutehoffnungshütte, die ein Verfahren anwandte, durch das saure Erze wie die von Geislingen verhüttet werden konnten. Auch mehrere süddeutsche Zementwerke bezogen einiges Erz, das sie für die Herstellung von Eisenzement benötigten. Die Förderung und die Belegschaft stiegen rasch und erreichten 1940 mit 917 475 Tonnen und 1021 Mitarbeitern im Berg, in der Aufbereitung und in der Verwaltung

Das ehemalige Bergwerksgelände bei Geislingen ist heute ein Gewerbegebiet. Die Aufnahme entstand vom Bodenfels aus.

ihre Höchstwerte. Eine zweispurige Gleisanlage ermöglichte den Abtransport. Weil die Bergarbeiter vorwiegend aus dem Ruhrgebiet geholt wurden und hier untergebracht werden mussten, errichteten die Grube und die hierfür gegründete Geislinger Siedlungs- und Wohnungsbau GmbH die Bergwerksiedlung mit 568 Wohnungen.

1945 sanken die Fördermenge auf 32 874 Tonnen und die Belegschaft auf 222 Personen. Sie stiegen jedoch bis 1952 und 1953 auf rund 400 000 Tonnen und fast 500 Beschäftigte wieder an. Schon 1951 begannen neue Vorrichtungsarbeiten im Autal oberhalb von Bad Überkingen, und 1956 baute man den Wetterschacht bei Hausen. Aber am 4. Januar 1963 fuhren die Bergleute zum letzten Mal ein; der Bergbau wurde eingestellt, denn der Betrieb erschien nicht mehr rentabel genug. Die Wohnsiedlung wurde durch neue Wohngebäude (auch Hochhäuser) ersetzt, auf dem Gelände des Werkes konnten sich Gewerbebetriebe ansiedeln. Immerhin kann der Luftschacht zwischen Bad Überkingen und Hausen als Trinkwasserfassung genutzt werden.

Nach dem Bohnerz, das an einigen Stellen auf der Alb vorkommt, wurde auch im Bereich der Fils gesucht, nämlich 1858 bei Stubersheim. Ein brauchbares Ergebnis fand man jedoch nicht. Verschiedentlich suchte man auch nach anderen Bodenschätzen. Einen Schwerpunkt bildete Reichenbach an der Fils, wo schon 1522 die Flurnamen »Stollenwiesen« und »Stollenhälden« genannt wurden. Die Fugger sollen hier ein Bergwerk besessen und den »Fuggerstollen« angelegt haben. Die alten (ungenauen) Erzählungen bewogen Herzog Christoph von Württemberg 1561, vermutlich im Lützelbach-Tal ein Bergwerk mit Hütte und Schmelze anzulegen, worüber jedoch nähere Angaben fehlen. 1590 grub ein Bergmann aus Tirol nach Berggrün (Malachit, basisches Kupferkarbonat) und Kesselbraun (Manganerz).

Auch Herzog Friedrich (1593–1608) ließ auf dem Flurstück »Im Bergknappenloch« einen Stollen graben, um aus dem Stubensandstein Malachit und Azurit (Kupferlasur, Kupferkarbonat) zu gewinnen. Die Suche – denn um mehr dürfte es sich kaum gehandelt haben – erwies sich als nicht rentabel, sie wurde um 1600 eingestellt. Aber der Herzog gab sich nicht zufrieden, sondern erwarb 1605 die Reichenbacher Wasenmühle, die er in ein Pochwerk und ein Schlichwerk (Anlage für nasse Erzaufbereitung) umbauen und durch eine Schmelzhütte ergänzen ließ. Und doch musste er die Anlage schon zwei Jahre später aufgeben. Neue Versuche erfolgten 1717 und vor allem 1736 bis 1739 im Geishäldle, als der alte Stollen aufgewältigt und über 178 Meter Länge vorgetrieben wurde. Auch diesmal blieb ein wirtschaftliches Ergebnis aus. Tatsächlich enthält der Stubensandstein Erze, aber die Vorkommen sind viel zu gering, um sie wirtschaftlich nutzen zu können.

Gegraben wurde bei Reichenbach außerdem im Schwarzen Jura, in dem man Schwefeleisen (Pyrit) suchte. Dieser goldglänzende Schwefelkies stellte eine große Verlockung dar. Das Vorkommen bei Boll veranlasste den goldgierigen Herzog Friedrich I. zu einem Versuch, daraus Gold zu gewinnen. Aber der Glanz des Erzes täuschte.

In der zweiten Hälfte des 17. Jahrhunderts glaubte man, am Tegelberg (nördlich Geislingen) ein Silbervorkommen entdeckt zu haben. Man holte als Gutachter sogar zwei Fachleute aus der damals führenden Bergbaustadt Freiberg in Sachsen. Sie sollen ein befriedigendes (aber vielleicht geschöntes) Ergebnis geliefert haben, doch die Kosten erwiesen sich als zu hoch, weshalb die Stadt Ulm die Arbeiten einstellen ließ. Auch ein 1751 unternommener Versuch, am Türkheimer Berg Kobalt zu finden, scheiterte. 1772 vermeinte Johann Konrad Mayer, Gesteine mit Kobalt-, Silber- und Wismut-Einlagerungen gefunden zu haben, aber die Reichsstadt Ulm unterband auch diesmal weitere Versuche. Im Endeffekt erwiesen sich alle Funde als Vorkommen von Schwefelkies, der nicht abbauwürdig war.

Gleichwohl versuchten 1723 der Kirchheimer Obervogt von Boldewein und Minister von Grävenitz, aus dem Vorkommen Schwefel zu gewinnen. Sie ließen auf Boller und Heininger Gemarkung Schwefelkies graben und zu einer Hütte im Walkersbacher Tal bei Lorch fahren. Dort wurde das Erz gewaschen, zerkleinert und in einem Schichtofen geröstet. Dabei entstand Schwefeldampf, der sich als Schwefelblüte absetzte. Diesen Schwefel lieferte man nach Stuttgart. Lange kann das Unternehmen aber nicht bestanden haben, denn 1733 startete man ein zweites Mal. Doch auch diesmal blieb ein dauerhafter Erfolg versagt. Die kleinen Flitterchen von Gold, die im Stubensandstein des Schurwalds enthalten sind, durch die Abtragung talabwärts transportiert wurden und sich in der Fils ablagerten, veranlassten die Anwohner bei Ebersbach und Reichenbach im Mittelalter, sich um die Goldwäsche zu bemühen. Großer Gewinn sprang dabei freilich nicht heraus. Bemerkenswert ist auch ein Vorhaben von 1769. Man wollte in Bad Boll eine Salpeterfabrik einrichten und aus dem Salpeter und dem dort vorkommenden Schwefel Schießpulver herstellen. Es blieb aber bei der Absicht. Der ansonsten vorkommende Lösslehm konnte in Ziegeleien zur Herstellung von Ziegeln genutzt werden.

Eine Schicht des Posidonienschiefers (Schwarzer Jura) enthält fünf bis acht Prozent Öl. Schon 1596 versuchte der württembergische »Chymicus« Panthaleon Keller in Boll, es heraus zu destillieren. Den ersten Versuch im Einzugsgebiet der Fils, das Vorkommen technisch auszubeuten, unternahm die Firma Zeller & Gmelin 1856 in Eislingen. Die Produktion blieb jedoch hinter den Erwartungen zurück, und das aus Nordamerika kommende Öl erwies sich als zu große Konkurrenz. Folglich wurde der Betrieb 1858 liquidiert, doch Albert Traugott Zeller wagte 1865 einen neuen Versuch. Später baute die Firma den Betrieb aus und betrieb 1909 bis 1918 eine Benzin-Raffinerie. Eine 1350 Meter lange Seilbahn brachte das Rohmaterial ab 1916 von der Großen Viehweide heran. Eine Tonne Gestein lieferte 74 Kilogramm Schieferöl, vier Kilogramm Benzin, 70 Kubikmeter Gas und 816 Kilogramm Schieferkoks, der zum Heizen genutzt werden konnte. Das in Eislingen erzeugte Schmieröl »Speedy« wurde für die Zeppeline und von der Firma Daimler für die Rennautos benutzt. Aber auch dieser Produktionszweig musste wieder eingestellt werden. Neben anderen Produkten stellt Zeller & Gmelin heute Druckfarben her.

Bei Boll brannte die Erde

Es war im Jahr 1668. Einige Männer hatten nahe beim Bad Schiefer gegraben und, weil es kalt war, in der Grube ein Feuer angezündet. Als sie abends nach Hause gingen, meinten sie, das Feuer könne keinen Schaden tun. Es brannte aber weiter und fraß sich im Boden fort. Denn der ölhaltige Schiefer im Boden hatte Feuer gefangen. Es schwelte unter der Erde, und Rauch stieg aus dem Boden. Der Brand hielt sechs Jahre lang an und brach immer wieder aus. Sogar Herzog Eberhard III. kam herbei, um den Brand anzusehen. Man konnte das Feuer erst beenden, als man um die brennenden Felder einen tiefen Graben bis auf den Grund des Schiefers aushob. Nun träufelte das Öl in den Graben, und die Bauern füllten es in Krüge und verkauften es als »Steinöl«.

In der Mitte des 19. Jahrhunderts brannte es noch einmal und 1937 machten Arbeiter in einer Steingrube abermals Feuer, wobei glühende Asche in eine Spalte fiel und den Schiefer entzündete. Erst nach eineinhalb Jahren hörte der Brand auf.

Ab 1920 entstanden oberhalb von Holzheim unter Beteiligung des Landes Württemberg die Jura-Schieferwerke zur Gewinnung von Benzin, Benzol, Ölen, Holz- und Leuchtgas; sie mussten den Abbau des Ölschiefers aber 1931 wegen Unrentabilität einstellen. Das Gelände wurde anschließend rekultiviert.

Der Posidonienschiefer enthält noch einen Bodenschatz ganz besonderer Art, der zufällig 1596 entdeckt wurde, als Johannes Bauhin die Quelle bei Boll untersuchte: Fossilien. Als nämlich dieser Schiefer abgelagert wurde, herrschte in der unteren Wasserschicht Sauerstoffmangel, die Organismen verwesten nur langsam und blieben großenteils erhalten. Die Steinbrüche bei Boll, Zell und Holzmaden sind deswegen bei Fachleuten bestens bekannt, und viele Menschen kennen die Muscheln und Fische, die Ammoniten und Belemniten, die »schwäbischen Krokodile« (Saurier) und Seelilien, ja auch die Reste von Palmen. Die kleine Schau im Kurhaus Bad Boll und die umfangreichen Ausstellungen im Museum Hauff in Holzmaden, im Doktor-Engel-Museum in Göppingen-Jebenhausen sowie im Naturkunde-Museum in Stuttgart zeigen diese höchst interessanten Überbleibsel aus grauer Vorzeit. Von Dürnau bis Aichelberg und Schlierbach reicht im Kreis Göppingen das »Versteinerungsschutzgebiet Holzmaden«, für das zum Schutz der Versteinerungen alle Funde aus dem Lias ε angezeigt und bei größeren Funden die Arbeiten zunächst eingestellt werden müssen. In Bad Boll können Interessenten übrigens im Fango-Werk kleinere Versteinerungen kaufen.

Eine große Überraschung bereitete im Sommer 2002 eine Grabung bei Eislingen während des Baus der neuen Bundesstraße 10, denn dort entdeckten Vorzeitforscher unter der Leitung des Kreisarchäologen Reinhard Rademacher einen »Saurier-Friedhof«, auf den vor 180 Millionen Jahren mindestens sechs Saurier-Körper geschwemmt worden waren, darunter ein fast vollständig erhaltenes Skelett eines Schnittzahnsauriers. Das Tier war bei seinem Tod noch klein gewesen, ein »Kind« noch, aber trotzdem schon etwa sechs Meter lang. Der Fund ist weltweit einmalig, weil das Skelett nicht zusammengedrückt in Schiefer eingebettet, sondern dreidimensional in Ton erhalten ist. Das Fundstück soll restauriert und ab Anfang 2004 in Eislingen ausgestellt werden. Im Juni 2003 wurden in unmittelbarer Nähe zu den ersten Funden weitere Fischsaurier entdeckt, darunter auch der Kopf und ein Drittel der Rumpfwirbelsäule vom so genannten »Monster von Eislingen«, einem sieben Meter langen Ichthyosaurier.

Versteinerter Ichthyosaurier im Café des Kurhauses Bad Boll

Aber auch andere Schichten enthalten Versteinerungen. So kann man in der sehr harten Kalkbank über dem oberen Donzdorfer Sandstein Ammoniten, Hahnenkamm-Austern, Dreieckmuscheln, Schnecken, ja sogar Korallen finden. Im höheren Braunen Jura gibt es Belemniten bis zu einem halben Meter Länge.

Überdies lässt sich auch das Gestein nutzen. Die unterste Schicht des Posidonienschiefers, der 18 Zentimeter mächtige Fleins, eignet sich für die Herstellung von Tischplatten, Fußböden und Wandverkleidungen. Schon im Mittelalter nutzte man die Platten als Fußbodenbelag. Um Boll waren um 1860 etwa 20 Mann mit dem Abbau beschäftigt, doch schwankte die Nachfrage ständig. In Heiningen wurden in der Mitte des 19. Jahrhunderts Schiefer und Töpfererde abgebaut.

Als Bodenbelag nutzt man auch die weißen »Weißensteiner Platten« von Treffelhausen. Für den Hausbau eignet sich nicht nur der Sandstein des Braunen Jura, der bei Nenningen–Donzdorf und bei Gingen–Kuchen abgebaut und nicht nur für die Johanneskirche in Gingen, sondern auch beim Bau des Ulmer Münsters verwendet wurde. Ebenso diente der Tuffstein, der vor allem bei Geislingen und Altenstadt wie auch im Au-Tal bei Bad Überkingen gewonnen wurde, vielfach als Baustein. In den Geislinger Brüchen fanden um 1858 je nach der Jahreszeit 50 bis 60 Mann ihre Arbeit, vor allem aus Altenstadt und Eybach. Hier gewonnene Steine wurden unter anderem nicht nur für die Geislinger Stadtkirche, sondern sogar beim Bau des Ulmer Münsters und der Ulmer Donau-Brücke sowie als Straßenpflaster in Geislingen verwendet. Oberhalb von Weißenstein wird noch heute in einem großen Steinbruch heller Kalkstein abgebaut.

Die Sandsteine des Keupers im Schurwald boten sich für verschiedene Zwecke an. In Ebersbach zum Beispiel wurden in der Mitte des 19. Jahrhunderts »sehr gute« Mühlsteine gebrochen, in Adelberg Schleifsteine hergestellt. Werk- (Bau-) und Mauersteine brach man in Reichenbach. Aus dem Stubensandstein gewannen die »Sandler« in Ebersbach, Birenbach und Adelberg den Fegsand für die guten Stuben – daher hat das Gestein seinen Namen –, den sie vom Fuhrwerk aus im ganzen Oberamt Göppingen verkauften.

Hochwasser und andere Naturkatastrophen

»Ein Wolkenbruch, mit Hagel vermischt, fiel wie ein Strom vom Himmel, und nahm Alles, Stege, Brücken, Häuser, Vieh, Bäume und Menschen mit sich, schwemmte das eingesäete und bepflanzte Land mehrere Fuß tief weg. Von den in den Fluthen ertrunkenen Menschen kommt auf den Bezirk Göppingen die größte Zahl.« Das schrieb am 18. Mai 1853 das Göppinger Wochenblatt. Es schilderte damit den Gewitter-Wolkenbruch vom 12. Mai, »wie seit Jahrhunderten keiner erlebt worden ist.« Vögel wurden erschlagen, Fenster und Dachziegel zertrümmert, und die Felder lagen noch tagelang unter dem Hagelschleier. Ganz Faurndau stand acht bis zehn Schuh (bis über 2,80 Meter) unter Wasser, zwölf Pferde und Rinder wurden fortgerissen, Pferde in den Ställen hatten nur noch den Kopf frei. Einige Häuser und eine Mühle stürzten ein. In Rechberghausen stand die Mühle vier Meter unter Wasser, acht Häuser wurden weggerissen. Die von dort mit dem Marbach kommende Flutwelle durchbrach den Bahndamm auf 2000 Schuh (573 Meter) und zerstörte den Damm der Fils. Insgesamt sind im Gebiet der unteren Fils 42 Menschen ertrunken, davon 37 in Rechberghausen, wo auch 20 Stück Vieh umkamen. Mehr als 300 Häuser waren zerstört oder beschädigt. Die Chroniken berichten von vielen schweren Schicksalen. Weit im Land sammelte man Geld, um den Geschädigten zu helfen.

Nicht von ungefähr hatte man schon früher, wie das Filstal-Panorama von 1535 zeigt, die Ansätze der Fußgänger-Brücken weitab vom Fluss gewählt. Man wusste, dass immer wieder Hochwässer das Tal herab kommen, die allerdings nur gelegentlich gefährlich wurden wie 1613, als sechs Personen ertranken, und 1663, als die Orte von Eislingen bis Reichenbach schwere Schäden erlitten und ihre Brücken verloren. Die älteste Nachricht über ein Hochwasser stammt von 1524, aber wahrscheinlich haben schon die katastrophalen Starkregen-

Zeitgenössische Darstellung des Hochwassers vom 12. Mai 1853 in Rechberghausen

Niederschläge zwischen 1310 und 1340 sowie vor allem die unwahrscheinlich hohen Niederschläge, die im Juli 1342 über ganz Mitteleuropa fielen und die als die heftigsten des 2. Jahrtausends nach Christus gelten, auch den Fils-Anwohnern Missernten, Teuerung und Hungersnot beschert. Seitdem wurde oft genug Ackerland »hinweggeflöst und verschwemmt« oder »mit Stein und Sand überworfen«, wurden Flussbauwerke ruiniert und Brücken zerstört.

Das bisher schlimmste Hochwasser nicht nur der Fils, sondern auch des Neckars war das Ende Oktober 1824. Ein anhaltender Regen ließ zahlreiche Wasserläufe über die Ufer treten. Im ganzen Einzugsbereich der Fils, so auch in Schlat und Gruibingen, schwemmte das Wasser Unmengen von Erdreich von den Äckern, riss Obstbäume hinweg und Ufer ein, beschädigte oder zerstörte Häuser, Uferbauten, Wehre, Stege und Brücken. An den Hängen des Albrandes ließ die Durchfeuchtung mehrere Erdschliffe abrutschen.

Auch das Hochwasser vom 1. August 1851 verheerte weite Gebiete nicht nur an der Fils und Lauter. In Faurndau musste man Vieh in das obere Stockwerk bringen, um es zu retten. Die Züge von Ulm nach Stuttgart endeten in Plochingen. Wie schon 1824 musste der Wolhltätigkeitsverein überall helfend eingreifen.

Eine große Katastrophe brachte ein Gewitterregen am 12. Mai 1853. Krumm und Marbach, Heim- und Tintenbach konnten die Wassermassen nicht fassen und liefen mit großem Schwall zu Tal. Krumm und Fils durchbrachen die Bahndämme an fünf Stellen. In Ottenbach und in allen Orten unterhalb von Süßen gab es schwere Schäden. Die Brücken in Uhingen und Ebersbach wurden eingerissen, in Faurndau, Uhingen, Ebersbach und Reichenbach stand das Wasser vier bis acht Fuß hoch. Die Gesamtbilanz war furchtbar: 42 Menschen und über 200 Stück Vieh waren umgekommen – allein in Ebersbach 90 Tiere –, um die 300 Häuser waren eingerissen oder stark beschädigt, und die Bürger erlitten einen Schaden von etwa 260 000 Gulden, wozu noch die Schäden an Brücken und Uferbauten zu rechnen sind. Besonders hart wurde Rechberghausen getroffen, wenn auch der finanzielle Schaden in Göppingen und Faurndau mit jeweils rund 50 000 Gulden weitaus höher war als dort. Unzählige Menschen halfen mit Spenden.

Am Haus Kirchstraße 1 in Uhingen zeigt eine Marke an, wie hoch das Wasser dort am 12. Mai 1853 stand.

Hochwasser in Rechberghausen, 12. Mai 1853

»Die beiden Bäche, sonst ruhige und unschuldige Wasser, der Aalbach und der Marbach, führten auf das arme Dorf eine solche Wasserfluth herein, dass sie am nördlichen Ende des Dorfs, wo das Thal zwischen dem Orte und dem Schloßhof eingeengt ist, mindestens bis auf 25' hoch [7,16 Meter] stieg. Dort in jener Gegend ganz nahe am Bach stunden hart aneinander 8 Gebäude, lebten darin ehrlich und friedlich etliche und 40 Leute. Und rings um und unterhalb der Häuser waren schöne Gärten mit nahezu 200 fruchtbaren Bäumen besetzt. Und jetzt dieses kleine Paradies in eine wahre Wüstenei verwandelt und mit Sand, Schlamm und allerlei Schutt überworfen. Von den Gärten ist keine Spur mehr zu sehen und die Bäume sind alle fortgeschwemmt oder liegen entwurzelt und schrecklich zugerichtet umher. Nur etliche Grundsteine von den Häusern sind noch sichtbar. Die Leichen der Ertrunkenen lagen allenthalben umher und wurden im Schlamm, zwischen Weiden und Bäumen, zum Theil am Bahndamme bei Faurndau aufgefunden. Ein Mann aber hing [lebend] hoch in der Höhe an einer Pappel. Manche derselben wurden spät, erst nach 14 Tagen, theils beim Wegräumen des Schuttes nahe am Ort entdeckt, theils durch das neue Anschwellen des Baches heraufgespült.«

Ein Mann konnte sich dadurch retten, »daß er den herabhängenden Ast eines Apfelbaumes erfaßte, von da aus den Baum selbst erkletterte und auf demselben das Fallen des Wassers abwartete.« Unter den Toten, die man in die Rathausscheune gebracht hatte, war »auch ein Weib, die ein Kind im Arme trug, eins an der Hand hielt. Sie hatten alle drei auch im Tode nicht von einander gelassen.«

Das Regenrückhaltebecken im Simonsbachtal bei Donzdorf-Unterweckerstell

Das Hochwasser im Juni 1889 riss in Hausen fünf Kindersärge aus dem Boden und schwemmte sie weg, und im Februar 1955 ertranken bei der Roggenmühle 14 Stück Vieh. Man kann es sich nur schwer vorstellen, dass am 1. März 1956 ein See den Marktplatz von Ebersbach überdeckte.

Betrachtet man die Daten der Hochwässer, so fällt auf, dass die meisten sich im Frühjahr und Sommer ereigneten, und das, obwohl der Abfluss bei Ebersbach im Schnitt im März mit 13,1 Kubikmeter je Sekunde (m^3/sec) am höchsten und im Juli mit 5,4 m^3/sec am niedrigsten ist und bis zum Oktober niedrig bleibt, im Sommer also viel Regenwasser aufnehmen kann. Bei Niedrigwasser führt der Fluss bei Ebersbach bis 0,5 m^3/sec, beim Hochwasser im Mai 1931 waren es 400 m^3/sec, fürwahr eine große Schwankungsbreite. Die Hauptursache der Überschwemmungen sind die sommerlichen Starkregen, Gewitter und Hagelschläge. Die meisten Berichte geben dies auch ausdrücklich an. Die obere Fils ist weniger gefährdet, die Hohlräume im Karst wirken dort ausgleichend; erst unterhalb der Eyb-Mündung wird die Gefahr größer. Der Anteil der Hochwässer, die im Winter bedingt waren durch rasch eingetretenes Tauwetter, das in der Regel mit starken Niederschlägen einherging, ist gering. Zwar sind die Hochwasser-Katastrophen Naturereignisse, die der Mensch hinnehmen muss, doch ist es keine Frage, dass sie vom Menschen durch die Versiegelung des Bodens und die Überbauung von möglichen Überschwemmungsflächen erheblich verstärkt werden.

Nicht nur für den Fachmann stellt sich hier die Frage: Wie kann man derartigen Schäden vorbeugen? Bis ins 20. Jahrhundert hinein glaubte man, die Schäden durch Beschleunigung des Abflusses, also durch Flussbegradigung oder Flussverlegung geringer halten zu können. So verlegte man 1696 den Lauf bei Reichenbach über 870 Meter vom Ort weg nach Süden, und 1768 plante man, bei Süßen durch die Kiesbänke des bis 80 Schuh breiten Flusses eine 20 Schuh (gut 5,70 Meter) breite Rinne zu graben. Das konnte keinen dauerhaften Erfolg bringen, weil jedes normale Hochwasser neuen Kies heranführt. Im Jahr 1934 wurden »Notstandsarbeiter« und der Arbeitsdienst eingesetzt, um den Fluss von Süßen bis Reichenbach zu »korrigieren«. Der Gedanke war jedoch ein Trugschluss, weil die Hochwasserwelle dadurch erhöht und das Problem nur talabwärts verschoben wurde. Seit der zweiten Hälfte des 20. Jahrhunderts wird versucht, den Abfluss zu verlangsamen. Dieser Aufgabe nimmt sich der 1970 gegründete Wasserverband Fils an, der bereits mehrere Rückhaltebecken anlegte. 1973 bis 1976 wurde als der größte der

1,3 Kilometer lange Herrenbach-Stausee bei Adelberg geschaffen, der mit den zugleich angelegten Wanderwegen auch ein beliebtes Ausflugsziel ist. Er gewährte schon 1978 eine spürbare Entlastung. Weitere Stauseen schuf der Verband im Christental bei Nenningen (1977 bis 1979) und im Simonsbachtal bei Donzdorf (1980 bis 1982). Seither sind neben zahlreichen kleinen »Regenüberlaufbecken« weitere entstanden oder geplant.

Den Firmen, die dem Fluss Betriebswasser entnehmen oder seine Wasserkraft nutzen, bereiten auch die Niedrigwasserstände Probleme, so 1844, als der Fluss im heißen Sommer fast trocken lag.

Unwetter können auch ohne Hochwasser schwere Schäden verursachen. So zerstörte in Uhingen ein Unwetter am 6. Juli 1681 einen Teil des Rathauses und beschädigte viele andere Häuser, und am 2. Juni 1859 zerriss ein Gewitterguss die Steige nach Schnittlingen und die Roggensteige derart, dass sie nicht mehr befahren werden konnten. In den Klingen bildeten sich Strudellöcher von der Tiefe zweistöckiger Häuser, und das Tal war mit Sand und Schlamm überschwemmt. Ähnlich war es 1937 an der Wangener Steige bei Faurndau. Im Juni 1955 ertranken bei der Roggenmühle 15 Stück Vieh. 1969 unterbrach ein Wolkenbruch die Bahnstrecke auf der Geislinger Steige durch verschwemmtes Material und die Bundesstraße 10 durch einen Hangrutsch. Dreimal, nämlich im Juni 1975, Ende April 1986 und Anfang Juli 1987, setzten Unwetter das Kurbad in Bad Boll außer Betrieb, so dass man die Kurgäste zu ihren Anwendungen nach Bad Ditzenbach fahren musste.

Der 16. Juni 1721 brachte zwischen Gingen und Süßen ein nie gekanntes Hagel-Unwetter. Auf etwa 40 Hektar wurde das Getreide total zerschlagen, es blieb kein Halm stehen, auch Erbsen, Wicken und Hanf waren betroffen. Den Geschädigten musste mit einem Steuer-Nachlass geholfen werden. Am 18. August 1768 vernichtete ein Hagelschlag mit dreiviertel Pfund schweren Körnern die ganze Sommerfrucht. Wie Besenreis sahen die Bäume in Rechberghausen nach dem Hagel-Unwetter vom 5. August 1785 aus, die Winter- und Sommerfelder waren zerstört, 500 Fenster zerschlagen. Am 19. Juli 1815 vernichtete ein weiteres Unwetter in Böhmenkirch die gesamte Winter- und Sommerfrucht, in Binswangen zerschlug am 1. August 1777 ein Hagelschlag die alte Kirche fast vollkommen, so dass sie neu erbaut werden musste, und im Juni 1844 vernichteten in Wiesensteig Hagelkörner von der Größe von Taubeneiern die Erdbirnen (Kartoffeln) und Kohlpflanzen.

Den wohl schwersten Hagelschlag erlebte Boll am 10. Juli 1846: Die Obstbäume standen ohne Laub, auf den Äckern konnte man nicht mehr erkennen, was dort zuvor gestanden hatte, und auch die Gebäude waren schwer getroffen. Von allen Seiten kamen Geld- und Sachspenden, ja vom November bis zum folgenden Juli musste die Pfarr-

In welchen Monaten kam es im Einzugsgebiet der Fils seit 1817 zu Hochwasser?

Januar:	1951 [T], **1955**, 1982 [T]
Februar:	1825, 1830 [T], 1862, 1928, 1934, 1935 [T], 1945 [T], 1955 [T]
März:	1817, **1956 [T]**, 1969, 1979
April:	1994
Mai:	1817, 1827, **1853**, 1866, **1906**, 1924, **1931**, 1936, **1978**
Juni:	1874, 1889, 1898, **1911**, 1922, 1953, **1963**, 1967, 1970, 1971, **1975**, 1982
Juli:	1823, 1826, 1899, 1914, 1926, 1958, 1963
August:	**1851**, 1910, 1924, 1938 (7. 8.), 1938 (14. 8.), 1950, 1958, 1964, **1966**
September:	1826, 1882, 1912, 1924
Oktober:	**1824**
November:	**1973**
Dezember:	1819, 1882 [T], **1919**, 1925, 1947 [T]

Besonders schadensreiche Hochwässer sind **fett** *hervorgehoben. Der Zusatz [T] bezeichnet Hochwässer, bei denen Tauwetter eine Rolle spielte. Nicht berücksichtigt sind Starkregen, die örtlich starke Schäden verursachten, aber nicht zu einem Hochwasser führten.*

waschküche als Suppenküche dienen. Für 240 Personen wurde dort täglich gekocht und insgesamt 45 492 Portionen ausgegeben.

Ältere Leser werden sich an die strengen Winter in der Mitte des 20. Jahrhunderts erinnern. 1956 erfroren in Boll 2500 Obstbäume. Schlimmer noch war es 1789/90, als in Reichenbach an der Fils 1500 Apfel-, 500 Birn- und 6800 Zwetschgen- oder Pflaumenbäume erfroren. Am 1. März 1988 musste in Böhmenkirch Katastrophen-Alarm gegeben werden, weil die Schneeverwehungen nach heftigem Schneefall bis zu drei Meter Höhe wuchsen. Missernten gab es ohnehin immer wieder einmal wie in Rechberghausen 1688 und 1689 sowie 1767.

Von einer anderen Naturkatastrophe kann man noch heute die Auswirkungen sehen: Vom Orkan Lothar, der am zweiten Weihnachtsfeiertag 1999 mit einer Geschwindigkeit von etwa 200 Kilometern in der Stunde über Württemberg fegte. Im Schurwald und auf der Alb trifft man auf zum Teil große Flächen, auf denen dieser »Jahrhundert-Orkan«, vergleichbar dem Sturm von 1870, Bäume entwurzelte oder knickte. Dabei hatten schwere Stürme schon 1987 und 1990 (»Wiebke«) bei Böhmenkirch stark gewütet. In Rechberghausen zerstörte ein Sturm am 18. Juli 1953 rund 2600 Festmeter Stammholz, knickte oder entwurzelte über 100 Obstbäume und beschädigte 76 Dächer zum Teil stark. In Böhmenkirch musste man außerdem wiederholt starke Schäden durch Schneebruch verzeichnen: 1936, 1962, 1988 und 1992. In Salach zerstörte ein Wirbelsturm 1881 eine Scheune ganz und drei Wohnhäuser zur Hälfte.

Gelegentlich vermehrten sich Schädlinge derart stark, dass sie enorme Schäden verursachten. 1878 fraßen sie in Drackenstein die Obstbäume so sehr ab, »dass die Bäume wie Besen dastanden und der Ertrag dahin war«. Im dem durch Schneebruch und Sturm geschädigten Wald breiteten sich 1964, 1984 und 1991 die Borkenkäfer übermäßig aus.

Als ein Problem erwies sich schon im 19. Jahrhundert die Wasserqualität der Fils. Bereits 1865 klagte der Rat von Groß-Eislingen über die Verschmutzung des Flusses durch die Papierfabrik. Dabei war von hineingeworfenen Gegenständen die Rede. Der Bach in Holzheim war 1923 durch das Ölschieferwerk derart verunreinigt, dass die Anwohner die Fenster wegen des Gestanks gar nicht mehr öffnen mochten. Fische lebten in ihm nicht mehr, und die für Buben und Mädchen getrennt eingerichteten Badestellen waren unbenutzbar.

Das Wachsen der Siedlungen, der Industrie und des Verkehrs wie auch die fortschreitende Chemisierung in der Landwirtschaft führten insbesondere nach dem Zweiten Weltkrieg zu einer solchen Belastung der Gewässer, dass sie nicht mehr hingenommen werden konnte. Pestizide, Nitrate aus Düngemitteln, Abwässer aus Papier-, Woll- und Kunstlederfabriken verschmutzten die Fils ungemein stark. »Durch das Dörfchen fließt ein Flüsschen und das riecht ein bißchen«, schrieb ein Bürger 1952 in einem Beschwerdebrief seiner Gemeindeverwaltung, und die NWZ (Neue Württembergische Zeitung) meinte 1961, die Fils sei »nahezu zähflüssig, dunkelgrau, mit großen Flockenballen durchsetzt«. Um den Fluss wieder sauber zu haben, bauten die Gemeinden in einer ersten Phase mechanische, in einer zweiten biologische Kläranlagen. Nach dem Zweiten Weltkrieg schlossen sich jeweils mehrere Gemeinden zusammen, um das Problem gemeinsam zu lösen. Im Jahr 1959 zum Beispiel unternahmen die Gemeinden Salach, Donzdorf, Süßen, Gingen, Kuchen und Oberböhringen mit der Bildung des Abwasser-Zweckverbandes Mittlere Fils diesen Schritt, und 1964 bildeten Weißenstein, Nenningen und Degenfeld den Zweckverband »Oberes Lautertal«. Es war die Zeit, in der allmählich ein Umdenken begann.

Wie futuristische Objekte muten die Faultürme des Klärwerks in Göppingen an.

Siedlungsraum seit Jahrtausenden

Die Zeugnisse der früheren Besiedlung des Filstals, nämlich die von Menschen hinterlassenen Fundstücke im Boden, reichen weit zurück. Die ältesten Belege – aus der Altsteinzeit (vor 12 500 vor Christus) – stammen aus der Höhle am Papierfelsen (oberhalb Wiesensteig), der einzigen bekannten Station der Eiszeit-Menschen im Kreis Göppingen. Aus der folgenden Mittelsteinzeit (12 500 bis 5500 vor Christus) sind mehrere Rastplätze der Sammler und Jäger bekannt, und auch aus der jüngeren Steinzeit (5500 bis 2000 vor Christus) liegen bemerkenswerte Fundstücke vor. Zwar zogen etwa um 5500 vor Christus die Bandkeramiker nach Süddeutschland ein und brachten als Haustiere Schaf und Ziege mit, sie ließen sich als sesshafte Bauern aber nur randlich zum Filstal nieder, das sie erst in der Zeit um 4000 vor Christus besiedelten. Mit der Rodung von Wald, mit der Aufnahme des Ackerbaus beginnt die Veränderung der natürlichen Umwelt, und zwar nicht nur durch Eingriffe in den Pflanzen- und Tierbestand, sondern auch durch die Verstärkung der Bodenabspülung.

Aus der Bronzezeit (2000 bis 1200 vor Christus) kennt man nur Einzelfunde, so ein Schwert aus Göppingen und Beile von Amstetten und Eybach sowie die Wallanlage auf dem Messelstein. Dagegen sind aus der Urnenfelderzeit (1200 bis 800 vor Christus) außer Einzelfunden auch Siedlungsplätze in Geislingen und Reichenbach nachgewiesen. Aus der Hallstattzeit (800 bis 450 vor Christus) sind im Kreis Göppingen mindestens 83 Grabhügel belegt, davon 34 allein im Oberholz nördlich Göppingen. 16 Hügel sind von Schlierbach, elf von Zell unter Aichelberg bekannt. Die aus dem 2. und frühen 1. Jahrhundert vor Christus stammenden »Viereckschanzen« bei Hohenstadt, Westerheim und Gin-

Die Südspitze der Nordalb wird von einem alten Wall- und Grabensystem umzogen. Die Datierung der Anlage ist bislang nicht geklärt.

gen/Süßen, geschlossene Wälle, die einen Platz umgeben, sind keine Verteidigungsanlagen, sondern wurden wahrscheinlich anstelle eines Zauns um einen für das Leben im Weiler wichtigen Platz oder um das Gehöft des »Dorfherren« aufgeschüttet.

Interessant sind die Spuren aus der Zeit der Kelten (La-Tène-Zeit, 450 bis 15 vor Christus), wie sie bei Schlat, Gingen und Unterböhringen gefunden wurden. In Geislingen barg man 1963 beim Bau des Hauses Keplerstraße 15 in einem Grab die vollständige Ausrüstung eines keltischen Kriegers. Von dem ausgedehnten Handel der Kelten zeugen silberne und goldene griechische Münzen, die man an mehreren Stellen, zum Beispiel bei Kuchen, Süßen und Eybach, fand. Von ihnen zogen die goldenen »Regenbogenschüsseln« seit langem eine besondere Aufmerksamkeit auf sich.

Wie die Kelten die Erkenbrechtsweiler Halbinsel mit dem Heidengraben abriegelten, so mögen sie auch die Südspitze der Nordalb oberhalb von Deggingen durch Wall und Graben gesichert haben. Dort wurde ein Sporn der wegen der steilen Wände unzugänglichen Alb in einem langen Bogen befestigt, indem ein Graben herausgebrochen und das Gestein daneben zu einem Wall aufgetürmt wurde. Ähnliches gilt für einen Sporn des Michelsbergs gegen Altenstadt, das an der Stelle einer Keltensiedlung liegt, auch für die Bertaburg, den Himmelsfelsen bei Eybach und den Geiselstein. Allerdings ist bis heute nicht geklärt, ob sie als keltisch oder gar noch älter oder aber als mittelalterlich anzusehen sind.

Zu Beginn des 1. Jahrhunderts nach Christus zogen Römer in Südwestdeutschland ein und unterwarfen die hier lebenden Bewohner. Das Filstal besetzten sie jedoch erst um 120 nach Christus und besiedelten es ab etwa 155, nachdem sie den Limes weiter nordostwärts vorgeschoben hatten. Ihre Spuren sind in zahlreichen Gemarkungen unseres Gebietes bekannt: Unter anderem hinterließen sie Reste eines Bades bei Unterböhringen, Weihealtäre in Gingen, ein Grab, Münzen und Straßenreste in Göppingen sowie Reste von Gebäuden bei Amstetten, eines Gutshofs bei Faurndau und eines 2,2 Hektar großen, viertorigen Holz-Erde-Kastells einer Kohorte bei Eislingen. Ganz abgesehen von zahlreichen kleinen Fundstücken. Ihre Nachwirkung bis in die Gegenwart ist allerdings gering.

Siedlungen, die bis in die Gegenwart überdauerten, entstanden im Filstal erst einige Zeit nach dem Abzug der Römer (um 260 nach Christus). Die Ortsnamen geben hierzu erste Hinweise. So weisen die Endungen auf »-ingen«, die mit einem Personennamen verbunden sind, auf die Landnahmezeit (5./6. Jahrhundert nach Christus) hin. Der Siedlung Göppingen beispielsweise gab ein Mann Geppo den Namen, ein Ugo für Uhingen und ein Ginga für Gingen. Die Wohnplätze dieser Zeit – Einzelhöfe und Hofgruppen – entstanden vorwiegend auf hochwassersicherem Grund nahe der Fils. Auch die »-heim-Orte« gehören in diese Zeit, doch gibt

Zwei Bügelfibeln, mit denen der Umhang einer Frau zusammengehalten wurde. Sie stammen aus der Zeit etwas vor 600 n. Chr. und wurden bei Ausgrabungen in Donzdorf gefunden.

Die »Regenbogenschüsseln«

Von den griechischen Münzen, die im Fils-Gebiet gefunden wurden, hatten es den Leuten besonders die »Regenbogenschüsselchen« angetan, so dass sie sich allerlei Sagenhaftes von ihnen erzählten. Man meinte, der Regenbogen benutze sie, um nicht schmutzig zu werden, wenn er den Erdboden berühre. Andere hielten sie für Gold, das vom Regenbogen abtropfte. Man fand sie nämlich vor allem nach einem Regen, wenn sie reingewaschen waren und weithin glänzten. Es sind runde, schüsselförmig vertiefte Goldstücke, die auf der erhabenen Seite mit Figuren wie Schlangen, Pferden, Menschen- und Tierköpfen versehen waren.

Die Burg Staufeneck um 1350 (Rekonstruktion)

Noch nahm der Wald große Flächen ein, doch drängten die Siedler ihn langsam zurück. Darauf weisen die Namen auf »-berg«, »-au«, »-ach«, »-bach« und »-bronn« der karolingischen Ausbauzeit (700 bis 900) hin, noch deutlicher jedoch Endungen wie »-lohe«, »-brand«, »-reut«, »-burg«, »-fels«, »-stein« oder »-eck« aus der Rodungszeit (900 bis 1300). Man findet sie ebenso wie Einzelhöfe und Weiler des späten Mittelalters (ab 1250) und der frühen Neuzeit (ab 1450) mit den Endungen »-hof« und »-haus« in den weniger siedlungsgünstigen Gebieten. Die Rodungszeit ist, wie einige Endungen anzeigen, auch jene Epoche, in der zahlreiche Burgen entstehen, von denen übrigens manche eine großartige Befestigungstechnik bezeugen.

Allein die Ortsnamen sagen also aus, dass die Täler früh besiedelt wurden, Schurwald und Rehgebirge sowie das Gebiet zwischen Fils und Albrand dagegen vorwiegend in späteren Phasen. Freilich entstanden viele Einzelhöfe noch später. Ein Sonderfall ist Oberböhringen, das erst kurz vor 1800 von der Stadt Ulm mit acht Bauern und sechs Sölden in gleichmäßiger Anordnung angelegt wurde und anfangs Neuböhringen hieß.

es von ihnen hier nur wenige, mehr dagegen auf der Alb. Zahlreiche Fundstücke zeugen vom handwerklichen Können der Menschen jener Zeit.

In der merowingischen Ausbauzeit (etwa 500 bis 800) wurden nicht nur die alten Siedlungen erweitert, man besiedelte auch andere nahe gelegene Flächen. Dieser Zeit entstammen die ebenfalls mit einem Personennamen verbundenen Endungen »-hausen«, »-hofen«, »-dorf«, »-stetten«. Als eine der bemerkenswertesten Fundstätten kann das Reihengräberfeld gelten, das 1964 bei Donzdorf untersucht wurde. Die Archäologen fanden dort 100 Gräber mit 106 Bestattungen, auch zwei enthauptete Pferde, die bäuchlings nebeneinander lagen. Das Grab einer vornehmen Frau enthielt prachtvollen Schmuck aus der Zeit vor 600 nach Christus. Um diese Zeit scheint auf dem nahen Waldenbühl ein befestigter Herrschaftssitz gewesen zu sein. Überdies wurde in Donzdorf bereits 1959 einer der ersten Brennöfen in Süddeutschland entdeckt.

So mancher Ortsname wurde allerdings später verschlissen. Kuchen zum Beispiel hieß früher Kuochheim. Börtlingens Name lautete Bertnang, gebildet aus dem Vornamen Berto und dem Wort »-wang« für Feld, Wiese, Weide. Diese Endung, die im 9. bis 13. Jahrhundert üblich war, weist damit auf eine spätere Siedlungsphase als »-ingen« hin. Ferner erscheint der Name Krummwälden in dem Filstal-Panorama von etwa 1535 als Krumweldach und leitet sich demnach von der als Krumm bekannten Ach ab. Der nach einer abgegangenen Siedlung benannte bewaldete Hügel Brunnenweiler (zwischen Eislingen und Salach) ist als »Brungenweiller« eingezeichnet. Gleich Brungenweiller sind auch manche anderen Siedlungen verschwunden, sei es durch die Siedlungs-Konzentration im frühen Mittelalter – was für das 1140 erwähnte Ritzenweiler bei Hegenlohe gelten könnte, das um 1365 bereits verschwunden war – oder in der mittelalterlichen Agrarkrise (1350 bis 1450), sei es durch Krieg oder Pest. Die Gemarkungen der verlassenen Siedlungen wurden von anderen Gemeinden übernommen wie diejenige von Billighausen durch Boll und Bezgenriet und jene von Bettenweiler durch Albershausen und Hattenhofen.

Im 6./7. Jahrhundert nahm die Bevölkerung das Christentum an. Damals wurde vor allem der heilige Martin verehrt, weshalb man das hohe Alter einiger Kirchen schon an ihrem Namen ablesen kann. Genannt seien Altenstadt, Gruibingen, Göppingen-Oberhofen, Donzdorf, Nenningen und Zell unter Aichelberg. Ihnen folgten die Michaeliskirchen (Heiningen, Altenstadt, Drackenstein, Oppingen, Stötten), dann die Marienkirchen. Die ersten Gebäude waren einfach aus Holz erbaut, worauf noch der Name Böhmenkirch (Baumkirche, 1147) hinweist. Erst später ersetzte man sie durch die großen Steinbauten, die heute unsere Bewunderung finden. Die ältesten von ihnen, die noch aus dem Zeitalter Barbarossas stammen, stehen in Boll und Faurndau; in Oberwälden stammt der Chor aus dieser Zeit.

Stellenweise waren es Klöster, die abgelegene Plätze erschlossen. Zu ihnen gehört Wiesensteig, wo 861 – damals noch auf Gruibinger Markung – ein kleines Kloster gegründet wurde. Ähnlich stand bei Faurndau ein 875 errichtetes Kloster am Anfang.

Die alten Städte des Fils-Gebiets entstanden relativ spät. So wurde Geislingen erstmals um die Mitte des 12. Jahrhundert als »civitas« oder »oppidum« erwähnt. Wahrscheinlich ist die Stadt planmäßig nahe bei einem Dorf Giselingen erbaut worden, wobei der Name übernommen und die ältere Siedlung in »alte Stadt« umbenannt wurde, ein Vorgang, der auch von anderen Orten bekannt ist. Göppingen wurde wahrscheinlich gleichfalls um die Mitte des 12. Jahrhunderts neben bereits bestehenden Dörfern als Markt angelegt und etwas später zur Stadt erhoben. Ähnlich geschah es bei

Burg Ramsberg bei Donzdorf. Auf der linken Seite lugt die Wolfgangskapelle aus den Bäumen hervor.

Ein Aquarell eines unbekannten Künstlers aus dem 19. Jahrhundert zeigt die um 1200 bis 1220 erbaute Stiftskirche in Faurndau, die als eine der bedeutendsten spätromanischen Kirchen Südwestdeutschlands gilt. In der Fils steht ein Wasserholer mit Wagen.

Rechberghausen, wo die Stadt im 13. Jahrhundert mit Mauer und Graben neben dem bereits bestehenden Dorf Hausen angelegt wurde. Beide waren zunächst nach Göppingen eingepfarrt.

Auch Wiesensteig war anscheinend schon im 12. Jahrhundert eine Stadt. Weißenstein dagegen erhielt sein Stadtrecht erst 1384 von den Herren von Rechberg, in der Zeit des spätmittelalterlichen Bevölkerungsrückgangs und damit zu spät, um eine bedeutende Stadt wachsen zu lassen, abgesehen davon, dass die Lage am Ende eines Tales eben so wie bei Wiesensteig kein großes Umland sicherte. Auch Heiningen, für das Herzog Konrad III. von Teck 1284 von König Rudolf von Habsburg das Freiburger Stadtrecht erwirkte, fehlte das Umland. Darum blieben diese Orte »Zwergstädte«. Die Zahl der Einwohner spielte bei der Vergabe des Stadtrechts keine Rolle. So hatte Weißenstein 1806 nicht mehr als 587 Einwohner, die von Handwerk und Wollspinnerei lebten. In mehreren Fällen verloren die Orte später ihre Rechte. So gab es in Rechberghausen 1842 die drei jährlichen Ross-, Vieh- und Krammärkte schon nicht mehr. Heiningens Stadtrecht erlosch nach dem Übergang an Württemberg 1321. Kuchen besaß das Stadtrecht von 1304 bis 1373, danach blieb es nur Markt, und der Kornmarkt wurde 1532 aufgehoben.

Die Verleihung des Stadtrechts bedeutete in der Regel, dass die Stadt einen Magistrat bilden, die Gerichtsbarkeit ausüben und sich mit Mauer und Graben umgeben durfte, durch welche Tore den Zugang sicherten. Das zwang zu dichter Bebauung, und diese ließ etwa ab dem 12. Jahrhundert das mehrstöckige Stadthaus (in Fachwerkbauweise) entstehen. Das Rathaus der Stadt war zugleich ein Kaufhaus, in dem Bäcker und Metzger Verkaufsstände hatten. In Geislingen gab es Brot-Tische und Fleischbänke (überdacht oder in einem Haus) mindestens seit 1367, bis das 1422 an dieser Stelle neu erbaute Rathaus als Kaufhaus die Funktion, wöchentlicher Lebensmittelmarkt zu sein, übernahm. Noch um 1800 diente das Haus als Fleischmarkt. Im ersten Obergeschoss tagte das Gericht, hier (oder auch im Erdgeschoss) verkauften an Markttagen Tuchmacher und Kürschner ihre Waren, und hier beging man Hochzeits- und andere Feste. Die oberen Geschosse wurden als Getreidelager genutzt. Für die Verwaltung benötigte man früher nur ein Schreibzimmer und eine Registratur, die mit dem Wachstum später freilich nicht mehr ausreichten und Um- oder Neubauten erforderlich machten.

Stadt als Zentrum von Handel und Gewerbe – das heißt nicht, dass es in der Stadt keine Landwirtschaft gab. Innerhalb der Mauern lebten noch bis ins 20. Jahrhundert hinein Ackerbürger, die ausschließlich oder nebenbei Landwirtschaft betrieben. Auch andere Bürger hatten Ländereien und Haustiere. Den Dung stapelte man oft und mindestens bis ins 19. Jahrhundert vor dem Haus auf der Straße.

Außerdem erhielten die Städte das Marktrecht, durften also Wochen- und Jahrmärkte sowie zum Teil spezielle Märkte abhalten. So heißt es 1700 vom Geislinger Vieh- und Rossmarkt, dass er »von alters her« stattfinde. Diese verschiedenen Märkte, die vielfach gleichzeitig abgehalten wurden wie der Kram-, Vieh- und Schafmarkt in Göppingen, und die in größerer Zahl vertretenen Handwerke machten die Stadt zu einem Zentrum des Umlandes. Die Handwerks-Meister waren in den Gilden zusammengeschlossen, die Gesellen bildeten eigene Vereinigungen. Daneben gab es Gilden mit anderen Zielen, von denen die der Schützen besondere Aufgaben zu erfüllen hatten.

Neben den Städten bestanden Siedlungen, die zwar kein Stadtrecht hatten, aber doch einige städtische Funktionen ausübten. So besaß Gruibingen nicht nur altes Marktrecht, sondern auch auf den Galgenäckern ein eigenes Hochgericht. Für Ebersbach wird das Marktrecht schon 1477 erwähnt. Der Ort führte ein Siegel und hatte nicht nur Kornhaus und Metzig, sondern auch einen Stock (Gefängnis) sowie (um 1700) auf dem Hochgericht, dem »Galgenland« halbwegs zwischen Ebersbach und Reichenbach, noch 1781 einen Galgen.

In manchen Dörfern blühte der Viehhandel. Sie hatten deshalb einen hohen Viehbestand, wie es für Unterböhringen für 1786 belegt ist.

Einige Dörfer genossen überdies besondere Privilegien. So war beispielsweise Hohenstaufen von der Leibeigenschaft befreit und besaß Marktrecht und Gewerbefreiheit. Dafür mussten die Bewohner jedoch die Burg unterhalten. In Heiningen umzog den Friedhof eine hohe Mauer mit einem Umgang, die an den vier Ecken durch Türme gesichert war; dorthin konnten die Bewohner bei Überfällen fliehen. Auch in Gruibingen und Gingen waren die Friedhöfe befestigt. Solche Freiheiten schlossen aber nicht aus, dass die ulmischen Filstäler zum Frondienst in Ulm erscheinen mussten.

Für den Hausbau galt in den württembergischen Orten spätestens seit Herzog Eberhard im Bart (Landordnung 1495), aber wahrscheinlich auch schon vorher, dass das Erdgeschoss eines jeden

Das Alte Rathaus in Geislingen wurde 1422 in alemannischer Bauweise als Kauf- und Rathaus erbaut. Mehrere Umbauten gaben dem Bau seine heutige Gestalt. Der Turm trägt an der Straßenseite ein Glockenspiel.

Mittelalterliche Strafe für Geislinger Klatschweiber

In der Geislinger Stadtordnung von 1367 sind saftige Strafen festgesetzt. So heißt es:

»Welches Weib das andere schilt oder tätlich misshandelt oder eine biderben [biederen] Mann an seiner Ehre angreift und durch zwei ehrbare Zeugen dessen überwiesen wird, die soll an einem Sonntag zwischen Mittag und Vesper einen 30 Pfund schweren Stein vom Stock [Gefängnis] aus um die Brottische und Fleischbänke drei Stunden lang am Halse tragen.«

So lebte man einst in Adelberg

»Die Nahrung besteht für den weitaus größten Teil der Bevölkerung in Kartoffeln, Milch und, wenn es gut geht, in Knödeln und Brei oder Suppe aus Welschkorn [Mais]. Fleisch kommt viele Monate nicht auf den Tisch. Häufiges Genußmittel ist der Obstmost, in Jahren, wo Obst nicht gerät, ist Milch und Wasser das Getränk für die Mehrzahl, auch bei der anstrengendsten Arbeit.«

Bauernhauses (in dem sich ja die Feuerstelle befand) aus Stein erbaut sein musste. Nur Pfarr- und Wirtshäuser durften mehr als ein Obergeschoss haben, und die Häuser in den Städten mussten mit Dachziegeln gedeckt sein.

An günstigen Plätzen entstanden in den Siedlungen oder abseits von ihnen zahlreiche Mühlen, in denen man die Wasserkraft nutzte. Um 1840 liefen im Oberamt Göppingen 86, im Oberamt Geislingen 79 Mühlen, von denen manche sogar zwei Räder besaßen. Standen sie dort, wo das Wasser ein starkes Gefälle besitzt, konnte man sie oberschlächtig (mit von oben auf das Mühlrad fallendem Wasser) betreiben, musste das Wasser jedoch durch ein Gerinne auf das Rad führen. Solche Mühlen standen in Drackenstein. Überwiegend aber waren die Mühlen im Filstal unterschlächtig (wobei das Wasser unter dem Mühlrad hindurchfließt). Hier brauchte man Wehre, die eine möglichst gleichbleibende Wassermenge in die Mühlkanäle leiteten. In Südwestdeutschland kamen die Mahl- (Getreide-) Mühlen spätestens im 8. Jahrhundert in Gebrauch. Von der Fils werden bereits 861 im Stiftungsbrief des Klosters Wiesensteig Mühlen erwähnt, ja der Name Mühlhausen (bei Gruibingen) erscheint bereits 812. Der Mühlenbann bestimmte, dass die einzelnen Dörfer ihr Getreide jeweils in einer bestimmten Mühle mahlen lassen mussten.

Ab dem 11./12. Jahrhundert nutzte man Mühlen auch für andere Zwecke. So trieb das Wasser in Ebersbach 1842 zwei Mahlmühlen, zwei Säge-, drei Öl-, vier Gipsmühlen, eine Lohmühle sowie eine Hammerschmiede und zwei Hanfreiben. Ähnlich vielfältig war das Mühlengewerbe in Klein-Eislingen, Faurndau und Uhingen. Göppingen besaß ab 1727 die erste Papiermühle des Filstals. Aus so mancher Mühle ging später ein Industriebetrieb hervor, wenn nämlich die Wasser- durch die Dampfkraft ergänzt oder gar ersetzt wurde. So entstand im 19. Jahrhundert aus der Papiermühle in Faurndau eine Papierfabrik und aus der Mühlhausener Mühle 1917 ein Sägewerk. Die Mühle in Wiesensteig und die obere Roggenmühle wurden in Elektrizitätswerke umgewandelt.

Die Siedlungen hatten anfangs noch nicht die Größe, wie ihre »alten Kerne« sie heute vermuten lassen, vielmehr bestanden sie aus nur wenigen Gehöften. Die langsame Zunahme der Bevölkerung konnte aufgefangen werden, weil mit dem Übergang von der Feld-Gras-Wirtschaft zur Dreifelderwirtschaft (abwechselnd Winterfrucht, Sommerfrucht, Brache), der anscheinend im 6. bis 8. Jahrhundert erfolgte, die Erträge stiegen. Notzeiten wie die mittelalterliche Agrarkrise (etwa 1350 bis 1450), Pest-Epidemien (ab 1348) und der Dreißigjährige Krieg (1618–1648) reduzierten die Bevölkerung zeitweilig derart stark, dass so mancher Hof oder gar ganze Dörfer und Felder aufgegeben und damit zu Wüstungen wurden. Von Hürbelsbach südwestlich von Donzdorf, das im 14. oder 15. Jahrhundert abging, blieb immerhin die Laurentius-Kapelle erhalten. Die frei gewordenen Flächen wurden häufig von anderen Orten übernommen. Auf dem Panorama von 1535 ist gut zu erkennen, dass die Orte von einem Etter (Zaun aus Pfählen oder Flechtwerk) umgeben waren.

Noch bis in die Ausbauzeit wechselten im Feldbau der Dinkel als die wichtigste Frucht und die Graswirtschaft einander ab, bis die Dreifelderwirtschaft sich durchsetzte. Ab dem 18./19. Jahrhundert nutzte man auch das Brachfeld für den Anbau, nämlich von Klee, Luzerne, Rüben, Kartoffeln und Mais, später auch Raps. Damit verbesserte sich nicht nur das Futterangebot, sondern die Stickstoff-Sammler steigerten auch die Erträge. Der Flurzwang, der gleichartige Anbau aller Besitzer auf einem Gewann, hielt sich aber noch bis ins 20. Jahrhundert.

Weit verbreitet war im Talbereich die Bewässerung der Wiesen. Vor allem im Tal der Rohrach wandte man sie in großem Umfang an. Das Verfahren wurde spätestens in der frühen Neuzeit eingeführt, ist aber wahrscheinlich älter. In der Regel verfuhr man dabei derart, dass man einen Teil des Flusswassers mit Hilfe eines Stellwehrs in einen Graben leitete und dessen Abfluss versperrte (oder den Graben blind enden ließ), so dass das Wasser seitwärts versickern oder überlaufen musste. Im Täle erfolgte das im Frühjahr und Herbst in einem solchen Ausmaß, dass man, der Geislinger Oberamts-Beschreibung zufolge, insbesondere bei Ditzenbach/Deggingen »stellenweise einen kleinen See zu sehen glaubt«. Das Wasser sollte durch die

Zufuhr düngender Stoffe, die Regulierung der Bodentemperatur (Verkürzung des Bodenfrostes) und die Verdrängung von Schädlingen (Engerlinge, Mäuse, Maulwürfe, Ameisen und andere) die Erträge erhöhen. Meistens konnte dadurch ein Schnitt mehr als sonst erzielt werden. Dagegen waren die trockenen »Mähder« auf der Alb weniger ertragreich.

Nicht selten kam es wegen der Wässerung zu Streitfällen. Die Einwohner von Schlat zum Beispiel hatten, wie sie 1709 schrieben, »von alters hero« das Recht, eine Bewässerung vorzunehmen. Die Anlage lag jedoch zeitweise – wohl infolge des Dreißigjährigen Krieges – ungenutzt, aber 1707 stellten die Schlater sie wieder her. Dadurch fühlte sich jetzt jedoch der Hofbauer von Ursenwang beeinträchtigt und riss sie ein, ja er tat dies nach ihrer Wiederherstellung noch ein zweites Mal, weshalb nun der Herzog von Württemberg mit den Grafen von Liebenstein verhandeln musste. Wir verdanken diesem Streit einen schönen Plan, der zeigt, wie die Bewässerung funktionierte.

Neigten die Böden andererseits wegen ungünstigen Untergrunds zu Staunässe, so legte man Hochbeete oder Wölb-Äcker an. Sie sind heute vielfach verschwunden. Auf ihre gerundeten Buckel setzte man Obstbäume, und Rinnen, in denen das Niederschlagswasser ablaufen sollte, trennten die Wölbungen. Für Bezgenriet im Albvorland wurden sie 1844 besonders erwähnt; auf der Höhe bei Adelberg im Schurwald kann man sie noch heute sehen.

Der Weinbau ist für Faurndau bereits 875 erwähnt. Das hübsche Panorama des Filstals aus der Zeit um 1535 (siehe Kapitel Verkehr) zeigt Weinberge und Keltern bei Donzdorf und bei Eislingen. Talaufwärts reichte die Rebenkultur bis nach Hohenstaufen und Wißgoldingen. Immerhin war das Hochmittelalter eine Zeit der Wärmegunst; das Klima war um 1,5 bis 2° C wärmer als heute. Doch schon im 14. Jahrhundert setzte eine Verschlechterung ein, die ihren Höhepunkt um 1650 bis 1850 erreichte und immer wieder Missernten und Hungersnot bescherte. So war es wohl weniger der Dreißigjährige Krieg als vielmehr der Klimawandel, der dem Weinbau einen schweren Rückschlag versetzte; denn die Qualität des Filstal-Weines war nun nicht mehr so gut, dass sich der Anbau halten konnte. Die Menschen wichen aus auf Most und Bier. Deshalb erlosch der Weinbau zum Beispiel in Donzdorf, Groß-Eislingen, Göppingen und Reichenbach an der Fils im 18. Jahrhundert, in Holz-

In Süßen kann man sich davon überzeugen, welche Ausmaße die Mühlräder einstmals erreichten.

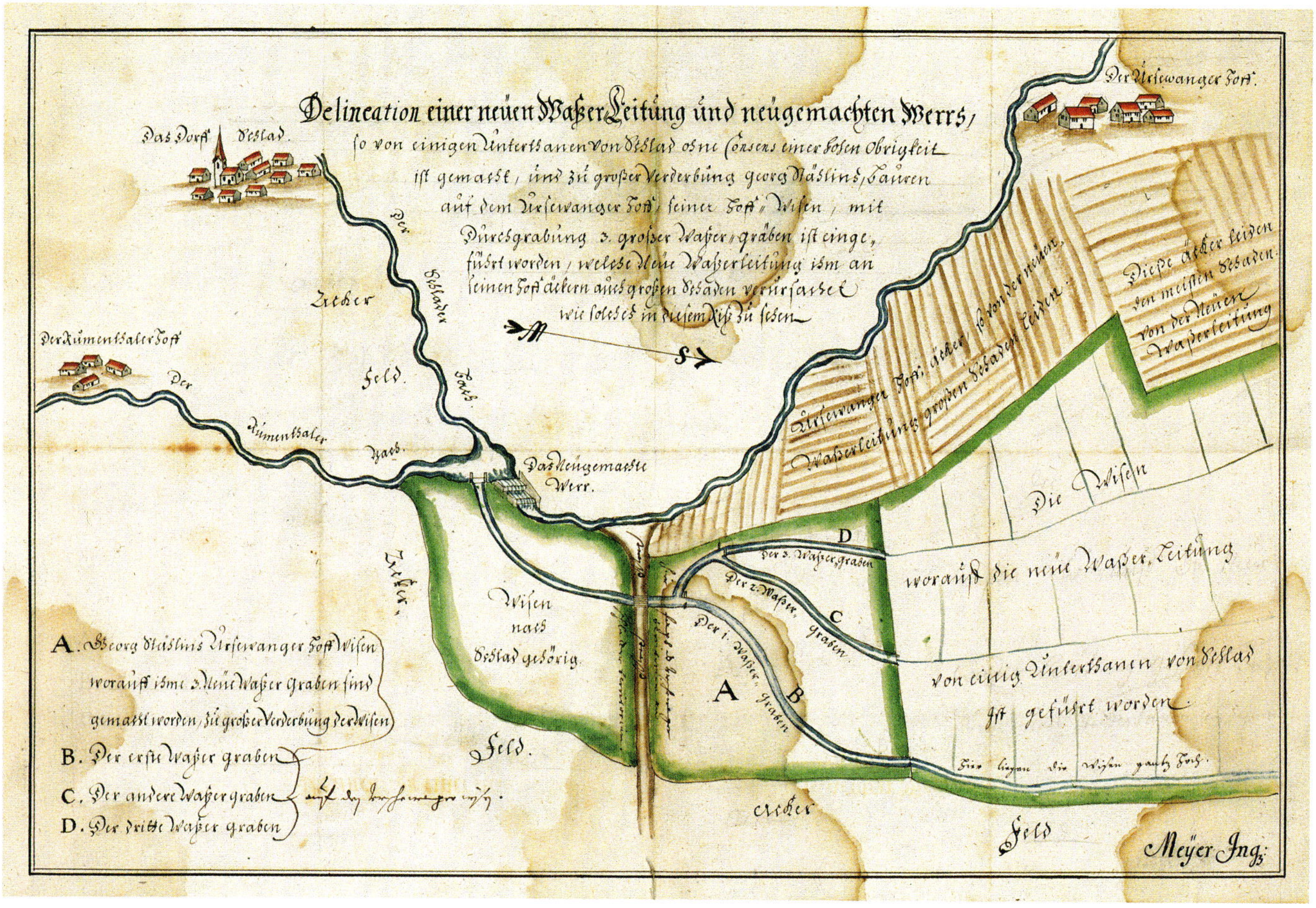

Plan der Wiesen-Wässerungs-Einrichtung von Schlat (links oben), 1709 von Ingenieur Meyer angefertigt. Das in der Mitte beschriftete »Neugemachte Werr« und das links daneben dargestellte Stellwehr dienten dazu, die Wasserzufuhr zu regulieren. »Der Waßer-Graben« unterquerte zunächst eine Straße und teilte sich dann in drei Arme auf. Von diesen zweigten in den Wiesen endende Gräben ab, aus denen das Wasser in den Boden einsickerte.

heim 1772. Der Groß-Eislinger Wundarzt Lier soll um 1870 gesagt haben, er habe noch Wein von einem kleinen Gütle getrunken, doch sei der »so sauer gewesen, dass er ihm fast die Hosenknöpfe weggerissen« habe. Aber Flurnamen wie »Weingärten«, »Wingert« und »Kelterkopf« in Göppingen oder »Weingartrain« in Ebersbach erinnern an den einstigen Anbau.

Der beschriebene Wandel wurde übrigens durch eine wichtige Verbesserung im Brauwesen begünstigt: Man lernte im 16. Jahrhundert, ein besser halt- und transportierbares, auch billigeres Bier herzustellen. Zudem belebte Herzog Eberhard III. den Obstbau in Württemberg, als er 1663 befahl, die Straßenränder mit Obstbäumen zu besetzen. 1714 ordnete Herzog Eberhard Ludwig an, auch die Allmende mit Obstbäumen zu bepflanzen. Als Weide dienten bis ins 19. Jahrhundert hinein nicht nur die Wiesen, sondern auch die Wälder, die darunter sehr litten, bis man in der Mitte des 19. Jahrhunderts zur Stallhaltung überging.

Die Landwirtschaft blieb bis zum 18. Jahrhundert der Haupterwerbszweig der Filstäler. Nur in den Städten blühten der Handel und dank dem Verkehr die Gastronomie. Handwerker waren teilweise aber auch auf den Dörfern tätig wie Weber, Schmiede, Sattler, Bäcker, auch Metzger, die oft zudem eine Gastwirtschaft betrieben.

Schulmeister, die den Kindern das Lesen und Schreiben beibrachten (aber schlecht bezahlt wurden), sind in vielen Orten ab dem 16. Jahrhundert erwähnt, so in Göppingen 1519, in Heiningen sogar schon 1466. (In Württemberg begann die Schulpflicht im 16. Jahrhundert.) Schulordnungen regelten den Unterricht. Wer Latein lernen wollte, konnte dies in der Lateinschule üben. In die Lehre konnten die Jungen ab 14 Jahren gehen, sofern sie nicht unehelich waren und ihr Vater nicht einen »unehrlichen« Beruf wie Totengräber, Nachtwächter oder ähnliches hatte. Nach dreijähriger Ausbildung durfte der Lehrling die Gesellenprüfung ablegen und dann auf die Wanderschaft gehen. Im Sommer arbeitete man zehn bis zwölf, im Winter acht bis zehn Stunden am Tag. Niederlassen konnte sich ein Meister nur, wenn er das Bürgerrecht besaß oder es sich erkaufte. Der Tagesablauf der Menschen wurde durch das Tageslicht bestimmt, zur Beleuchtung dienten Kienspäne oder – wenn man sie sich leisten konnte – Wachskerzen.

Die Menschen waren allgemein stärker gläubig als jetzt, hingen aber auch so manchem Aberglauben nach, nicht selten sogar bis weit in die Neuzeit.

Eine besonders unrühmliche Rolle spielte dabei der Hexenwahn. Man glaubte, die Hexen (oder Hexer) stünden mit dem Teufel im Bunde, der ihnen besondere Fähigkeiten verlieh und sie Unheil stiften ließ. Nur ihr Tod, so glaubte man, könne vor diesem bewahren. So wurden 1563 in Wiesensteig nicht weniger als 63 angebliche Hexen öffentlich verbrannt; sie sollen zweihundert Kinder und Ehemänner jämmerlich zu Tode gebracht, 99 Leute verzaubert, das Vieh verhext und viel Hagel, Regen und Wind herbeigeführt haben. Und am 14. Juni 1616 wurde Anna Übelhör aus Aufhausen in Ulm wegen »verdächtigen Hexenwerks und Zauberei« lebendig verbrannt. Seinen Höhepunkt erreichte der Hexenwahn in den Jahrzehnten um 1600. In Württemberg wurden die Hexen/Hexer »wenigstens« vor der Verbrennung enthauptet.

Die Hochgerichte mit den Galgen standen außerhalb der Orte auf einer Höhe. Die Galgen sind zwar verschwunden, aber die Höhen, auf denen sie sich einst befanden, werden noch heute Galgenberg, Galgenbuckel oder Hochgericht genannt, so bei Göppingen, Lauterstein und anderen Orten. Dort wurden die Sünder je nach dem Urteil gehängt, geköpft oder gerädert und gevierteilt. Die letzten öffentlichen Hinrichtungen mit dem Schwert lockten im Jahr 1834 zahlreiche Zuschauer zum einen ins Rohrachtal bei Geislingen, zum anderen auf den Göppinger Galgenberg, wo sich angeblich 10 000 Zuschauer einfanden.

Hatte jemand in einem Streit einen Totschlag begangen – bei Mord galt das nicht –, so versuchte man, den Blutstreit beizulegen, indem man dem Täter mehrere Bußen auferlegte. Zu diesen gehörte

Wölbäcker oberhalb von Adelberg

auch, ein Sühnekreuz zu setzen, das mit einem Wappen oder Zunftzeichen auf den Beruf des Opfers hinwies. Für Gingen ist eine solche Verpflichtung bereits für 1448 belegt. Das Filstal-Panorama von etwa 1535 zeigt bei Süßen links der Fils zwei solche steinernen Kreuze. Drei Kreuze standen am »Stern« an der Wegscheide bei Göppingen. Weitere stehen noch heute an mehreren Stellen, so am Osttor des Klosters Adelberg und (umgesetzt) am oberen Ende des Friedhof-Parkplatzes in Rechberghausen. Doch viele dieser Zeugnisse früheren Rechtsbrauchs sind (leider!) längst verschwunden. Nördlich Böhmenkirch sagt uns der Flurname Bußkreuz, dass dort einstmals ein solches stand. Das gilt ebenfalls für die Gastwirtschaft »Steinernes Kreuz« zwischen Donzdorf und Nenningen, wo bis zum Umbau der Straßenabzweigung ein Steinkreuz direkt an der Bundestraße 466 stand.

Das aus Stubensandstein angefertigte Steinkreuz bei Wittingen stammt wahrscheinlich aus dem 15. Jahrhundert. In der acht Zentimeter tiefen Nische dürfte früher ein Kreuz oder eine Figur angebracht gewesen sein. Vielleicht sollte es an einen Unfall erinnern. Am seinem Schaft zeigt dieses Kreuz Wetzrillen. Nachdem es umgefallen war, wurde es auf einem Betonsockel 1958 etwas zu hoch neu aufgestellt.

Ein Sühnevertrag

Nachdem Hans Märklin von Reichenbach erschlagen worden war, trat im Januar 1496 eine Schlichtungskommission mit der Witwe und den Verwandten des Erschlagenen sowie Angehörigen des Täters zusammen und beschloss einen Sühnevertrag, für dessen Einhaltung der Schwager und der Meister des Täters bürgten. Darin wurde festgelegt: Es sind 25 Wachskerzen an die Bahre in der Kirche und danach aufs Grab zu bringen, ein gesungenes Seelamt und 24 Messen lesen zu lassen, »ain redlichs stainis Kreuz setzen und machen zu lassen zu Rychenbach in etter an ein bequemlich ort nach des erschlagen sälgen fründ beger [Begehr] ungevarlich bis Sannt Michels tag nächstkünfftig, und sol das selbig kreutz sein sieben schuch hoch und fünff schuch wyt oder brait«, eine Pilgerfahrt nach Einsiedel (Schweiz) und eine nach Sankt Leonhardt (Bayern) binnen Jahresfrist zu machen sowie zwei Pfund Heller für Zehrung an die Witwe, den Arztlohn und die Zehrung der Verwandtschaft beim Wirt zu bezahlen.

Allerdings wurden Steinkreuze auch als Gedenksteine für Unfall- oder Mordopfer gesetzt wie bei Roßwälden, wo am 16. Juli 1707 der Zoller Hans Bayer von einem französischen Husaren ermordet worden war. An die Stelle solcher Gedenkkreuze traten später steinerne Bildstöcke, wie in dem erwähnten Panorama von 1535 zwei bei Süßen rechts der Fils dargestellt und heute noch etliche in der Flur zu finden sind.

Wer die Sagen liest, die sich um die Sühnekreuze ranken, wird nicht selten die Angabe finden, es hätten sich zwei Personen zugleich erschlagen. So heißt es von dem Kreuz am Jackenhof (Ottenbach), zwei Bauernburschen seien bei einer Schlägerei wegen Eifersucht tot liegen geblieben. Bei Adelberg sollen sich zwei Bettelkinder und bei Treffelhausen (wo einst zwei Kreuze standen) ein Franzose und ein Schwede erstochen haben. Allerdings sind viele solcher Sagen unglaubwürdig oder gar widerlegbar. Nur in wenigen Fällen lässt sich der Anlass, weshalb ein Kreuz gesetzt wurde, ermitteln, wie dies bei dem Gedenkkreuz von Roßwälden der Fall ist. Dort ist nicht nur das Ereignis in den Stein eingemeißelt nachzulesen, sondern es liegt auch eine Eingabe der Witwe vor: Ein französischer Husar hatte am 16. Juli 1707 den Zoller Hans Bayer, der sich nachts gerade auf dem Feld befand, um das Wild zu verjagen, durch drei Hiebe und zwei Stiche ohne Grund ermordet.

Als Kaiser Karl V. 1532 seine Gerichtsordnung erließ, war eine einheitliche Rechtsgrundlage geschaffen, die Sühneverträge überflüssig machte. Allerdings war die Folter noch erlaubt, und auch der Hexenglaube blühte noch lange Zeit weiter. Erst König Wilhelm I. ließ Galgen, Richtschwert und Rad von den öffentlichen Richtplätzen verschwinden. Anderes aber blieb. So wurden 1749 in Ebersbach zwei ledige Burschen, die Zwetschgen gestohlen hatten, in den drehbaren Triller, eine Art Pranger, gestellt.

Aber wenn wir heute »Zustände wie im Mittelalter« beklagen, vergessen wir zumeist, was es damals – trotz schlechter Hygiene – bereits gab. Zwar hatte die Versorgung von Alten und Kranken in der Familie den Vorrang, doch wurde für die allein stehenden armen und kranken Leute in Siechen-, Armen-, Gutleutehäusern und Spitälern durchaus der Zeit gemäß gesorgt. Hiervon zeugen noch die 1351 von dem Ehepaar Seitz in Göppingen und 1364 durch Graf Ulrich X. von Helfenstein und seiner Gattin Maria von Bosnien in Wiesensteig gestifteten Hospitäler. In Altenstadt ist ein Spital 1398 erwähnt, eine Siechenkapelle wurde dort 1471 eingerichtet. In Göppingen sind das Spital Sankt Wolfgang 1393, das Siechenhaus 1440 belegt. Ein anderes Spital wurde in Göppingen 1783 an der Nordost-Ecke des Marktplatzes erbaut. »Damit die Bürger des Anschreiens durch die Bettler überhebt werden«, errichtete die Stadt Göppingen 1522 ein Armenhaus. Auch viele Dörfer verfügten über Armenhäuser. Für Kuchen zum Beispiel ist ein Siechenhaus 1476 erwähnt; es diente ab 1738 als Armenhaus für Geislingen. Trotzdem jedoch gehörten Bettler zum damaligen Alltag.

Die Spitäler waren häufig bedeutende Einrichtungen. So umfasste das Göppinger Spital im Jahr 1442 zwanzig Stuben, 30 Kammern, 15 Küchen sowie etliche Ställe und Scheunen, es besaß eine Mühle und Weingüter und erhielt Abgaben auswärtiger Bauern. Das schon 1351 von dem Bürger Seitz von Nellingen und seiner Frau in Geislingen gestiftete Spital besaß einen Komplex von acht Gebäuden: Hauptbau, Kirche, Verwaltung, Pfründhaus, Seelhaus, Viehhaus und zwei Scheuern. Es zählte zu den größten Grund- und Kapitalbesitzern der Gegend. Das Viehhaus Ledergasse 2 ist im Kern das ursprüngliche Spitalgebäude. Außer ihm stehen noch das eindrucksvolle Verwaltungsgebäude (Karlstraße 24) und das Pfründhaus, die heute Stiftungseigentum der Stadt sind; die anderen Gebäude wurden im 19. Jahrhundert abgerissen.

Außer diesen Einrichtungen kümmerten sich in den Städten seit dem 12. Jahrhundert die Beginen um die Fürsorge. Sie lebten in einer klosterartigen Gemeinschaft und gingen im 15. Jahrhundert in den kirchlich kontrollierten »Dritten Orden« auf. In Geislingen lebten die zu den Franziskanerinnen gehörenden Beginen bis 1587 in der Klause neben der Stadtkirche.

Die Klause in Geislingen, erbaut im 15. Jahrhundert und auf der südwestlichen Ecke der Stadtmauer sitzend, beherbergte bis 1587 die Franziskanerinnen des Dritten Ordens (Beginen), die soziale Dienste übernahmen. Heute dient das in alemannischer Holzbauweise errichtete Gebäude als Pfarrhaus.

Unter viele Herrschaften aufgeteilt

Die Ausbildung vieler kleiner Territorien im Mittelalter sparte das Gebiet der Fils nicht aus. Es war die Zeit, in der als Zentren der Macht die zahlreichen Burgen entstanden, von denen einige sich bis heute erhalten haben, die meisten aber nur noch als Ruinen stehen. Eine besondere Bedeutung erlangten die Grafen von Helfenstein, eines der wichtigen und einflussreichen schwäbischen Adelsgeschlechter des Mittelalters. Ihre Burg bei Geislingen hatte eine beachtliche Größe. Teile im Osten des Fils-Gebiets verpfändeten die Helfensteiner 1382 an die Reichsstadt Ulm, verkauften sie ihr 1396 und zogen sich auf die Hiltenburg und später nach Wiesensteig zurück. Von den Helfensteinern zeugt noch das Wappentier: der Elefant (weil man den Namen des Geschlechts mit Helfant (Elefant) in Verbindung brachte). Das helfensteinische Eybach kam 1291 an das Kloster Ellwangen und 1496 an die späteren Grafen von Degenfeld-Schonburg, die noch heute dort leben. Um 1710 zeigt eine Karte es inselartig von ulmischem Gebiet umgeben.

Auf die Staufer als Erbauer weist zum einen der Name der Burg Staufeneck hin (seit 1333 rechbergisch), zum anderen die Staufer-Gedächtnisstätte

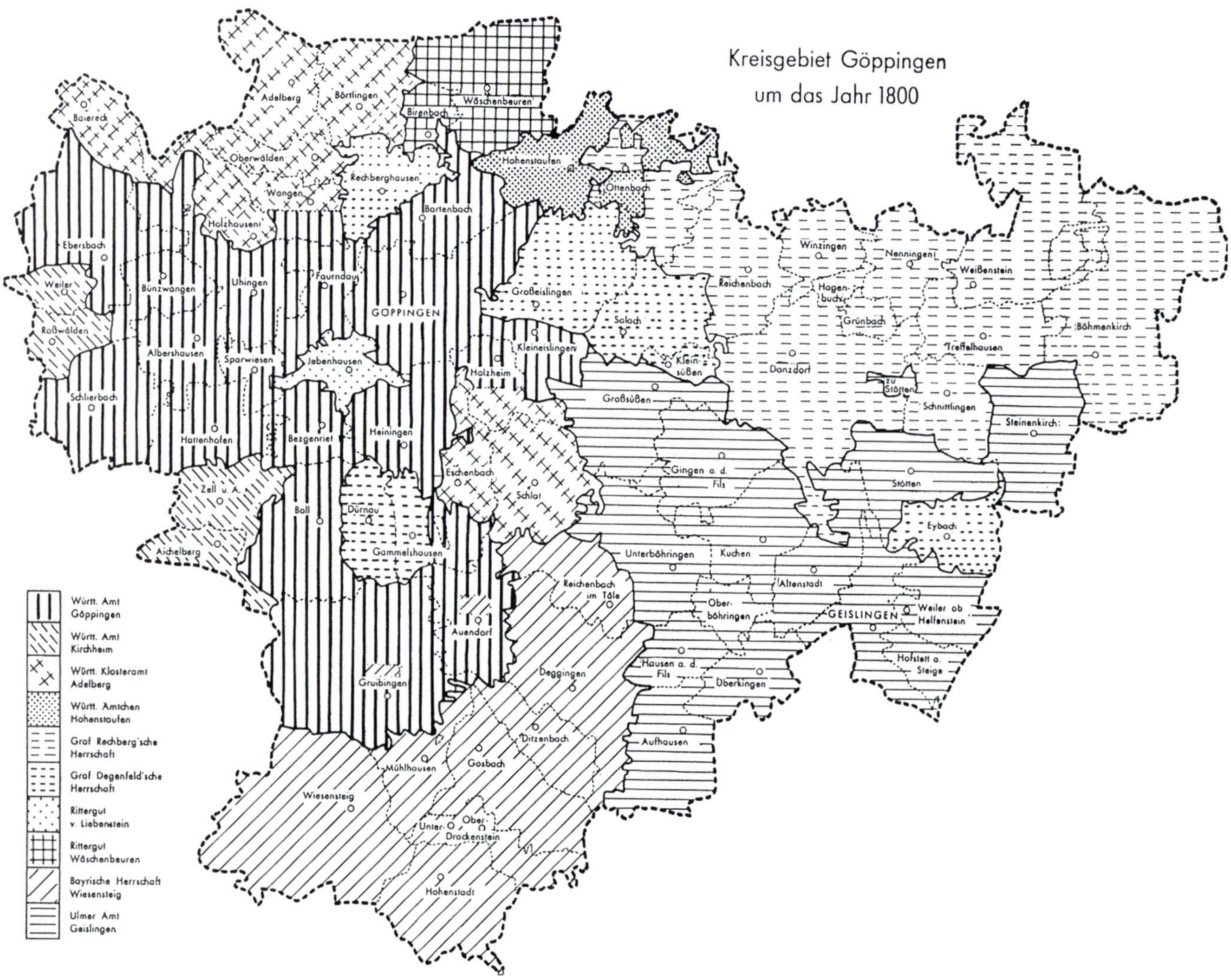

Die politische und verwaltungsmäßige Gliederung des heutigen Kreises Göppingen um 1800

auf dem Wäscherschloss, der am besten erhaltenen Burg aus staufischer Zeit. Das Lautertal dagegen war über lange Zeit Besitz der Grafen von Rechberg – man denke an die Schlösser in Donzdorf und Weißenstein. Filseck gehörte den Herren von Villeseke, Dienstleuten der Grafen von Aichelberg. Unter diesen Hochadligen hatten hier zudem viele niederadlige Familien Besitz.

Klöster und Stifte verfügten im Fils-Gebiet nur über geringe Territorien, ausgenommen das 1178 gegründete Kloster Adelberg. Es wurde von Adligen reicht beschenkt – sie taten es um ihres Seelenheils willen – und konnte dadurch einen beachtlichen Besitz ansammeln. Auch das Kloster Wiesensteig erhielt Besitz übertragen, erreichte aber die Bedeutung von Adelberg nicht. Einige Nonnenklöster und Chorherrenstifte blieben ohne überörtliche Bedeutung.

Die Reformation erfolgte im 16. Jahrhundert je nach der politischen Zugehörigkeit, so in Ulm 1531, in Württemberg ab 1534 und im liebensteinischen Jebenhausen 1559. Viele Kunstschätze gingen dabei verloren, die Besitzungen der Kirche fielen an den Staat, die beiden Chorherren-Stifte Oberhofen (Göppingen) und Faurndau wurden aufgelöst – das Stift in Boll war schon 1464 aufgehoben und die Einnahmen waren dem Stift in Göppingen zugewiesen worden. Nur jenes im katholischen Wiesensteig blieb (bis 1803) bestehen. Die Reformation war aber nur der äußere Ausdruck eines Wandels, der einen geistigen Umbruch brachte, nämlich der Renaissance, wörtlich: der Wiedergeburt. Nicht nur, dass der katholische Glaube in Frage gestellt wurde, man sah die Welt jetzt mit anderen Augen. Man stritt aber auch gewalttätig und plündernd um die Frage, welcher Glaube der richtige sei.

An einigen Orten wurde die Konfession manchmal erneut gewechselt wie in Wiesensteig, teilweise mit roher Gewalt wie in Winzingen und Dürnau.

Wappen der Herren von Degenfeld am Torhaus in Dürnau

Streit wegen der Exenmühle

Bei Mühlhausen steht auf dessen Gemarkung als Enklave eine Mühle, die rechtlich zu Gruibingen gehörte. Ihre Grund- und Gerichtsherren waren die Grafen von Württemberg und die von Helfenstein beziehungsweise deren Nachfolger jeweils zur Hälfte. Das führte zu manchen seltsamen Begebenheiten.

So gab es im Jahr 1721 zwischen dem Müller und einem Bürger von Gruibingen eine blutige Auseinandersetzung. Der Schultheiß von Gruibingen, dem die Mühle dorfgerichtsmäßig unterstand, bestrafte die beiden Streithähne mit jeweils fünf Gulden. Wenig später forderte ihn der bayerische Vogt von Wiesensteig auf, die Übeltäter vor *sein* Gericht zu schicken, weil sich der Müller auf den Mühlbrief berief, in dem es hieß, was vor der Mühle geschehe, unterstehe mit Ge- und Verboten Wiesensteig, und der Müller habe bekannt, er sei bei der Schlägerei bewusst aus der Mühle herausgetreten, um den Streit auf Wiesensteiger Territorium auszutragen, weil die bayerischen Beamten milder als die württembergischen urteilten.

Die Müllersleute waren als Württemberger später evangelisch und wurden vom Pfarramt Gruibingen betreut. Wenn jemand starb, musste die Genehmigung erbeten werden, den Toten über die Felder und Wiesen der katholischen Helfensteiner ins evangelische Gruibingen zu führen. Dazu musste der Göppinger Obervogt einen Revers ausstellen, dass aus dem jeweiligen Fall kein Dauerrecht abgeleitet werde.

Bei der Errichtung von Anbauten im Jahr 1666 verunglückte ein katholischer Zimmermann tödlich. Jetzt musste der Oberbeamte vom katholischen Wiesensteig die Genehmigung einholen, dass der Trauerzug die Gemarkung des evangelischen Mühlhausen passieren durfte. Daraus entwickelte sich ein heftiger politischer Streit, bei dem die Mühle von württembergischen Soldaten besetzt wurde und die Wiesensteiger Sühne forderten.

In Salach gab es sogar einen heftigen Religionsstreit zwischen dem Ortsadel und dem Herzogtum Württemberg. Er wurde 1655 derart beigelegt, dass nunmehr beide Konfessionen ihren Gottesdienst in der gemeinschaftlichen Kirche ausüben durften. Kurios war die Situation in Groß-Eislingen, das zu verschiedenen Herrschaften gehörte. Die Katholiken durften bei einer Prozession das württembergische (evangelische) Ortsgebiet nicht betreten. Bis 1806 hatten hier übrigens der württembergische und der rechbergische, später degenfeldische Teil jeweils ihren eigenen Schultheißen und ihr eigenes Gericht. Aus Geislingen gingen jene Bürger, die bei der Reformation nicht den neuen Glauben annehmen wollten, zur Messe nach Eybach, wo die zur Propstei Ellwangen gehörenden Einwohner – und das war die Mehrheit – katholisch blieben, die der degenfeldischen Gutsherrschaft aber evangelisch waren. Die Kirche in Eybach nutzten beide Konfessionen, bis 1968 die evangelische Christuskirche eröffnet wurde.

Die Zugehörigkeit zu bestimmten Herrschaften wandelte sich im Laufe der Zeit, mitunter sogar mehrfach. Manche Orte waren nicht nur politisch, sondern auch kirchlich geteilt. So war die Bevölkerung von Eybach seit dem Westfälischen Frieden 1648 teils evangelisch, teils katholisch, die Kirche wurde simultan genutzt. Geislingen, das Zentrum der Helfensteiner, wurde 1396 von diesen an die Reichsstadt Ulm verkauft und verlor damit an Bedeutung, 1803 kamen Stadt und Amt Geislingen an Bayern, 1810 zu Württemberg. Auch Donzdorf, das auf mehrere Herrschaften aufgeteilt war, ehe es 1797 ganz rechbergisch wurde, fiel 1806 zunächst an Bayern und kam 1810 zu Württemberg. Wiesensteig und Deggingen gingen bald nach dem Aussterben der Helfensteiner (1627) über die weibliche Erbfolge an Kurbayern und Fürstenberg über, die es als Kondominium verwalteten; 1752 kaufte Bayern den fürstenbergischen Anteil auf, und 1806 trat es den Ort an Württemberg ab. Göppingen dagegen ist schon seit 1273 eine württembergische Stadt. Spätestens seit 1810 ist das Einzugsgebiet der Fils zum größten Teil württembergisch.

Die Frage zu diesem Thema ist: Was bedeuten die früheren Verhältnisse für die Gegenwart? Geblieben sind von solcher Zugehörigkeit nicht nur, aber vor allem unterschiedliche Konfessionen. Lange Zeit galt nämlich die Regel: Cuius regio, eius religio (wessen das Land, dessen die Religion). So kam es, dass inmitten evangelischer Gebiete solche katholischen Glaubens lagen und liegen: Das ehemals rechbergische Lautertal und Wiesensteig sind vorwiegend katholisch, das württembergische und das ehemals ulmische Gebiet dagegen

Die 15 steinernen Kreuzwegstationen am Weg zur 1883 erbauten Kreuzkapelle bei Gosbach wurden 1927 von einem Gosbacher Bürger als Ersatz für ältere Male gestiftet. Die Aufnahme zeigt Station 4.
Linke Seite: Im katholischen Gebiet wurden viele Kirchen im barocken Stil um- oder neu aufgebaut. Die Kirche in Deggingen ist ein schönes Beispiel dafür.

schon lange evangelisch. Das gilt sogar für einzelne Orte: So war der württembergische Teil von Ottenbach evangelisch, der rechbergische katholisch.

Der Wanderer erkennt an Kreuzweg-Stationen, an Bildstöcken und Kruzifixen (Marterln) am Wegesrand, an der Zahl der Kirchen und Kapellen wie auch an den im ausgehenden 19. Jahrhundert hier und da geschaffenen Lourdes-Grotten, dass er sich in einem katholischen Gebiet befindet. So hatten Göppingen vor der Reformation etwa sieben Kirchen und Kapellen, Geislingen drei Kirchen und vier Kapellen, einige Dörfer besaßen neben der

Kirche noch mehrere Kapellen. Mit der Reformation wurde so manches Kirchengebäude jedoch überflüssig. Während die gotischen Gotteshäuser im evangelischen Gebiet in ihrer Form erhalten blieben, wurden sie in katholischen Territorien während des Barocks oft neu gebaut oder umgestaltet und mit Zwiebeltürmen versehen.

Eine weitere Folge der früheren Zugehörigkeit kann unterschiedliches Erbrecht sein. Mitten durch das Gebiet an der Fils verläuft von Norden nach Süden, wenn auch stark aus- und einbuchtend, die Hauptgrenze zwischen den Gebieten geschlossener Vererbung (Anerbenrecht) und der Freiteilbarkeit (Erbteilung). So herrschte in Württemberg in Reichenbach und Ebersbach die Freiteilbarkeit, in Oberberken, Schlat und in den Dörfern der ulmischen Alb dagegen das Anerbenrecht, wobei, der Geislinger Oberamtsbeschreibung von 1842 zufolge, im Ulmischen derjenige Sohn den Hof erhielt, dessen Frau die größte Mitgift brachte. In den meisten Dörfern aber gab es Zwischenformen. In Göppingen bis Adelberg und in Salach zum Beispiel wurden größere Betriebe geschlossen übergeben, kleinere jedoch geteilt, in Eislingen und Donzdorf dagegen erhielt ein Erbe den größten Teil, die anderen einzelne Grundstücke. Die Bauern in Gebieten mit Anerbenrecht standen sich auf jeden Fall besser. Deshalb gab es auf der Alb – aber auch entlang der Hauptstraße im Filstal wegen des Vorspanns – mehr Pferde, und die Albbauern fuhren mit Pferd und Wagen nach Geislingen zum Markt, die anderen dagegen mit Rindergespannen. Man kann diese Verhältnisse, wenn man durch die Dörfer fährt, noch heute an der Größe der Gehöfte ablesen. Bei einigen Burgen bestanden übrigens größere, geschlossen erhaltene Wirtschaftshöfe: der Iltishof bei Eschenbach, die Hofgüter Rechberghausen und Ramsberg sowie der Charlottenhof und der Weilenberger Hof bei Schloss Filseck.

Die Lourdes-Grotte in Treffelhausen

Die Herrschaft entschied auch über die Anwesenheit der Juden. So wurden sie ab 1474 in Ulm nicht mehr als Bürger, sondern nur noch als Beisitzer auf Widerruf aufgenommen. 1499 befahl Kaiser Maximilian der Stadt, die Juden zu vertreiben; sie mussten Ulm innerhalb von fünf Monaten mit ihrer beweglichen Habe verlassen, ihre Häuser, Einrichtungen und Güter verkaufte der Kaiser an Ulm. In Württemberg hatte Herzog Eberhard im Bart die Juden um diese Zeit ebenfalls außer Landes gejagt. Andererseits durften sich Juden im 18. Jahrhundert im liebensteinischen Jebenhausen ansiedeln (siehe Kapitel Göppingen).

Der Bauernaufstand 1525 war nicht die einzige Erhebung der Bevölkerung gegen den Adel oder die Obrigkeit. Bereits 1513/14 erhoben sich etliche Bürger in Geislingen, die ja leibeigene Untertanen des Ulmer Magistrats waren, nach Geldentwertung, Teuerung, Missernten und Wirtschaftskrisen gegen diesen. Ulm schlug den Aufstand nieder, der Rädelsführer wurde geköpft, vier Personen wurden verbannt, andere eingesperrt, manche ungestraft entlassen. Im Jahr 1580 erhoben sich die Einwohner von Böhmenkirch gegen Hugo von Rechberg, der den Ort erworben hatte und nun die Lasten durch Zehnt und Fron erhöhte. Der Streit kam sogar vor Kaiser Rudolf. Die Gegensätze blieben aber unvereinbar. Deshalb wurde das Dorf 1581 besetzt, die Aufrührer wurden eingesperrt, ein »Rebellionsvertrag« besiegelte am 9. Mai 1582 ihre Niederlage. Anders waren die Ursachen, als 1820 bis 1822 in Donzdorf 52 Einwohner gegen das Oberamt Geislingen rebellierten: Ihnen war die Verwaltung zu schwerfällig und zu teuer. Die Untersuchungen ergaben aber wenig Haltbares. Einzelne Personen mussten deshalb zwei bis vier Wochen hinter Gitter.

Das etwa 300 Jahre alte Haus eines Kleinbauern in Heiningen, Kirchstraße 8. Der »Goißabauer« hielt im Stallteil (unten) Hasen und anderes Kleinvieh. Das Gebäude wurde 1992 renoviert, wobei der Stall zum Wohnraum um- und das Dachgeschoss ausgebaut wurden.

In der Hirschstraße in Faurndau hat sich, trotz anderer Nutzung, gegenüber der Stiftskirche die alte dörfliche Bausubstanz der einst landwirtschaftlichen Kleinbetriebe erhalten.

Unten: Bauernhof in Stötten im ehemals ulmischen Anerbengebiet

Das Jahrhundert der Industrialisierung

Schon im 18. Jahrhundert setzte in Europa die Industrialiserung ein. Als ihren Beginn sieht man häufig die Erfindung der Dampfmaschine durch James Watt in den 1770er-Jahren an, entscheidend ist jedoch die arbeitsteilige Produktion mit Hilfe von Maschinen, die – wie gerade an der Fils – auch durch Wasserkraft angetrieben werden konnten. Die Entwicklung beschleunigte sich im 19. Jahrhundert zunehmend. Die Bevölkerung wuchs, weil die besser werdende Hygiene und die Fortschritte der Medizin die Sterberaten drückten, und wohnte vielfach nicht mehr in jenem Haus, in dem sie arbeitete.

Die Landwirtschaft änderte sich nur allmählich. Vor allem baute man den Dinkel an und am Unterlauf der Fils Mohn und Mais, in den Talorten auch viel guten Flachs und Hanf, denn die Spinnerei war bis zur Mitte des 19. Jahrhunderts die wichtigste Nebenbeschäftigung auf dem Land. Der Anbau von Hopfen in Adelberg, Börtlingen, Reichenbach an der Fils und Ebersbach, der einen guten Erlös brachte, war dagegen eine Ausnahme. In der Mitte des 19. Jahrhunderts stellten die Bauern ihre Viehwirtschaft auf die Stallhaltung um, nachdem sie durch den Anbau von Klee die Futterbasis verbessert hatten. Insbesondere vor der Alb blühten im Frühjahr unzählige Obstbäume, so dass es in der Oberamtsbeschreibung hieß, Roßwälden sei ganz von Obstbäumen umgeben. Frisches und gedörrtes Obst aus dem Oberamt Geislingen fand großenteils

Eine Schafherde bei Börtlingen. Im Hintergrund ragt der Hohenstaufen auf.

in Bayern einen regen Absatz. In einigen Orten wie in Bünzwangen wurden die Kirschen gebrannt. Die Pflanzung von 75 Maulbeer-Bäumen in Göppingen 1834 für die Seidenraupen-Zucht in der Wilhelmshilfe, einer 1839 eingerichteten »Rettungsanstalt« für verwahrloste Kinder, blieb eine kurze lokale Episode.

Vor und auf der Alb hatte die Schäferei zu dieser Zeit eine große Bedeutung. Um 1840 waren im Oberamt Göppingen 36 245 Tiere zu Hause – davon allein Uhingen 3800 –, im Oberamt Geislingen 9510, aber es weideten im Oberamt Göppingen 52 430 Schafe. Einen »Hauptnahrungszweig unseres Bezirkes« nannte die Oberamts-Beschreibung die Schafzucht und fuhr fort, sie werde in keinem Teil Württembergs »in demselben Umfange betrieben«. Den drei Göppinger Schafmärkten wurden jährlich über 47 000 Tiere zugeführt, dem Wollmarkt 1500 bis 2000 Zentner Wolle; von beiden wurde jeweils etwa die Hälfte verkauft.

Damals war die Wanderschäferei (Transhumanz) noch üblich, das heißt, die Schäfer gingen mit ihren Herden – darunter viele Tiere ortsfremder Besitzer – auf jahreszeitliche Wanderungen. Schon vor dem Jahr 1600 überwinterten sie im Albvorland, oder sie rasteten hier im Herbst auf dem Durchzug ins Unterland und in die Pfalz oder im Frühjahr auf dem Wege zurück. Sogar in Städten wie Göppingen war diese Form der Viehhaltung üblich.

Die Schafhaltung ging um die Mitte des Jahrhunderts bereits zurück, vor allem infolge der Not von 1847. Einige Orte widmeten sich übrigens der Mast von Hammeln. Zu Beginn des Frühjahrs kauften Händler aus Baden und der Schweiz die Tiere auf dem Markt auf, um sie in Paris abzusetzen.

Der Wald diente ebenfalls als Nahrungslieferant, denn aus ihm holte man Wildobst, Beeren und Nüsse sowie Holz zum Bauen, Brennen und Verarbeiten. Dass stellenweise Köhlerei betrieben wurde, zeigen Flurnamen wie »Kohlplatz« östlich Baiereck und »Kohlplatte« bei Gammelshausen an. Zudem diente der Wald als Notweide. Bei der Jagd mussten die fronpflichtigen Bauern Hilfe leisten. Zwei Bauern aus Sparwiesen im Schurwald kamen dabei bis in die Gegenden von Heidenheim, Ettlingen, Scharenstetten, Waldenbuch, Oberkochen, Altdorf und Tiefenbach, wofür sie aus der Gemeindekasse 32 Gulden erhielten.

Generell verbesserte sich die Lage der Bauern durch mehrere Reformen. So wurden die Leibeigenschaft (1817, außer in Dürnau und Gammelshausen), die Abgabenpflicht (1827), die Jagdfron (1836) und die Zehntpflicht (1851/52) aufgehoben.

In Wald und Flur jagten noch bis ins 19. Jahrhundert hinein Wölfe, Luchse und (im Roggental und bei Wiesensteig) Wildkatzen. Gegen die Wolfsplage baute man Gruben und legte auf der tarnenden Abdeckung Köder aus; der Flurname Wolfsgruben bei Unterböhringen zeigt dies an. Der letzte Wolf in unserer Region wurde 1839 im Hochbuch bei Donnstetten, der letzte Luchs in Deutschland 1846 beim Reußenstein erlegt. Um diese Zeit waren auch die Forellen noch in Fils, Eyb und Rohrach heimisch, und von Deggingen wurden sie zuweilen nach Frankfurt gehandelt. Der Bestand ging jedoch infolge der Verschmutzung durch die Türkischgarn-Färberei und die Zunahme der Wasserkraftnutzung bereits zurück. Die Fischer klagten über die Fischotter, die noch um 1840 zahlreich in der Fils lebten. Reiher traten manchmal derart zahlreich auf, dass zu ihrem Abschuss besonders aufgefordert wurde. Im 20. Jahrhundert wurden sie hier ausgerottet, konnten sich aber, inzwischen unter Schutz gestellt, in den letzten Jahr-

Im Waldstück Hochbuch bei Donnstetten, das zwar außerhalb des Kreises Göppingen, aber noch im Einzugsgebiet der Fils liegt, steht bei der Wolfsbuche ein Stein, der daran erinnert, dass hier im Jahr 1839 der letzte Wolf der Schwäbischen Alb erschossen wurde.

Göppingen um 1800

»Wenn die zwölf Hirten am Frühmorgen durch die Gassen und Straßen tuteten, dann öffneten sich überall, auch in den Gebäuden der Beamten und Handelsherren, die Stalltüren, um den Kühen und Kälbern, Schafen und Schweinen den Austrieb zur städtischen Weide zu ermöglichen«.

Die Rohrach
bei Geislingen
an der Steige

zehnten wieder stark ausbreiten. Das Auerwild aber bleibt verschwunden. Die Wildschweine, die schon ausgerottet waren, vermehrten sich nach dem Zweiten Weltkrieg wieder derart, dass sie heute eine Plage sind.

Die Unruhe infolge der Hungersnot von 1846/47 war mit der guten Ernte von 1847 nicht beseitigt, sie machte sich 1848 in der Revolution Luft. Die Antwort auf die Unruhen waren Gesetze einerseits über eine »Volksbewaffnung«, andererseits über die Versammlungs-Freiheit und die Aufhebung des Zehnten. In etlichen Gemeinden – und nicht nur in den Städten – bildeten sich bewaffnete Bürgerwehren und übten das Exerzieren und Schießen. Die Gewehre erhielten sie teilweise aus dem Arsenal in Ludwigsburg. In Geislingen waren es über dreihundert, und sie hatten sogar eine Fahne. Die Stadtväter in Geislingen befürchteten nämlich, die beim Bahnbau eingesetzten Arbeiter könnten aufsässig werden. Doch schon bald wurden die Bürgerwehren wieder aufgelöst. In dieser Zeit bildeten sich auch die ersten Arbeitervereine, so 1848 in Göppingen, wo der Verein allerdings 1851 unterdrückt und 1855 verboten wurde. Im Arbeiterbildungsverein setzten die Männer in Göppingen ab 1863 die sozialdemokratischen Bestrebungen fort.

Auch nach dieser Notzeit suchten viele Bürger eine neue Heimat in Übersee. Manche wurden allerdings bewusst abgeschoben. Einen Höhepunkt erreichte die Auswanderung im Oberamt Göppingen in der Zeit von 1852 bis 1854, und sie war größer als im Oberamt Geislingen. Neue Höhepunkte folgten 1867 bis 1872 und 1883 bis 1885.

Die Industrialisierung erfasste das Gebiet des Filstals relativ rasch. Die Voraussetzungen waren ja günstig. An vielen Orten bildeten die Mühlen Keimzellen der Industrie. Das wird dort besonders augenfällig, wo aus einer Papiermühle eine Papierfabrik hervorging. Im Grunde war eine Papiermühle ohnehin nur insofern eine Mühle, als das Stampfwerk durch die Wasserkraft angetrieben wurde. Überdies benötigte sie das Wasser für den Herstellungsprozess. Die älteste Papiermühle entstand 1684 in (Geislingen-)Rorgensteig. Lumpensammler, die sich als solche ausweisen mussten, besorgten das als Hadern bezeichnete Ausgangsmaterial. Erst 1860 kam der Holzschliff auf. Bemerkenswert ist, wie sich die Papiermühlen im Laufe der Zeit auf bestimmte Produkte spezialisierten, weil sie nur so bestehen konnten (und letztlich doch vielleicht schließen mussten). Die Nähe der Verlagsstadt Stuttgart sicherte den Absatz. Von den vielen Fabriken sind nur vier geblieben: Wiesensteig, Salach, Faurndau und Reichenbach an der Fils.

Auch wassergetriebene Hammerwerke waren oft die Keimzellen für Fabriken. Sofern sie das Recht dazu erwarben, konnten auch neu gegründete Fabriken, insbesondere Baumwollspinnereien, die Wasserkraft nutzen. Ein Beispiel besonderer Art bildet die 1768 in Salach von Johann Christoph Duncker errichtete Tabakmühle; der Sohn Wilhelm Duncker wandelte sie 1813 in eine Baumwollspinnerei und Türkischrot-Färberei um, aus der 1822 die bekannte Kammgarnspinnerei Schachenmayr, Mann & Cie. hervorging. Die erste Firma, die im Fils-Gebiet eine Dampfmaschine baute, waren die Gebrüder Böhringer in Göppingen (1855). 1861 waren in beiden Oberämtern immerhin schon 216 solche Maschinen im Einsatz.

Wichtig war ferner, dass der Jahrhunderte alte Verkehr durch das Tal zwischen Plochingen und Geislingen und der Hausierhandel den Gesichtskreis der Bewohner erweitert und sie beweglicher gemacht hatten. Viele wagemutige Handwerker und Handelsleute wurden zu Gründern industriell arbeitender Betriebe. Gefördert wurde die Entwicklung vor allem durch den Bau der Bahn. Zum einen konnten nun die Kohle wie auch die Vorprodukte besser heran- und Fertigprodukte abgefahren werden, zum anderen kamen mit der Bahn neue Berufe ins Land. Schon beim Bau fanden risikofreudige Unternehmen eine Chance, Zuliefer-, Versorgungs- oder Dienstleistungs-Aufträge zu übernehmen. Der Müller Daniel Straub, den man auch den »zweiten Gründer Geislingens« nennt, sei hier als Beispiel erwähnt (siehe Kapitel Geislingen).

Schließlich wurde die Industrialisierung durch die Bildung des Deutschen Zollvereins 1834, aber auch dadurch begünstigt, dass die Einwohner sogar der Dörfer schon lange in handwerklichen Berufen tätig waren, weil ihnen die Landwirtschaft keine hinreichende Existenzgrundlage bot. Insbesondere waren Hausspinnerei und Hausweberei

Die Auswanderung aus den beiden Oberämtern Göppingen und Geislingen 1851 bis 1856 (ohne 1853)

Zielgebiet	*1851*	*1852*	*1854*	*1855*	*1856*
Deutsche Länder	17	16	14	8	15
Restliches Europa	3	5	11	3	6
Nordamerika	296	576	713	116	130
Australien	–	1	–	–	–

weit verbreitet, gab es doch um 1825 allein im Bezirk Göppingen 770 Leinenweber mit 85 Gesellen und um die Mitte des Jahrhunderts in Kuchen 64, in Gingen 43, in Groß-Süßen 41, in Donzdorf 32 und in Bad Überkingen 24 Webermeister. Sie arbeiteten in schlechter Körperhaltung in ihren »Dunken« (tief gelegenen Räumen, wegen der größeren Luftfeuchtigkeit), waren aber trotz der ungesunden Arbeitsbedingungen oft nicht geneigt, ihre Selbstständigkeit zugunsten der Fabrikarbeit aufzugeben, so dass, wie es das Beispiel Kuchen zeigt, Arbeiter von auswärts geholt werden mussten. Die Heimwerker traf die Industrialisierung zunächst deswegen nicht, weil die Baumwollwebereien viele Aufträge in Heimarbeit vergaben. So sagen die Oberamts-Beschreibungen denn auch für viele Dörfer aus, dass für die Fabriken gewebt werde, so zum Beispiel in Gussenstadt, wo um die Jahrhundertmitte etwa 250 Webstühle standen. Oft ist sogar angegeben, dass man für Jebenhauser Fabriken webte.

Eine Frau am Spinnrad, ein Bild, wie es um die Wende zum 20. Jahrhundert noch häufig anzutreffen war.

Die Entwicklung zur Textilfabrik war aber nicht aufzuhalten. Gab es 1882 im Bezirk Göppingen noch 25 Tuchmacherbetriebe, so war es 1907 nur noch einer, nämlich die Tuchfabrik Scheuffelen in Ebersbach, diese aber mit 41 Beschäftigten.

Ähnlich verlief die Entwicklung in der Baumwollverarbeitung. 1819 gab es sie im Filstal noch gar nicht, doch 1832 arbeiteten allein im Bezirk Göppingen bereits 24 Baumwollwebermeister mit fünf Gehilfen. 1861 standen hier 1343 Webstühle für Baum- und Halbbaumwolle, an denen 943 Meister und 418 Gehilfen arbeiteten, doch 1907 bestanden im Oberamt Göppingen in der Baumwollverarbeitung nur noch sechs Betriebe, die allerdings 1025 Personen beschäftigten. Die Arbeit konzentrierte sich in wenigen, dafür größeren Betrieben.

Die Arbeitsbedingungen waren hart. Eine tägliche Arbeitszeit von mehr als zehn Stunden am Tag und von 60 bis 70 Stunden in der Woche waren an der Tagesordnung. Bei der WMF galt nach der Arbeitsordnung von 1892 eine Arbeitszeit von 7 bis 18.15 Uhr, samstags bis 17.15 Uhr. Das waren, die Mittagspause mit anderthalb Stunden für die kunstgewerblichen und von eineinviertel Stunden für die allgemeinen Werkstätten abgezogen, neundreiviertel bis zehn Stunden am Tag oder 57 ½ bis 59 Stunden in der Woche. Frauen durften in der Regel höchstens zehn, in Ausnahmefällen elf Stunden täglich arbeiten. Jugendliche von 14 bis 16 Jahren hatten täglich zweimal eine halbe Stunde Pause. Gevespert werden durfte ohne besondere Pause zweimal »während der Arbeitszeit«. An Urlaub erhielten Arbeiter, die ab dem 21. Lebensjahr seit 15 Jahren in der Fabrik arbeiteten, vier Tage, nach 25-jähriger Dienstzeit sechs und nach 50-jähriger Dienstzeit neun Arbeitstage. Meister und Vorarbeiter bekamen nur wenige Tage mehr. Da viele Leute täglich von der Alb herunter

Mit der Stechuhr stempelten Arbeiter und Angestellte die Zeit ihres Arbeitsbeginns und -endes auf kleine Karten. So wurde die Pünktlichkeit kontrolliert. Als in den Siebzigerjahren des 20. Jahrhunderts viele Betrieben »Gleitzeit« einführten, wurden mit den Stechkarten die flexiblen Arbeitszeiten ermittelt.

Hause gingen, wussten sie am Abend, was sie am Tage getan hatten.

Kinderarbeit war nicht selten. In Göppingen zum Beispiel waren 1857 über 700 Kinder unter 14 Jahren bevorzugt eingesetzt für Arbeiten, die sie leichter als die Erwachsenen ausführen konnten. Vor allem waren sie in der Textilindustrie tätig: gerissene Fäden knüpfen, auf- und abspulen, Reste zusammenkehren und ähnliches, was sie wegen ihrer geringeren Größe und Fingerfertigkeit leichter konnten als Erwachsene oder wofür diese zu teuer waren. Dabei verdienten sie in Altenstadt für sechseinhalb Stunden zwölf bis 14 Kreuzer, ein Fünftel bis ein Siebtel des Lohnes der Erwachsenen. Das reichte gerade, um ein Pfund Schweinefleisch (13 Kreuzer) zu kaufen. Auf die Moral wirkte das nicht positiv. Von der neuen Gewerbeordnung 1862, die bezüglich der Kinderarbeit erste Regelungen brachte, bis zum Achtstundentag nach dem Ersten Weltkrieg verging eine lange Zeit.

Einen Schub erhielt die Entwicklung, als die Allgemeine Gewerbe-Ordnung vom 22. April 1828 die nicht zünftigen Gewerbe für Jedermann freigab, sowie erneut durch die Gewerbe-Ordnung von 1862 und in der Zeit der Gründerjahre (1870er-Jahre). Von Plochingen bis Geislingen bildete sich ein Band von Textil-, Papier- und Maschinenfabriken sowie von Fabriken für Metall- und Holzwaren aus. Kein Ort an der Fils blieb ohne Fabrik, vielmehr entstand am Fluss eine Gasse der Industrie. Aber auch viele Dörfer abseits des Flusses nahmen an der Entwicklung teil.

Die in den so entstandenen Werken notwendigen Reparaturen begünstigten die Entstehung von Maschinenwerkstätten, die sich bald zu Maschinenfabriken entwickeln konnten. Für den obersten Abschnitt des Filstales erwies sich allerdings der Charakter der Sackgasse als hinderlich; dort fuhr die Bahn erst ab 1903, weshalb die Entwicklung anfangs nicht in Schwung kam, obwohl auch dort Wasserkraft und Heimgewerbe gute Ansätze boten. Die Einwohner suchten sich deshalb Arbeit in und um Geislingen und wurden Pendler.

Eine weitere wichtige Gruppe waren die Jebenhausener Juden. Für ihre Aktivität wurde das Israeliten-Gesetz vom 25. April 1828 bedeutsam, das Schutz- und Schirmgeld abschaffte, die Juden mit den »württembergischen Untertanen« gleichstellte und ihnen erlaubte, Gewerbe (mit einigen Ausnahmen) frei zu wählen. Sie mussten allerdings Familiennamen annehmen und im allgemeinen Umgang die deutsche Sprache gebrauchen. Nun nämlich engagierten sich einige mit der Gründung von Industriebetrieben, insbesondere von Baumwollspinnereien, Baumwollwebereien und Papierfabriken. Dabei widmeten sie sich bevorzugt der Korsettweberei, die ihre Waren bald von der Fils nicht nur nach ganz Deutschland, sondern auch in die USA lieferte. Sie gaben Impulse für die Ausbildung einer Zuliefer-Industrie: Der Bedarf an Korsett-

Solche Webstühle wurden früher in großer Zahl im ganzen Fils-Gebiet benutzt. Beide Fotos wurden im Heimatmuseum Ebersbach aufgenommen.

In der Mitte des 19. Jahrhunderts gegründet und aufgestiegen zu einer der größten Fabriken in Württemberg: die Württembergische Metallwaren-Fabrik (WMF) in Geislingen.

ner Zuliefer-Industrie: Der Bedarf an Korsettschließen und -federn ließ aus Flaschnereien Fabriken für Blechwaren entstehen, ein Buchhändler stellte die für den Versand benötigten Kartonagen her, und ein Handwerker baute die von den Korsettwebern benötigten Büsten, wobei technische Neuerungen dann zu einer ganz anderen Produktion führten (Beispiel: Kuntze-Röhren in Süßen).

Bereits in diesem Jahrhundert wirkten einige Unternehmer durch ihre sozialen Leistungen vorbildlich. Sie arbeiteten vor allem auf drei Gebieten. Zum einen ließen sie für ihre Arbeiter Wohnhäuser oder ganze Wohnsiedlungen erstellen – Geislingen, Altenstadt und Kuchen seien als Beispiele erwähnt –, zum zweiten schufen sie Betriebskrankenkassen bereits vor der gesetzlich vorgeschriebenen Versicherungspflicht – hier seien die Süddeutsche Baumwolle-Industrie und die WMF genannt –, zum dritten bildeten sie Pensions- und Unterstützungsfonds wie die Firmen Schuler in Göppingen (1889, 1904), SBI (Süddeutsche Baumwolle-Industrie AG Kuchen) und WMF, oder sie gewährten andere Sozialleistungen wie in Uhingen die Bleicherei und die Spinnweberei. Die Bismarck'schen Sozialgesetze kamen in den 1880er-Jahren.

Mit der Industralisierung nahmen viele Personen es auf sich, werktäglich von ihrem Wohn- zum Arbeitsort zu laufen, denn die Bahnfahrt war ihnen anfangs oft zu teuer, weil es ermäßigte Arbeiter-Fahrkarten für eine Woche oder einen Monat zunächst nicht gab. In einem »Henkelmann« nahmen sie sich das Mittagessen mit oder ließen es sich von ihrer Frau oder einem Kind bringen.

Die industrielle Entwicklung blieb nicht ohne Einfluss auf die soziale Struktur der Bevölkerung. Einige Handwerke wie die Nagelschmiede, die Zeug- und Tuchmacher verschwanden praktisch ganz, andere nahmen ab wie Gerbereien und Seilereien, wieder andere nahmen zu wie das Baugewer-

Pumpbrunnen in Deggingen

be und die Möbelschreinerei. Schließlich kamen einige Handwerke ganz neu auf wie die Elektroinstallation und (später) die Kraftfahrzeugmechanik. Es veränderte sich aber auch der Rhythmus von Arbeit und freier Zeit, und es entwickelten sich andere Formen des täglichen Lebens und der häuslichen Arbeit, der Kommunikation, der Erholung und des gesellschaftlichen Lebens. Dabei veränderte sich infolge der zunehmenden Zu- und Wegzüge von Arbeitskräften die konfessionelle Zusammensetzung. In evangelischen Gebieten entstanden katholische Gemeinden, die nach einem eigenen Gotteshaus strebten. So entstanden beispielsweise 1866 die Sebastianskirche in Geislingen und 1867 die Marienkirche in Göppingen. Diese Entwicklung setzte sich im 20. Jahrhundert fort.

Hatte man sich das Trinkwasser früher aus Lauf- und Schöpfbrunnen beschafft, so reichten diese nun nicht mehr aus. Deshalb richtete beispielsweise Geislingen schon in der Mitte des 19. Jahrhunderts neue Brunnen und Filtrierwerke ein; Göppingen bezog sein Trinkwasser ab 1889 aus quer zum Filstal angelegten Sickerrohren, außerdem ab 1904 über elf Kilometer aus dem Nassach-Tal. Die Dörfer der wasserarmen Alb erhielten Zuleitungen aus den Tälern der Fils (ab 1876) und der Eyb (ab 1880). Auch schlossen sich mehrere Orte zu Wasser-Versorgungsgruppen zusammen wie um Uhingen 1908 und um Eislingen 1910. Hinzu kam die Landeswasserversorgung aus dem Donautal, die kurz vor dem Ersten Weltkrieg geschaffen wurde. Ähnlich war es bei der Versorgung mit Gas, das zunächst nur für die Beleuchtung genutzt wurde. Überdies wurde es ab dem Ende des 19. Jahrhunderts nötig, das Abwasser zu reinigen. Zuerst begannen einige Fabriken wie in Göppingen 1906, biologische Reinigungsanlagen zu schaffen. Aber das konnte auf die Dauer nicht reichen.

Die Stromversorgung knüpfte teilweise an die Wasserkraft an wie in Bad Überkingen Johannes Preßmar mit seiner Mühle. Das Alb-Elektrizitätswerk gewann 1913 rund 1500 PS aus zwei Dampfturbinen und gleichzeitig 115 PS aus einem Wasserkraftwerk.

Die Ruinen der Burgen waren großenteils abgetragen worden, weil man die Steine an anderen Stellen verwenden konnte. In der ersten Hälfte des 19. Jahrhunderts begann jedoch das Interesse an den »Altertümern« zu erwachen. So bildete sich 1828 eine »Gesellschaft für die Erhaltung der Ruine Reußenstein«, die es erreichte, dass die weitere Benutzung der Ruine als Steinbruch eingestellt wurde. 1836 begannen die Ministerien des Innern und der Finanzen mit der Erfassung der Altertümer – die Liste wurde im Württembergischen Jahrbuch 1841 veröffentlicht –, und 1837 griff das Finanzministerium die Anregung auf, sowohl die Klosterkirche in

Laufbrunnen in Reichenbach im Täle

Die Ruine Reußenstein um 1860, gezeichnet und lithografiert von Eberhard Emminger. Die 1828 gegründete »Gesellschaft für die Erhaltung der Ruine Reußenstein« erreichte es, dass die Benutzung als Steinbruch aufhörte.

Lorch als auch die Burg Hohenstaufen zu retten. Damit begann der Denkmalschutz in Württemberg.

Um dieselbe Zeit entwickelte sich die Idee der Landesverschönerung, wenngleich sie zunächst mehr auf eine verbesserte Ordnung und Reinlichkeit im ländlichen Raum abzielte. Als sich dann lokale Persönlichkeiten mehr und mehr der Idee annahmen, die Orte und die Landschaft ansprechend zu gestalten, entstanden die örtlichen Verschönerungsvereine. Der erste in ganz Württemberg bildete sich 1838 in Drackenstein; er wurde allerdings keine 20 Jahre alt.

Die Bahn leitete in der Mitte des Jahrhunderts die Entwicklung des Fremdenverkehrs ein, indem sie dazu verlockte, Ausflüge zu unternehmen. Nun bemühten sich die Orte, das Ortsbild ansprechend zu gestalten, Aussichtspunkte herzurichten und Ruinen zu restaurieren. Hierzu gründeten aktive Bürger neue Verschönerungsvereine, nämlich in Göppingen (1873 bis 1928), Geislingen (1875 bis etwa 1919), Boll (1888 bis ?, neu seit 1955) und Wiesensteig (1889 bis 1905). Aus der Initiative zahlreicher dieser Vereine entstand übrigens 1888 der Schwäbische Albverein, der heute mit mehreren Ortsgruppen im Filstal vertreten ist und für die Pflege und Markierung der Wanderwege sorgt. Überhaupt bildeten sich in der zweiten Hälfte des 19. Jahrhunderts unzählige Vereine mit den verschiedensten Zielen.

Verwaltungsmäßig gab es mancherlei Veränderungen. König Friedrich verbot zum Beispiel das Tragen von Waffen und hob die alten Schützengilden (die später neu entstanden), aber auch die Handelsbeschränkungen auf. Nach dem Übergang Wiesensteigs an Württemberg bildete die Regierung das Amt Wiesensteig (1806 bis 1810), dann das Oberamt Geislingen (1810); das kleine Klosteramt Adelberg wurde 1807 dem Oberamt Göppingen angegliedert. König Wilhelm I. schnitt viele »alte Zöpfe« ab und ließ beispielsweise die Abgaben durch Zahlungen ablösen, so dass die württembergischen Bauern frei waren. Auch wurde 1816 die Auswanderung freigegeben.

Die zweite Hälfte des 19. Jahrhunderts war übrigens auch die Zeit, in der sich das Bildungswesen verbesserte. Viele neue Schulgebäude entstanden, Industrie- und Realschulen wurden geschaffen, Sportvereine gegründet. Außerdem entwickelte sich das Pressewesen: 1828 erschien das Göppinger Wochenblatt, 1836 die Geislinger Zeitung. Schrittweise kam eine neue Zeit und die Entfremdung zur Kirche begann.

Kriege, Seuchen und Hungersnöte bis zum 19. Jahrhundert

Die Zeiten waren durchaus nicht immer rosig. Insbesondere die Kriege, in denen die Bevölkerung nicht nur Einquartierungen aufnehmen musste, sondern auch bis aufs Hemd ausgeplündert wurde und oft genug ihr Haus in Flammen aufgehen sah, brachten schweres Leid.

Im schwäbischen Städtekrieg (1449/50) zum Beispiel wurden nicht nur zahlreiche Dörfer wie Kuchen, Gingen, Altenstadt und Unterböhringen eingeäschert, sondern auch Rebstöcke und Obstbäume abgeschlagen und Felder verwüstet. Eine Truppe von Gmünd plünderte das Dorf Hohenstaufen, doch eine von Göppingen angerückte württembergische Einheit fügte ihr bei Waldstetten am Fuß des Rechbergs eine schwere Niederlage bei. Nachdem die Ulmer württembergische Siedlungen im Brenztal zerstört hatten, brannte Graf Ulrich die ulmischen Dörfer Süßen, Gingen, Kuchen und Altenstadt nieder.

Große Unruhe brachte der Aufstand des »Armen Konrad« 1514. Die Rädelsführer wurden gefasst und der Hauptaufwiegler Lienhardt Schöttlin von den Ulmern enthauptet. Schultheiß Meißner von Reichenbach an der Fils, der sich auf die Seite der Bauern gestellt hatte, wurde festgenommen, aber wieder freigelassen, doch wenig später auf dem Hohenstaufen eingesperrt. Im Jahr 1516 befahl Herzog Ulrich von Württemberg, als er von der Hiltenburg aus beschossen worden war, die ganze Herrschaft Wiesensteig zu plündern und die Burg zu zerstören.

Auch der Bauernkrieg 1525 ging am Filstal nicht spurlos vorüber. Insgesamt 300 000 Bauern standen damals in Aufruhr. Ihre Haufen sammelten sich an mehreren Orten, so im März auch in Hattenhofen, wo ein Bauer aus Gammelshausen zum Kampf aufrief. Der in Göppingen regierende österreichische Obervogt ließ ihn fangen und konnte die anderen Bauern beschwichtigen. Ende April rückten etwa 300 Bauern vom Gaildorfer Haufen vor die Burg Hohenstaufen. Die Besatzung floh samt Kommandant, die Bauern plünderten die Burg und setzten sie in Flammen. Anschließend war das Kloster Adelberg an der Reihe: Die Bauern von Heiningen entführten das Vieh, mussten es dann jedoch einem anderen Haufen überlassen. Auch das Städtchen Rechberghausen wurde ein Raub der Flammen, die Burg Adelberg wurde zerstört, Göppingen war zeitweise von den Bauern besetzt. Die Schlacht bei Böblingen am 12. Mai 1525 machte dem Krieg ein Ende. Allerdings mussten auch danach noch viele Bauern ihr Leben an den Bäumen lassen.

Der nächste Krieg, den man den Schmalkaldischen nennt, folgte 1546. Im Juli versammelten sich um Göppingen die Truppen Württembergs mit 10 000 Mann und 600 Reitern, und im Oktober und November lagerten erneut bis zu 12 000 Mann im Fils- und Lautertal. In Geislingen hauste eine spanische Einquartierung, und auch Göppingen wurde bis 1550 mit zwölf Kompanien kaiserlicher Soldaten aus Spanien belegt. Gruibingen, Boll und Heiningen hatten gleichfalls schwer zu leiden.

Im Dreißigjährigen Krieg kamen zu häufigen Einquartierungen und Durchmärschen – oft mitsamt einem großen Tross von Weibern und Kindern – und ihren furchtbaren Begleiterscheinungen wie Plünderung und Mord, Kontributionen und Kriegssteuern auch noch Teuerung und Seuchen. In Böhringen zum Beispiel fielen 1637 Schweden ein und raubten 31 Ochsen, eine Kuh und fünf Pferde. Zudem richteten Rotwild, Schwarzwild und Wölfe, die sich wegen unterbliebener Jagden stark vermehrten, große Schäden an. Am schlimmsten war die Zeit nach der Schlacht bei Nördlingen am

Heiningen im Jahr 1634

»Nach der Nördlinger Schlacht wurde es durch die Kaiserlichen, Spanier und Bayern einige Mal wie eine rauschende Flut überfallen und gänzlich ausgeplündert. Einen Bürgers-Sohn hängten sie oben zum Kirchturm an den Füßen hinaus; andern schraubten sie die Finger auf Pistolen und Flinten, und wieder andere marterten sie sonst zu Tod. Wer sich in den Wald geflüchtet, ward durch Hunde zu Tod gehetzt. Pferdefleisch war zur Delikatesse geworden. Die sofort eingerissene Pest wütete so sehr, daß die zum Begräbnis aufgestellt gewesenen zwei Männer mit dem Hinausschaffen der Leichname kaum fertig werden konnten.«

»Plünderung« (Dreißigjähriger Krieg). Kupferstich von Johann Woelffle nach einer Vorlage von Philipp Wouvermann (1619–1668)

26. August 1634 (nach dem alten, in mehreren Gebieten und auch in Württemberg noch gültigen Kalender, am 6. September nach dem neuen Kalender), als die Heerscharen aller Parteien ungeordnet raubend und plündernd, brennend und mordend und mit schrecklichen Gräueln durch das Land strömten, als im September 1634 Kaiser Ferdinand II. mit seiner Armee in und um Göppingen lagerte, als Kroaten Gingen und kaiserliche Soldaten Stötten niederbrannten und dort von etwa 60 Familien nur noch acht sowie acht Witwen übrig blieben, und als der Januar 1635 ungemein streng war. Dass Oberst Montecuculi 1628 für Disziplin sorgte, indem er auf dem Markt in Geislingen zehn Offiziere, Unteroffiziere und Soldaten wegen Plünderung mit dem Schwert hinrichten ließ, war eine seltene Ausnahme. Mehrmals suchten die Einwohner ulmischer Dörfer wie Kuchen Schutz hinter den Mauern der Reichsstadt.

Waren schon 1625 bis 1628 die Ernten nicht gut ausgefallen, so raffte 1634/35 die Pest viele Menschen dahin. In Schlat starben an der Seuche um die vier- bis fünfhundert Menschen, und in Göppingen registrierte man vom Herbst 1634 bis zum Ende 1635 insgesamt rund 1600 Verstorbene. In Donzdorf starben 700 Einwohner an der Pest, in Holzhausen (mit Niederwälden) blieben nur fünf Bürger am Leben. Das ganze Dekanat Göppingen schrumpfte von 19 494 Seelen im Jahr 1622 bis 1639 auf nur 840! Die meisten Felder blieben folglich unbebaut. »In Treffelhausen, Schnittlingen und Böhmenkirch sind keine Ross, keine Früchte und keine Leute mehr«, hieß es 1637. Das Oberamt Göppingen bezifferte den 1633 bis 1637 entstandenen Schaden auf 1 082 185 Gulden, und das war eine Menge Geld! Die Erholung dauerte lange: In Reichenbach an der Fils waren noch 1698 nur 50 Gehöfte bewohnt, während 54 leer standen.

Stadt und Amt Göppingen kamen 1635 an die Erzherzogin Claudia von Österreich, die gegen den Widerstand der Bevölkerung wieder den katholischen Glauben einführte. Die Erzherzogin ließ die Kirchen für Evangelische sperren, doch die Gläubigen ließen ihre Kinder heimlich nachts in einem

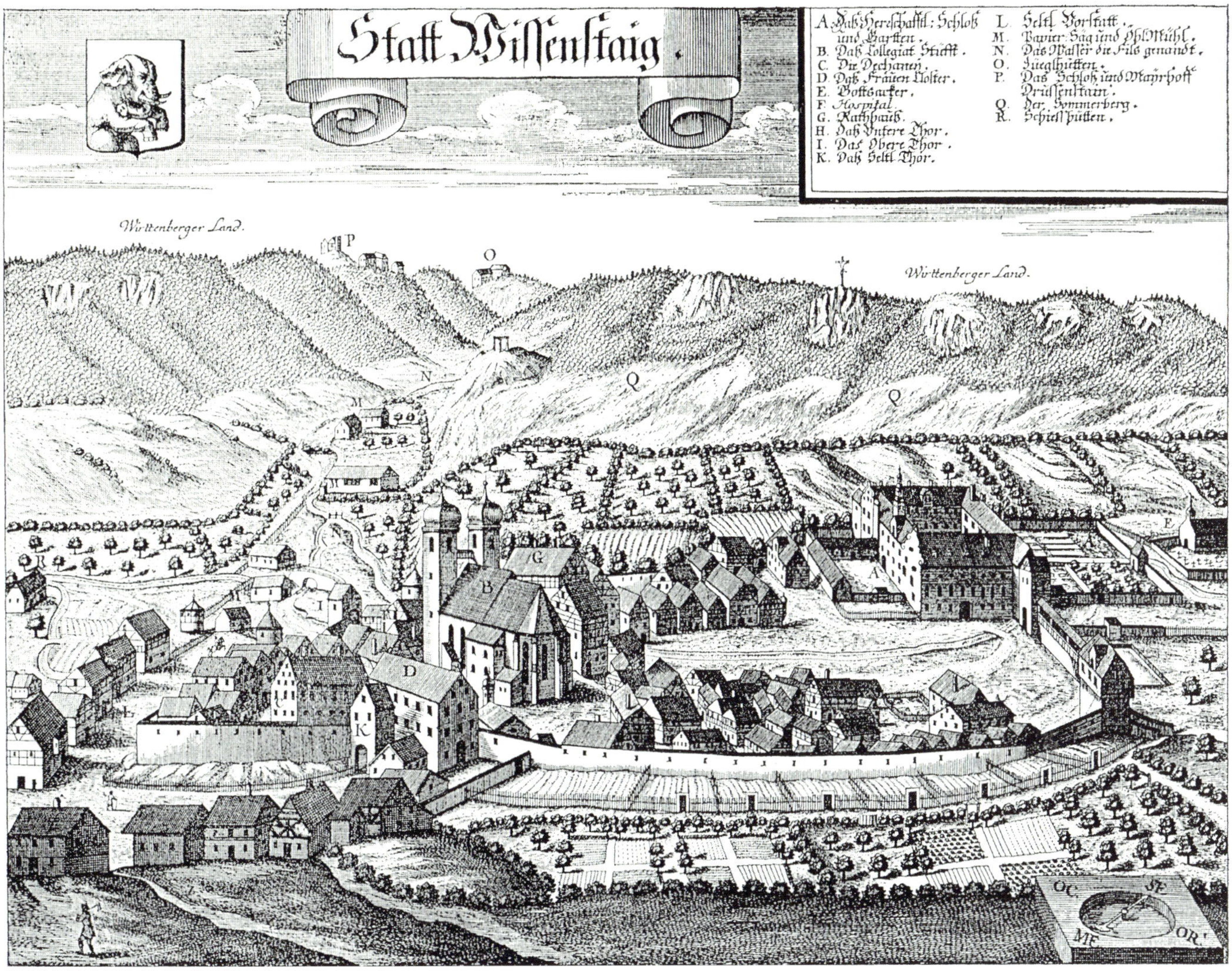

evangelischen Nachbarort (beispielsweise in Süßen) taufen, auch wenn das Gefängnis bedeuten konnte. Die neue Zugehörigkeit verschonte übrigens nicht vor weiteren Schäden und Lasten. Erst um 1780 war wieder der Bevölkerungsstand von 1622 erreicht. Viele Fremde wurden in den Gemeinden als Bürger aufgenommen, neue Familiennamen tauchten auf.

Das 17. und das 18. Jahrhundert brachten abermals große Truppendurchzüge, Einquartierungen

Wiesensteig um 1720. Ein großer Teil des ummauerten Gebiets war seit dem Brand im Dreißigjährigen Krieg bis zu dieser Zeit noch immer nicht wieder bebaut.

Wie bayerische Verbündete in Süßen hausten

Am 21. September 1645 fielen die mit den Ulmern verbündeten Bayern in Süßen ein. Der Ulmer Zöllner Peter Rommel von Klein-Süßen berichtete darüber:

»Bin ich im Zollhaus ausgeplündert worden zu Klein-Süßen durch bayrische Soldaten oder unsere Freunde. Sind aber mir diesmal Feind genug gewesen.

Den 21. bin ich nach Groß-Süßen ins Dorf hinübergezogen, hab vermeint, da um etwas sicher zu sein. Aber folgenden 22. dies[es Monats], am Morgen nach 8 Uhr, sind über 1000 Pferd eingefallen, haben alles geplündert und ich auch herhalten müssen.

Ist ein solch Elend gewesen, das der Feind ärger nicht hätte machen können, nur dass man die Leute nicht umgebracht hat; die Kinder in der Wiegen geplündert, die noch gar nicht 2 Tag alt gewesen, das hat der Freund getan, was noch der Feind im Sinn hat, das weiß Gott. Der geb uns um seines lieben Sohnes willen den lang gewünschten Frieden, Amen.«

Die Einfahrt des ersten Erntewagens im Jahr 1817 wurde in allen Städten feierlich begangen. Das Aquarell von Jacob Früholz zeigt das Ereignis in Geislingen.

und Steuerlast. Es ergäbe eine lange Liste, wollte man alle Daten nennen. Besonders schlimm waren die Kriegsnöte von 1703 bis 1707, als wiederholt Truppen im Filstal lagen. Im Sommer 1703 ließ Markgraf Ludwig von Baden zwischen beiden Süßen und Gingen ein Lager einrichten, in dem rund 26 000 Mann kaiserliche Truppen aus verschiedenen Ländern kampierten. Wohl um die Disziplin besser erhalten zu können, wurde sogar ein Galgen erstellt, der danach bis 1724 stehen blieb. Im Juni 1703 kam es in diesem Lager zu einem Duell, bei dem der 22 Jahre alte mecklenburgische Rittmeister Christian Freiherr von Meerheim den Tod fand. Er wurde im Chor der Johanneskirche in Gingen »auf Adel- und Soldatenmanier« beigesetzt. Ein Epitaph aus Schilfsandstein in der Kirche berichtet von diesem Ereignis. Im folgenden Jahr nahm im Juni der Herzog von Marlborough (ein Vorfahre Winston Churchills) in Groß-Süßen Quartier, und nur wenig später kam Prinz Eugen von Savoyen über Schlat nach Groß-Süßen ins Feldlager. Von hier aus sandte er dem Kaiser von Österreich einen ausführlichen Lagebericht. Nach wenigen Tagen zog er mit den Truppen über Donzdorf und Weißenstein weiter.

Wie eine Einquartierung aussah, mögen einige Zahlen von der unteren Fils belegen. In Reichenbach wurde 1736 eine kleine Artillerie-Abteilung des Schwäbischen Kreises untergebracht, nämlich 50 Mann, 13 Frauen und 19 Kinder sowie 99 Pferde, in Ebersbach 65 Mann, 17 Frauen, 16 Kinder und 122 Pferde. Die Familien der Soldaten zogen nämlich mit den Männern mit.

Wie die Heuschrecken fielen 1796 die Franzosen in das Filstal ein, nachdem zuvor die Österreicher auf ihrem Rückzug das Gebiet durchzogen und bei Böhmenkirch mit 40 000 Mann gelagert hatten. Ebersbach konnte sich von den Franzosen eine Schutztruppe erbitten, jedoch nicht ohne 1100 Gulden bezahlen zu müssen. Dennoch waren vom 25. Juli bis zum 16. September hier nach und nach einquartiert (einige nur auf einen Tag): drei Generale, 28 Obristen und Obristlieutenante, 563 Offiziere, 4561 Unteroffiziere und Gemeine, 1911 Pferde. Auch Göppingen, Faurndau und Süßen zahlten für eine Schutzwache, aber sie nützte nicht viel. In Reichenbach an der Fils quartierten sich Ende Juli für fünf Tage zehn Generäle, 453 Offiziere und 6068 Soldaten mit rund 6000 Pferden ein. Sie konnten bei den rund 500 Einwohnern nicht untergebracht werden und mussten sich Lager errichten.

In Göppingen wurden sogar 12 000 Man einquartiert und verursachten allein durch Plünderung einen Schaden von fast 156 000 Gulden. Bei Faurndau bauten sie, nachdem sie alle Scheuern belegt hatten, acht Feldquartiere auf. Dabei schlugen sie nicht nur 790 Obstbäume ab, sondern auch die Zäune; sie mähten oder zertrampelten das Getreide und holten aus den Häusern nicht nur alle Lebensmittel, sondern auch das Vieh und das Federvieh. Insgesamt musste Faurndau in dieser Zeit vier Generäle, 13 Obristen, 63 Subaltern-Offiziere, 2535 Soldaten und 1224 Pferde versorgen. Zudem mussten in das Lager vor den Toren der Stadt Göppingen 4900 Pfund Brot, 24 870 Pfund Fleisch, 43 100 Flaschen Wein, 18 000 Flaschen Bier, 5100 Rationen Hafer und 6450 Rationen Heu geliefert werden. Auch Süßen musste Verpflegung liefern, das kleine Dorf Ganslosen (Auendorf) insgesamt mit 87 Mann und 72 Wagen 176 Pferdefuhren leisten.

Da die Soldaten keine ordentliche Kleidung und kein Schuhwerk hatten, zogen sie den Menschen nicht nur die Hemden aus dem Schrank, sondern auch die Schuhe von den Füßen. Ihre Töchter hatten viele Einwohner vorsorglich in andere Orte gebracht. Viele andere Orte wie beide Eislingen und beide Süßen wurden ebenfalls ausgeplündert. In Heinigen ließen die Franzosen den Wein, den sie nicht trinken konnten, auslaufen. Stadt und Amt Göppingen mussten den Franzosen außer Getreide, Heu und Stroh auch 1200 Paar neue Schuhe liefern. Geislingen erlitt durch Geldforderungen, durch die Wegnahme von Pferden, Wagen und Heu, durch Prellerei und Ähnliches einen Schaden von 26 000 Gulden.

Als die Franzosen abrückten, kamen die Österreicher wieder. Für sie mussten die Gingener 1797 an 54 Tagen jeweils ein bis vierzig Pferde mit insgesamt 280 Wagen für Fuhren auf zweieinhalb bis sieben Stunden Entfernung stellen. Im Jahr 1800 zogen wiederum Franzosen durch. Göppingen hatte vom Juli 1800 bis zum Dezember 1801 (nacheinander) insgesamt 57 500 Franzosen mit 23 000 Pferden zu versorgen. Im Amt Göppingen lagen vom Dezember 1805 bis zum 4. Juli 1806 insgesamt fünf Generäle und 50 638 Soldaten mit 20 628 Gefangenen, denn Ende 1805 schleppten sich 30 000 österreichische und 12 000 russische Gefangene durch das Tal. Die Russen brachten dabei den Typhus mit, an dem dann über 80 Göppinger starben. Der »Russenfriedhof« im Oberholz erinnert an dieses Ereignis. In Geislingen diente die Stadtkirche französischen Gefangenen als Lager. Als im September 1806 französische Artillerie nach Ulm gefahren wurde, musste Geislingen 15 Tage lang täglich 260 Pferde stellen. Wir können uns die Belastung der Bevölkerung nur schwer vorstellen.

Man muss aber auch der hiesigen Männer gedenken, die als Soldaten mit in den Krieg zu marschieren hatten. So waren unter den 15 800 Württembergern, die 1812 nach Rußland zogen, auch 40 Göppinger. Von ihnen kehrten nur fünf zurück, aus dem Oberamt Geislingen von etwa 240 nur 17.

Als dann Kaiser Napoleon 1806 auf dem Weg nach Frankreich durch das Filstal kam, ließ der mit ihm verbündete König Friedrich an der Grenze Württembergs zwischen Salach und Süßen einen rund 16 Meter hohen Triumphbogen aufstellen, den der Kaiser am 18. Januar gegen Mittag passierte. In Göppingen hießen ihn Kronprinz Wilhelm und Prinz Paul, die ihm mit einem Kommando leichter Kavallerie entgegen geritten waren, will-

Einfahrt des ersten Erntewagens in Geislingen

In seiner Haus-Chronik vermerkte der Bäckermeister Johann Daniel Kemmel am 23. Juli 1817:

»Einmal ein erfräulicher Tag, denn es wurde heute der erste Wagen Frucht mit Winter Gerste eingeführt. Der Wagen kam Mittags um 2 Uhr vor das Mühlenthor. Hier wurde er von der alhiesigen Schuljugend empfangen, welche schön mit Blumen um Kopf und Leib geziert waren, und so wurde auch der Fuhrmann, das Vieh und der Wagen durchaus mit Blumengränzen geziert. So wie nun der Wagen zum Thor herein führ, wurde mit allen Glocken gelitten [geläutet], und die Schuljugend sang unter vorangehender Musik das prächtige Lied aus dem Würtembergischen Gesangbuch Die Ernt ist da. Und so ging der Zug bis vor das Rathaus, alwo die ganze Bürgerschaft versammelt war, und dem Gott dem Almächtigen zu Ehren das algemeine VolcksLied Nun danket alle Gott abstimmte.«

Große Not in Faurndau 1853/54

Der Weberssohn Johannes Kauderer aus Faurndau berichtet:

»Jetzt war natürlich der Armut Tür und Tor geöffnet und wurde im Winter 1853/54 die Not so groß, dass die Menschen nur noch Schatten glichen. Eine Zeit lang halfen wir uns durch mit Brot aus Kleie gebacken. Unsere Hauptnahrung war Suppe mit Welschkornmehl [Maismehl]. Schließlich hatten wir kein Geld mehr, um unser Kleienbrot backen zu lassen. Jedoch die Not macht erfinderisch. Es wurde Kleie mit Wasser vermischt und auf den warmen Ofen gesetzt und von uns öfters ungebacken aufgegessen. Im Frühjahr 1854 hatten wir einen Korb Kartoffeln aus Jebenhausen, fast nur erbsengroß und durch und durch ganz schwarz. Dieselben wurden sauber gewaschen, schälen konnte man nicht, in Salzwasser gesotten und als Delikatesse verspeist. Schmalz kannten wir natürlich nicht. Nun kam wieder eine Änderung, dieweil Gras und Kraut vorhanden war. Da wurden Brennesseln gesammelt, sogenannte Guckegauch, Molten u. a. Solche Kräuter wurden gehackt, gekocht mit Salzwasser und mit wahrem Heißhunger verzehrt. Oh wie manchesmal habe ich hinter den Bauernhäusern am Küchenablauf nachgesehen, ob nicht ausgeschüttete Zwetschgensteine zu finden waren, wovon dann die Kerne gegessen wurden.«

kommen. Erst 1816 fanden die Durchzüge und Einquartierungen ein Ende, und das ulmische Gebiet bis Süßen war inzwischen bayerisch geworden.

Auch im weiteren 19. Jahrhundert fehlte es nicht an kriegerischen Ereignissen, in denen Filstäler ihr Leben ließen, auch wenn unser Gebiet nach der Zeit Napoleons nicht direkt betroffen war. Der Krieg von 1866 machte sich dabei noch nicht in dem Maße bemerkbar wie der von 1870/71. An vielen Orten bildeten sich Sanitätsvereine, die sich um Verwundete kümmerten. So betreute der Geislinger Verein auf dem dortigen Bahnhof während der Vorspann-Pausen insgesamt 215 814 durchreisende Soldaten, nämlich 120 083 gesunde Deutsche, 27 825 verwundete und kranke Deutsche sowie 67 906 gefangene Franzosen.

Auch andere Sorgen und Nöte plagten die Filstäler – von den beschriebenen Kriegen abgesehen – früher nicht geringer als heute. Große Verluste und Schäden verursachten nämlich immer wieder auch Brände und Wassernöte, Seuchen von Menschen und Vieh, Kälte und Trockenheit. Die Pestwellen von 1349 bis 1352 und 1635/36, um nur die stärksten zu nennen, rafften auch im Filstal viele Menschen dahin. Die Schuld für die Pest um 1350 schrieben die Menschen den Juden zu und brachten sie um oder vertrieben sie. In Göppingen wurden sowohl die Juden als auch ihre Synagoge verbrannt. Das Dorf Billighausen westlich Heiningen verschwand vermutlich infolge der Pest 1348, seine Ländereien übernahmen Bezgenriet und Boll. Später, vom Oktober 1596 bis April 1597, fielen in Süßen 158 Einwohner der Seuche zum Opfer. Man fürchtete aber auch Pocken (Blattern), Typhus, Masern und Scharlach. Die Lepra traf zwar nicht so viele Personen, galt aber gleichfalls als unheilbar. Am liebsten steckte man die Kranken in die Siechenhäuser vor den Mauern der Städte.

Kam es zu Hungersnöten, so stellten sich zugleich Teuerungen ein. Nach der großen Hungersnot in der ersten Hälfte des 14. Jahrhunderts, die in die große Pestwelle mündete, war die Not vor allem nach der Mitte des 16. Jahrhunderts oft groß und erreichte um 1570 einen Höhepunkt. In der durch Witterungs-Katastrophen verursachten Notzeit der Jahre 1770/71 verboten alle Landesherrschaften, Lebensmittel in Nachbarländer zu verkaufen. Wegen der Not sollten Saubohnen und Kernen (Dinkel) untereinander gemahlen werden. Die Menschen holten Wurzeln aus dem Boden, rieben sie und kochten sie als Gemüse.

Auch im 19. Jahrhundert blieben Hungersnöte nicht aus. Der Krieg gegen Napoleon war noch nicht zu Ende, da blies am 5. April 1815 in Indonesien der Vulkan Tambora in der bis heute größten Eruption der Welt eine riesige Menge von Lockerstoffen in die Luft. Nicht genug damit, dass dabei 65 000 bis 92 000 Menschen ums Leben kamen, die Asche trieb jahrelang in der oberen Stratosphäre um die ganze Erde und schirmte das Sonnenlicht ab. Die Folge war eine weltweite Hungersnot. Sie musste besonders katastrophal wirken, nachdem seit 1811 Missernten die Versorgungslage in Württemberg gewaltig verschlechtert hatten. Eines Jahres wie 1816, so schrieb ein Chronist in Cannstatt, »konnten sich auch die ältesten Leute nicht erinnern«: unausgesetzt nass und kalt und »mit ganz außerordentlichen Erscheinungen in der Atmosphäre«. Die Sonne war den ganzen Sommer über »mit schwarzen Flecken bedeckt«. Die Ernte verzögerte sich um mehr als einen Monat, das

Am 14. Juli 1859 legte ein Brand Treffelhausen in Schutt und Asche. Farblithographie von Johannes Evangelist Ling nach einer Zeichnung von J. Haug.

Der Brand in Treffelhausen am 14. Juli 1859

»Über das etwa 650 Einwohner zählende Pfarrdorf Treffelhausen ist ein schauerliches Brandunglück hereingebrochen. Gestern abend nach der Gebetglocke kam ein Feuerreiter in der Oberamtsstadt [Geislingen] an und brachte die traurige Nachricht, dass es in Treffelhausen und zwar das ganze Dorf brenne! Und in der Tat muss die Feuersbrunst eine schreckliche sein, denn heute früh [15. Juli] gleich nach 4 Uhr musste eine zweite Löschmannschaft aufgeboten werden und auf die Stätte des Unglücks eilen; es brannte die ganze Nacht hindurch. Bei der herrschenden großen Dürre, dem Wassermangel und zum Teil noch vorhandenen Strohdächern fand das verheerende Element reichliche Nahrung und verbreitete sich mit Blitzesschnelle. Während die Einwohner mit Löschen im oberen Dorf beschäftigt waren, brannte schon ihr eigenes Haus im unteren Dorf. Diejenigen, welche so glücklich waren, von ihrem beweglichen Eigentum noch etwas zu retten, flüchteten es in die Kirche, aber auch diese blieb nicht verschont und stand in einem Augenblicke in lichterlohen Flammen und die schmelzenden Glocken auf dem Kirchenturme rieselten wie Regentropfen herab. Trotz der von allen Seiten herbeieilenden Hilfe war man nicht im Stande, bis heute [15. Juli] früh dem Feuer Einhalt zu tun, so dass bereits das ganze Dorf samt der Kirche bis auf wenige Gebäude in einen Aschenhaufen verwandelt wurde.«

1865 entzündete ein Blitzschlag die Burg Hohenrechberg. Aus Mangel an Wasser konnte der Brand nicht gelöscht werden, die Burg brannte aus.

Getreide wurde unerschwinglich. Statt Gemüse kochte man Gras, Klee, Heu und Wurzeln, und dem Mehl mischte man Kartoffeln, Runkelrüben und Kohlrabi, Kleie und sogar Sägemehl bei.

In einigen Orten wurden »Suppenanstalten« für arme Einwohner eingerichtet. Die Geislinger Suppenküche zum Beispiel gab ab der Eröffnung am 2. Februar 1817 täglich 200 Portionen Kartoffelsuppe aus. Als nach einer wieder besseren Ernte Ende Juli 1817 die ersten Getreidewagen in die Städte einfuhren, gab es überall im Land große Freudenfeste, und die Einwohner dankten in Gottesdiensten für das Ende der Not. Für so manche Württemberger aber war diese Hungerszeit der Anlass, in eine neue Heimat auszuwandern. Im 18. Jahrhundert waren die Auswanderer nach Ost- und Südost-Europa gezogen – zum Beispiel 1710 aus dem Amt Böhringen 32 Personen mit »Ulmer Schachteln« donauabwärts in die Batschka –, jetzt gingen sie bevorzugt in die Neue Welt.

Das industrielle Wachstum konnte Missernten und Teuerung nicht verhindern, die Württemberg 1845/47 und 1851/52 erneut erfassten. Politische und soziale Unzufriedenheit griffen um sich, es kam in etlichen Städten zu den berüchtigten »Brotkrawallen« vom Mai 1847, in deren Verlauf sogar das Militär aufmarschierte. Mit einem Dekret wurde den Gemeinden am 13. Mai erlaubt, »für die Dauer der gegenwärtigen außerordentlichen Zeitumstände aus den rechtlich gesinnten Einwohnern besondere Sicherheitswachen zu errichten«. Die gute Ernte von 1847 ließ die Brotpreise wieder sinken, doch hielt die Notzeit noch länger an, und die Gemeinden bemühten sich, die Menschen mit Notstandsarbeiten zu beschäftigen.

Unsägliche Not erlitten einzelne Ortschaften durch größere Brände, die gerade auf der Alb zum einen durch die Strohdächer, zum anderen durch die Wasserarmut begünstigt wurden. Moderne Feuerwehren gibt es ja erst seit der zweiten Hälfte des 19. Jahrhunderts. Damals musste man noch die Spritzenwagen mit Eimern füllen. Mitunter wurden, wie 1910 in Böhmenkirch, als man wegen Wassermangels mit Gülle löschen musste, einige Häuser eingerissen, um die weitere Ausbreitung des Feuers zu verhindern.

Verstärkte Dynamik im 20. Jahrhundert

Im 20. Jahrhundert beschleunigte sich die allgemeine Entwicklung weltweit und damit auch im Gebiet der Fils. Die Bevölkerung nahm weiter stark zu, die Siedlungen dehnten sich immer mehr aus, die Landwirtschaft ging zurück, während die Industrie und später der Dienstleistungssektor sich stark erweiterten, ja schließlich auch die Industrie trotz steigender Produktion ihre Beschäftigtenzahlen reduzierte. Die elektrische Beleuchtung der Straßen wurde selbstverständlich – in den Orten an der Fils anfangs durch Ausnutzung der Wasserkraft –, das Fahrrad und das Kraftfahrzeug eroberten sich die Straßen.

Das Bevölkerungs- und das industrielle Wachstum ließen an den Rändern der Städte und Dörfer schubweise – je nach Konjunktur – neue Wohn- und Industriegebiete entstehen. Etliche Siedlungen verschmolzen allmählich zu einer größeren Einheit, kleine Orte konnten sich finanziell nicht mehr behaupten. Mehr und mehr Dörfer vereinigten sich deshalb mit den Städten, ehe durch die Verwaltungsreformen Anfang der 1970er-Jahre eine Vereinigung erzwungen wurde.

Auch das 20. Jahrhundert war nicht frei von Zeiten der Not. Am 1. August 1914 ließ Kaiser Wilhelm II. die Mobilmachung verkünden. Die wehrfähigen Männer mussten zum Kriegsdienst einrücken, Frauen die Äcker bestellen oder in die Fabriken gehen, und diese mussten ihre Produktion teilweise auf Militärbedarf umstellen. Die Firma Otto in Reichenbach zum Beispiel produzierte jetzt Verbandmull und Bezugsstoffe für Luftschiffe. Auch Pferde und Kraftfahrzeuge holte das Militär. In Göppingen, Geislingen und Ditzenbach richtete man Lazarette ein, Geislingen wurde 1916 Garnison und blieb es bis 1919. Wer konnte, der sandte den Soldaten Pakete mit »Liebesgaben«.

Ab 1915 wurden Lebensmittel und Textilien rationiert; gegen Kriegsende standen jedem Bürger pro Woche ein Kilogramm Brot (dessen Mehl mit Kartoffeln gestreckt war), drei Kilogramm Kartoffeln, 50 Gramm Fett und 200 Gramm Fleisch zu. Nach der schlechten Kartoffelernte von 1916 prägte sich der folgende »Steckrübenwinter«, in dem man die als Viehfutter angebauten Rüben aß, den Menschen ins Gedächtnis. Schließlich mussten Schulkinder Brennnesseln und Bucheckern sammeln, die zu Nahrungsmitteln verarbeitet wurden. Außerdem waren zwei von drei Kirchenglocken abzuliefern, etwa nach dem Motto: Glocken für Kanonen. Kriegsgefangene schickte man zur Arbeit auf die Felder, in Steinbrüche, an Straßen und andere Objekte. So bauten Russen die neue Straße von Geislingen nach Oberböhringen auf dem Michelsberg (bei Altenstadt), weshalb man diese Strecke die »Russensteige« nannte. Leider kehrten viele Soldaten nicht mehr in die Heimat zurück oder starben an ihren Verwundungen, aus der Stadt Geislingen zum Beispiel 533. Zu allem Übel forderte 1918/19 die weltweit in zwei Wellen aufgetretene Spanische Grippe zahlreiche Opfer, allein in Deutschland 225 000.

Der Erste Weltkrieg machte dem Kaiserreich 1918 ein Ende und hinterließ Wirtschafts- und Wohnungsnot. Es war eine unruhige Zeit. Wilde

Fleischmarke 1/10 Anteil 30. 4. bis 6. 5. Württemberg Göppingen 21	Fleischmarke 1/10 Anteil 30. 4. bis 6. 5. Württemberg Göppingen 21	Fleischmarke 1/10 Anteil 30. 4. bis 6. 5. Württemberg Göppingen 21	Fleischmarke 1/10 Anteil 30. 4. bis 6. 5. Württemberg Göppingen 21	Fleischmarke 1/10 Anteil 30. 4. bis 6. 5. Württemberg Göppingen 21	Fleischmarke 1/10 Anteil 28. 5. bis 3. 6. Württemberg Göppingen 21	Fleischmarke 1/10 Anteil 28. 5. bis 3. 6. Württemberg Göppingen 21
Fleischmarke 1/10 Anteil 30. 4. bis 6. 5. Württemberg Göppingen 21	Fleischmarke 1/10 Anteil 30. 4. bis 6. 5. Württemberg Göppingen 21	Fleischmarke 1/10 Anteil 30. 4. bis 6. 5. Württemberg Göppingen 21	Fleischmarke 1/10 Anteil 30. 4. bis 6. 5. Württemberg Göppingen 21	Fleischmarke 1/10 Anteil 30. 4. bis 6. 5. Württemberg Göppingen 21	Fleischmarke 1/10 Anteil 28. 5. bis 3. 6. Württemberg Göppingen 21	Fleischmarke 1/10 Anteil 28. 5. bis 3. 6. Württemberg Göppingen 21
Fleischmarke 1/10 Anteil 7. 5. bis 13. 5. Württemberg Göppingen 21	Fleischmarke 1/10 Anteil 7. 5. bis 13. 5. Württemberg Göppingen 21	Reichsfleischkarte Königreich Württemberg Oberamt Göppingen 21 Gemeinde Nr. Gültig vom 30. April bis 3. Juni 1917 Name: 25 g Fleisch mit eingewachsenen Knochen = 20 g Fleisch ohne Knochen, Schinken, Dauerwurst, Zunge, Speck, Rohfett = 50 g Wildbret, Frischwurst, Eingeweide, Fleischkonserven einschließlich Dosengewicht. — Hühner (Hähne und Hennen) = 400 g; Hähne bis 1/2 Jahr = 200 g			Fleischmarke 1/10 Anteil 28. 5. bis 3. 6. Württemberg Göppingen 21	Fleischmarke 1/10 Anteil 28. 5. bis 3. 6. Württemberg Göppingen 21
Fleischmarke 1/10 Anteil 7. 5. bis 13. 5. Württemberg Göppingen 21	Fleischmarke 1/10 Anteil 7. 5. bis 13. 5. Württemberg Göppingen 21				Fleischmarke 1/10 Anteil 28. 5. bis 3. 6. Württemberg Göppingen 21	Fleischmarke 1/10 Anteil 28. 5. bis 3. 6. Württemberg Göppingen 21
Fleischmarke 1/10 Anteil 7. 5. bis 13. 5. Württemberg Göppingen 21	Fleischmarke 1/10 Anteil 7. 5. bis 13. 5. Württemberg Göppingen 21				Fleischmarke 1/10 Anteil 28. 5. bis 3. 6. Württemberg Göppingen 21	Fleischmarke 1/10 Anteil 28. 5. bis 3. 6. Württemberg Göppingen 21
Fleischmarke 1/10 Anteil 7. 5. bis 13. 5. Württemberg Göppingen 21	Fleischmarke 1/10 Anteil 7. 5. bis 13. 5. Württemberg Göppingen 21	Fleischmarke 1/10 Anteil 21. 5. bis 27. 5. Württemberg Göppingen 21	Fleischmarke 1/10 Anteil 21. 5. bis 27. 5. Württemberg Göppingen 21	Fleischmarke 1/10 Anteil 21. 5. bis 27. 5. Württemberg Göppingen 21	Fleischmarke 1/10 Anteil 21. 5. bis 27. 5. Württemberg Göppingen 21	Fleischmarke 1/10 Anteil 21. 5. bis 27. 5. Württemberg Göppingen 21
Fleischmarke 1/10 Anteil 7. 5. bis 13. 5. Württemberg Göppingen 21	Fleischmarke 1/10 Anteil 7. 5. bis 13. 5. Württemberg Göppingen 21	Fleischmarke 1/10 Anteil 21. 5. bis 27. 5. Württemberg Göppingen 21	Fleischmarke 1/10 Anteil 21. 5. bis 27. 5. Württemberg Göppingen 21	Fleischmarke 1/10 Anteil 21. 5. bis 27. 5. Württemberg Göppingen 21	Fleischmarke 1/10 Anteil 21. 5. bis 27. 5. Württemberg Göppingen 21	Fleischmarke 1/10 Anteil 21. 5. bis 27. 5. Württemberg Göppingen 21
Gültigkeitsdauer fünf Wochen (vom 30. April bis 3. Juni 1917)		Fleischmarke 1/10 Anteil 14. 5. bis 20. 5. Württemberg Göppingen 21	Fleischmarke 1/10 Anteil 14. 5. bis 20. 5. Württemberg Göppingen 21	Fleischmarke 1/10 Anteil 14. 5. bis 20. 5. Württemberg Göppingen 21	Fleischmarke 1/10 Anteil 14. 5. bis 20. 5. Württemberg Göppingen 21	Fleischmarke 1/10 Anteil 14. 5. bis 20. 5. Württemberg Göppingen 21
		Fleischmarke 1/10 Anteil 14. 5. bis 20. 5. Württemberg Göppingen 21	Fleischmarke 1/10 Anteil 14. 5. bis 20. 5. Württemberg Göppingen 21	Fleischmarke 1/10 Anteil 14. 5. bis 20. 5. Württemberg Göppingen 21	Fleischmarke 1/10 Anteil 14. 5. bis 20. 5. Württemberg Göppingen 21	Fleischmarke 1/10 Anteil 14. 5. bis 20. 5. Württemberg Göppingen 21

Die Reichsfleischkarte für die Zeit vom 30. April bis zum 3. Juni 1917

Noch bis ins 20. Jahrhundert wurden Kartoffeln in Handarbeit geerntet. Foto um 1930.

Streiks und Schlägereien, Hamsterkäufe, Schleichhandel, Wucher, »Schwarzschlächterei« waren an der Tagesordnung. Eine kurze Erholung zu Beginn der 1920er-Jahre – dann der Metallarbeiterstreik, der in Geislingen viele Bürger Hunger leiden ließ, und dann die Inflation, die viele Menschen arm machte. Wie zahlreiche andere Städte brachten auch Göppingen und Geislingen eigenes Notgeld heraus. Die Währungsreform im November 1923 mit dem Übergang zur Renten- oder Goldmark und 1924 mit der Einführung der Reichsmark bewirkte zwar eine Besserung, doch dann ließ die Ende 1929 einsetzende Weltwirtschaftskrise die Zahl der Arbeitslosen bis 1932 auf einen zuvor nie erreichten Stand ansteigen. So waren im Winter 1932/33 in ganz Deutschland 6,5 Millionen Menschen ohne Arbeit, allein in Göppingen und Geislingen im März 1932 zusammen 7138. Ein Kind in Reichenbach an der Fils betete abends: »Lieber Gott, lass meinen Vater nicht arbeitslos werden!« Diebstähle und Bettelei waren an der Tagesordnung. Die Gemeinden versuchten, die Not ein wenig mit Notstandsarbeiten zu lindern.

War schon im 19. Jahrhundert die künstliche Düngung aufgekommen, so wurde die Entwicklung der Landwirtschaft im zweiten Viertel des 20. Jahrhundert geprägt durch die beginnende Mechanisierung (Einsatz von Maschinen) und nach dem Zweiten Weltkrieg durch die Motorisierung (Traktoren, selbstfahrende Mähdrescher) bei gleichzeitig schrumpfendem Bestand an Zugtieren. Damit wurden Arbeitskräfte frei, die in die Industrie abwandern konnten. Kleinbetriebe waren nun nicht mehr existenzfähig. Die Zahl der Betriebe bis 20 Hektar nahm vor allem in der zweiten Hälfte des Jahrhunderts stark ab, während Betriebe zwischen 20 und 50 Hektar erheblich zunahmen. Einige Zahlen mögen zeigen, was der Wandel für

Unten: Notgeld der Amtskörperschaft Göppingen vom 31. August 1923

Dreschflegel hatten ausgedient. In den 1920er-Jahren trieb ein Lokomobil (Bildmitte) die Dreschmaschine an. Später ersetzte der Mähdrescher beide Maschinen.

ein Dorf bedeutete: 1961 waren in Unterböhringen noch 187 Erwerbstätige in der Landwirtschaft tätig, 1994 weniger als 50. In Börtlingen nahm zwar die bewirtschaftete Fläche von 1979 bis 1991 von 421 auf 527 Hektar zu, aber die Zahl der landwirtschaftlichen Betriebe sank von 41 auf acht, wobei die durchschnittliche Betriebsgröße von 10,5 auf 22 Hektar anstieg. Reichenbach an der Fils hatte im Jahr 1907 noch 133 landwirtschaftliche Betriebe über 0,5 Hektar, 1967 dagegen nur noch 69. Längst vergessen ist, dass Kartoffelkäfer und Wildschweine nach dem Krieg eine große Plage waren.

Obstbaumkulturen nahmen noch bis zum Zweiten Weltkrieg große Flächen ein. Im mittleren Filstal, im Lautertal, vor dem Albtrauf und auf dem Schurwald lagen die Orte oft ganz in »Obstbaumwäldern«. Insbesondere wurden Apfel-, Birnen- und Kirschbäume, aber auch Zwetschgenbäume gepflegt. Reichenbach an der Fils hatte 1965 insgesamt 15 000 Obstbäume. Heute werden die Bestände oft nicht mehr genutzt, sind deshalb überaltert, aber damit ein Paradies für Insekten und Vögel.

Die Schafhaltung war um die Wende zum 20. Jahrhundert noch bedeutend, doch nahmen die Bestände ab. Ganz verschwunden sind inzwischen die Rindergespanne, die noch in der ersten Hälfte des Jahrhunderts das Bild bestimmten; Traktoren und Kraftwagen haben sie abgelöst. Sicheln und

Land- und forstwirtschaftliche Betriebe im Kreis Göppingen 1949 bis 2001

Betriebsgröße	*Zahl*				*Gesamtfläche in Hektar*			
	1949	*1968*	*1971*	*2001*	*1949*	*1968*	*1971*	*2001*
0,5 bis 10 Hektar	5000	2828	1638	459	19 250	10 108	6581	1957
über 10 Hektar	885	1217	1234	679	15 166	20 308	22 890	27 056

Noch bis in die Zeit nach dem Zweiten Weltkrieg zogen an vielen Orten Rinder die Güllewagen hinaus auf die Äcker.

Sensen wurden im ersten Viertel des 20. Jahrhunderts durch bespannte Mähmaschinen ersetzt. Die Dreschflegel, die noch bis Ende des 19. Jahrhunderts in Gebrauch waren, wichen den Dreschmaschinen, und diese wiederum wurden nach dem Zweiten Weltkrieg durch die Mähdrescher überflüssig. Heute stehen die Pferde vor allem für den Reitsport bereit, und der starke Anstieg der Rinder-Zahlen ist durch vermehrte Mast von Jungrindern bedingt.

Zum Backen gingen die Frauen zu bestimmten Zeiten zum Backhaus. Dort war dann auch Gelegenheit zum Plaudern. Männer trafen sich vielfach an Stammtischen und in den zahlreichen Vereinen. Das Fernsehen setzte sich ja erst nach dem Zweiten Weltkrieg durch. Noch in der ersten Hälfte des Jahrhunderts boten Kesselflicker und Scherenschleifer, Korbhändler und andere Wanderarbeiter wie auch Hausierer, ja sogar Tanzbären-Führer ihre Dienste und Waren an. Der Ortsbüttel, der mit dem »Bim-Bim« seiner Handglocke die Gemeinde-Nachrichten verkündete, verschwand in der Mitte des Jahrhunderts.

Um die Bewirtschaftung der zersplitterten Flächen zu erleichtern, war schon 1886 ein Feldbereinigungs-Gesetz erlassen worden. Es sah aber nur kleinere Maßnahmen vor. Die Flurbereinigung mit der Umlegung von Parzellen in größerem Maßstab lief vor dem Zweiten Weltkrieg an, erreichte ihre größte Intensität aber erst nach dem Krieg. Vielfach waren die Gehöfte in den Orten und sogar die Dorfkerne für die jetzt verwendeten Maschinen zu eng. Es mussten also auch die Ortskerne saniert werden. Deshalb verlegte man viele Gehöfte hinaus in die Flur, um die Bewirtschaftung rentabler zu machen und den innerörtlichen Verkehr zu entlasten. So wurden in Wiesensteig 1949 zehn Höfe mit je 15 Hektar auf den Bläsiberg und ins Heidental umgesiedelt. Weil bei den Verfahren jeweils viele Besitzer unter einen Hut zu bringen waren, konnten sie sich lange hinziehen. In Gosbach und Drackenstein (mit Teilen von Hohenstadt und Merklingen) zum Beispiel wurde die Flurumlegung 1966 eingeleitet, aber erst 1980 rechtskräftig abgeschlossen. Dabei wurden 2099 Flurstücke mit 1146 Hektar von rund 200 Eigentümern zu 674 Stücken zusammengefasst. In Türkheim wurde die Zahl der Flurstücke durch die Flurbereini-

Der Viehbestand im Kreis Göppingen 1939, 1971, 2001

Tierart	*1939*	*1971*	*2001*
Pferde	2598	668	1676
Rinder	34 073	41 335	34 558
Schweine	15 733	28 253	27 833
Schafe	16 969	8119	12 758
Ziegen	2735	398	k. A.

gung 1951 bis 1955 von 2786 auf 788 reduziert. 224 Teilnehmer mussten sich dabei einigen, allerdings waren 80 Prozent der landwirtschaftlich genutzten Fläche im Besitz von 60 Betrieben. Die Neuverteilung veränderte das Bild der Kulturlandschaft stellenweise erheblich.

Der Zuzug von andernorts arbeitenden Personen verstärkte für viele Siedlungen den Wandel zu einer Wohngemeinde. Wieder mag Unterböhringen als Beispiel dienen: Von den 852 Einwohnern, die 1994 hier wohnten, arbeiteten 187 am Ort, es pendelten 60 Personen ein, aber 262 Einwohner hinaus.

Am 30. Januar 1933 feierten die Nationalsozialisten die »Machtübernahme«. Bei der Reichstagswahl 1932 hatten sich in Groß-Süßen 32,8, in Klein-Süßen dagegen nur 24,1 Prozent der Wähler für die NSDAP entschieden, im ganzen Oberamt Geislingen jedoch 43 Prozent. In Geislingen hatte sich eine Ortsgruppe der NSDAP schon 1922, in Göppingen Anfang 1923 gebildet. Keine Seltenheit waren Schlägereien zwischen »Nazis« und Kommunisten wie die »Schlacht am Walfischkeller« am 11. Dezember 1922 in Göppingen; Hitler selbst hatte aus München zu einer geplanten Veranstaltung für den Saal- und Rednerschutz 100 Mann entsandt, die sich dann an der Fils eine schwere Prügelei mit linken Gruppen lieferten.

Für viele begann 1933 eine Leidenszeit, denn wer den Nationalsozialisten nicht freundlich gesonnen war – das waren vor allem Kommunisten und Sozialdemokraten –, musste aus seinem Amt weichen, oft wurde sein Haus durchsucht und er vorübergehend in das Konzentrationslager Heuberg oder in das »Arbeitslager« Welzheim gesteckt. Nach ihrer Rückkehr waren viele dieser Männer arbeitslos. Das traf auch viele Gemeinderäte. Ebenso musste so mancher Bürgermeister gehen. Ab 1935 war der Gemeinderat auch nicht mehr »beschließendes Organ«, die Gemeinderäte

In der Zeit zwischen den beiden Weltkriegen wuchsen die Städte weiter durch neue Wohnviertel. Das Luftbild zeigt die Siedlung Reusch in Göppingen.

Die Synagoge in Göppingen nach dem Brand vom 9. November 1938. Der Dachaufsatz ist in das Innere gestürzt.

wurden nicht mehr gewählt, sondern berufen, und sie durften nicht mehr abstimmen, sondern nur noch beraten. »Kritik oder passive Resistenz werden unter keinen Umständen geduldet« – das sagte Bürgermeister Ley in Holzheim bei seinem Amtsantritt im Oktober 1933. Viele Zeitungen mussten ab 1933 ihr Erscheinen einstellen, Parteien außer der NSDAP wurden im Juli 1933 verboten, Vereine »gleichgeschaltet« oder aufgelöst, die Meinungsfreiheit hörte auf.

Vor allem machten die Nationalsozialisten Hetzjagd auf die Juden und grenzten sie rechtlich aus, obwohl auch sie Deutsche waren und viele im Ersten Weltkrieg als Soldaten an der Front gestanden hatten. Es begann mit dem »Juden-Boykott« am 1. April 1933 und setzte sich über den Erlass der »Nürnberger (Rassen-) Gesetze« 1935 fort. Die Synagogen brannte die SA (Sturm-Abteilung) in der Nacht vom 9. auf den

Nazi-Terror in Göppingen 1938

In der Nacht vom 9. zum 10. November 1938 warfen von Geislingen angereiste SA-Männer Strohballen in die Göppinger Synagoge, übergossen sie und die ausliegenden Teppiche mit Benzin und zündeten sie an. Zuvor waren die Weckerlinie der Feuerwehr von SA-Männern abgeschaltet und die Polizeistreifen in die Wache zurück beordert worden. Als der Dienst habende Amtsgerichtsrat Gebhard Müller – er war 1953 bis 1959 Ministerpräsident von Baden-Württemberg und danach Präsident des Bundesverfassungsgerichts – an die Brandstelle eilte und seine Abscheu bekundete, wurde er von einem SA-Mann mit einer Pistole bedroht. Müller erstattete Anzeige, doch sie »versandete«. Danach wurde Müller auf eine »neutrale« Stelle in Stuttgart umgesetzt. Der Feuerwehrführer Karl Keuler verlangte den Einsatz der Feuerwehr, sie wurde jedoch erst verspätet gerufen und durfte nur die Nachbarhäuser sichern. Keuler wurde zur Abdankung gezwungen. SA-Männer holten 34 jüdische Männer aus ihren Wohnungen und brachten sie ins Konzentrationslager Dachau. Dort blieben die Opfer bis zu drei Monaten inhaftiert.

Die Täter mussten sich 1948 wegen Landfriedensbruchs und Brandstiftung vor dem Landgericht Ulm verantworten und wurden im Juni 1949 zu Haftstrafen, einer zu einer Zuchthausstrafe verurteilt.

10. November 1938 nieder, anschließend zerstörte sie die Geschäfte der Juden. Männer zwischen 16 und 65 Jahren wurden verhaftet, und den Juden in ganz Deutschland wurde insgesamt eine »Vermögensabgabe« von einer Milliarde Reichsmark auferlegt. Viele wanderten aus, so aus der Stadt Göppingen zwischen 1933 und 1942 insgesamt 233 Juden, die vorwiegend nach den USA und nach Großbritannien übersiedelten, während 100 blieben. Sie wurden 1941/42 zunächst in das Sammellager am Killesberg und dann in Konzentrationslager gebracht und dort größtenteils ermordet – nur neun von ihnen überlebten –, ihr Besitz wurde beschlagnahmt. Das Schloss Weißenstein diente 1941 als Sammellager für Ältere. Ab September 1941 waren die gelben »Judensterne« an der Kleidung sichtbar zu tragen.

Auch Sinti und Roma (»Zigeuner«) wurden 1935 als Angehörige »artfremden Blutes« ausgegrenzt und seit 1938 verfolgt. Mehrere aus Holzheim-Sankt Gotthardt starben 1943 in den Gaskammern. Ebenso wurden Mitglieder der Zeugen Jehovas und anderer Religionsgemeinschaften verfolgt. Geisteskranke fielen der »Vernichtung unwerten Lebens« zum Opfer, so aus der Göppinger Privatanstalt im Christophsbad bei Kriegsbeginn 1939 mindestens 168 Pfleglinge, die in Grafeneck und Hadamar umgebracht wurden. 1940/41 wurden 440 Patienten aus dem Christophsbad in Vernichtungslagern ermordet.

Schon in der Notzeit von 1931/32 war in Deutschland der freiwillige Arbeitsdienst gegründet worden, in unserem Raum zum Beispiel in Ebersbach und Bad Boll, für Frauen in Bad Boll und Wäschenbeuren. Es gab ein Taschengeld von 50 Pfennig pro Tag, doch wichtiger war, dass man für 20 Wochen versorgt war. Der Arbeitsdienst führte zunächst Notstandsarbeiten wie Wege-, Straßen- und Wasserbau aus, baute 1934 das Schwimmbad in Boll zu Ende, arbeitete 1934 bei der Begradigung der Fils mit und errichtete 1934/35 auf der »Rauhen Wiese« bei Böhmenkirch die Heidhöfe. Im Jahr 1935 wandelten die Nationalsozialisten die Organisation um in den Reichsarbeitsdienst, in dem jeder Deutsche im Alter zwischen dem 18. und dem 25. Lebensjahr ein halbes Jahr dienen musste: die »Arbeitsmänner« mit Hacke, Spaten und Schaufel, die »Arbeitsmaiden« vor al-

Vorbeimarsch nationalsozialistischer Partei-Organisationen auf dem Kreisparteitag 1936 in Göppingen

Das ehemalige Lager auf der Nordalb wurde als Sportschule der SA errichtet. Später diente es als Polizeischule. Nach dem Krieg wurde es zunächst als Erholungsheim genutzt, jetzt beherbergt es eine kirchliche Erholungs- und Bildungsstätte. Der Charakter des Lagers ist noch immer erkennbar.

lem in landwirtschaftlichen und kinderreichen Haushalten, allerdings im Krieg auch in der Rüstungs-Industrie.

Die Jugend wurde dem Militär gleich organisiert: Ab 1936 waren durch Gesetz jeder Junge und jedes Mädchen zwischen zehn und 14 Jahren Mitglied des Jungvolks (»Pimpfe«) beziehungsweise der Jungmädel und zwischen 14 und 18 Jahren Mitglied der Hitler-Jugend oder des Bundes deutscher Mädel. Sie halfen bei Sammlungen für das »Winterhilfswerk«, bei Kriegsbeginn auch bei der »Entrümpelung« (Beseitigung leicht brennbaren alten Materials von den Dachböden), und sie sammelten während des Krieges nicht nur Altmaterial (Papier, Flaschen, Metall), sondern als Erntehelfer auch Kartoffeln.

Die Nationalsozialisten begannen, die Autobahnen zu bauen – übrigens eine Idee, die schon in den 1920er-Jahren entwickelt worden war –, sie führten 1935 die allgemeine Wehrpflicht wieder ein und rüsteten das Militär, das durch den Vertrag von Versailles 1919 auf 100 000 Mann begrenzt worden war, wieder auf, bauten neue Kasernen und erweiterten die Rüstungsindustrie. Göppingen erhielt einen Militär-Flugplatz, und in Holzheim wurde 1937 eine Flugabwehr-Einheit stationiert. Der Ausbau der Produktionsstätten, aber auch der allgemeine Aufschwung der Weltwirtschaft ließen die Industriegebiete wieder wachsen, viele Menschen zogen aus anderen Räumen zu, der Wohnraum wurde knapp. Deshalb mussten viele Orte durch preisgünstige Siedlungen erweitert werden wie Süßen durch die »Hermann-Göring-Siedlung« (heute Staufeneck-Siedlung). Die Arbeitslosigkeit ging mit allen diesen Maßnahmen weitgehend zurück.

Zur Ausbildung der Parteigenossen holte man diese in Lagern zusammen. So bauten die Nationalsozialisten 1936 für die SA zwei Sportschulen auf: Kuchberg (ab 1970 Michelsberg, bei Oberböhringen) und auf der Nordalb bei Deggingen. Noch heute erkennt man am Baustil und an der Anordnung der Gebäude – einstöckige lange, barackenähnliche, um einen viereckigen »Appell-« und »Exerzierplatz« sich gruppierende Häuser – ihre einstige Nutzung. Beide Lager wechselten ihre Funktionen mehrfach: Das Lager Michelsberg diente bald der »Kinderlandverschickung«, dann dem Arbeitsdienst, wurde 1942 »Wehrertüchtigungslager« der Hitler-Jugend, schließlich Heim eines Sonderkommandos der SS und diente nach dem Krieg als Jugendsanatorium, ab 1966 als privates Schulungszentrum. Seit 1970 hat das Diakonissen-Mutterhaus Aidlingen dort eine Freizeit- und Begegnungs-Stätte. (Das nahe Berghaus Sankt Michael ist ein privates christliches Erholungsheim.) Auf der Nordalb folgte der SA eine Polizeischule. Dieses einstige Lager wird heute von der »Kirche im Aufbruch« als Erholungs- und Seminar-Stätte genutzt.

Als am 1. September 1939 der Zweite Weltkrieg begann, kam er für viele nicht überraschend, denn schon im August waren Reservisten einberufen worden. Ende des Monats wurden die Lebensmittel rationiert, die Rationen wurden im Laufe des Krie-

ges aber immer kleiner. Wieder mussten unzählige Männer zur Truppe – 3,5 Millionen kehrten nicht zurück –, aber auch Frauen dienten beim Militär oder übernahmen in der Heimat die Arbeit der Männer. Abermals wurden Fabriken in ihrer Produktion umgestellt oder stillgelegt, wurden Schulen, das Bad-Hotel in Bad Überkingen und ein Teil des Boller Bades in Lazarette verwandelt, erneut wurden zahlreiche Kirchenglocken beschlagnahmt. Bunker und Stollen sollten vor Bomben schützen.

Freiwillig verpflichtete oder zwangsweise rekrutierte »Fremdarbeiter« mussten in Haushalten und ebenso wie Kriegsgefangene in der Landwirtschaft und in Fabriken arbeiten. Sie wurden in kleinen Gruppen untergebracht, viele »Ostarbeiter« und die gefangenen Sowjetsoldaten in Baracken-Lagern. Für Reichenbach an der Fils wird das näher beschrieben werden. Eines der Lager befand sich am Lämmerbuckel (wo Daimler-Benz später eine Schulungsstätte baute). Weil der Winter 1941/42 bitter kalt wurde, stellte sich zusätzlich zu aller Not ein Kohlenmangel ein, der dazu zwang, Schulen und manche Betriebe (wie Otto in Reichenbach an der Fils) für mehrere Wochen zu schließen.

Je länger der Krieg währte, desto mehr Kinder und Frauen brachte man aus gefährdeten Städten ebenso wie Ausgebombte in weniger bedrohte Gebiete. So waren ab 1944 zwei Stuttgarter Mädchen-Gymnasien nach Göppingen verlegt, eine Mädchenklasse nach Wäschenbeuren und eine Klasse der Stuttgarter Prag-Mittelschule mit 14- bis 15-jährigen Jungen ab 1943 nach Faurndau, wo sie bei Privatpersonen wohnten. In Boll wurden etwa 280 Personen aus Stuttgart, 30 aus dem Ruhrgebiet sowie einige Familien aus Berlin und anderen Teilen Deutschlands untergebracht. Es sollte gegen Kriegsende sogar das Filstal evakuiert werden, doch kam es nicht mehr dazu. Auch einige ausgebombte oder gefährdete Industrie-Betriebe wurden teilweise ausgelagert. Drei Beispiele seien genannt: Daimler-Benz erhielt Produktionsstätten im Tunnel des Lämmerbuckels und bei Ventzki in Eislingen, die Kolbenfabrik Mahle arbeitete ebenfalls in Eislingen, und die Firma Bosch mietete nicht nur in der Schule in Albershausen zwei Schulsäle, sondern arbeitete auch in Räumen anderer Betriebe.

In der zweiten Hälfte des Krieges wurden die älteren Jungen ab 1942 für jeweils drei Wochen in »Wehrertüchtigungslager« einberufen, um dort vormilitärisch ausgebildet zu werden, und ab Februar 1943 hatten ältere Oberschüler als uniformierte »Luftwaffenhelfer« (»Flakhelfer«) Flugabwehr-Kanonen zu bedienen (und sollten nebenbei lernen). Schließlich mussten ab 25. September 1944 alle noch tauglichen Männer von 16 bis zu 60 Jahren den »Volkssturm« bilden. Sogar die Jungen sollten mit Panzerfäusten kämpfen. Göppinger Schüler wurden im Herbst 1944 nach Kyllburg gefahren, um dort zu helfen, den »Westwall« auszubauen. Gegen Kriegsende begann man auch im Filstal, Panzergräben auszuheben und an den Straßen Sperren zu bauen, um den Vormarsch feindlicher Truppen zu hemmen.

Im Winter 1943/44 erreichten die Kampfhandlungen auch das Fils-Gebiet, als zahlreiche Orte Bomben-Schäden erlitten oder von Jagdbombern beschossen wurden. Sogar einzelne Personen auf den Feldern wurden beschossen, etliche Zivilisten kamen ums Leben. Die schlimmsten Angriffe waren die vom 1. März 1945 auf Göppingen (siehe Kapitel Göppingen) und vom 19. April auf Wäschenbeuren, wo 117 Gebäude niederbrannten, 260 Stück Vieh im Rauch erstickten und 600 Menschen obdachlos wurden. Auch Hohenstaufen ging in Flammen auf. Der Generalstab einer Heeresgruppe, der Ende März das Bad-Hotel in Bad Überkingen belegte, zog am 16. April wieder weiter. In Süßen arbeitete bei der Annäherung der Amerikaner noch eine deutsche Bäckerkompanie, die täglich für eine Division etwa 12 000 Brote zu backen hatte. Als sie am 20. April 1945 plötzlich abzog, ließ sie eine Menge Vorräte zurück – die Einwohner von Süßen und Salach freuten sich darüber! Andererseits plünderten Fremdarbeiter vor

Vertriebene warten 1946 in der Grabenstraße in Göppingen auf die Einweisung in Quartiere.

allem in Geislingen Wohnungen und Geschäfte. So mancher Bürger vergrub seine Kostbarkeiten im Garten. Volkssturm-Männer kamen nicht mehr zum Einsatz oder gingen einfach nach Hause, wenngleich manche den abziehenden deutschen Truppen folgen mussten.

Am Abend des 19. April drangen Panzer der Amerikaner über Feldwege nach Wäschenbeuren und darüber hinaus vor, am 20. April rückten sie in das Filstal ein. Einige Orte litten unter den Kriegshandlungen. So gab es in Rechberghausen einige Tote. In Schlierbach, das schon 1944 und 1945 Angriffe von Tieffliegern hatte erdulden müssen, wurden mehrere Einwohner getötet und mehrere Gebäude zerstört. In Gosbach wurden am 21. April durch etwa vierstündigen Artillerie-Beschuss viele Gebäude stark beschädigt, wobei es auch Tote und Verletzte gab. Ebenso kamen in Auendorf durch Artilleriebeschuss vier Personen ums Leben und wurden ein Haus zerstört und 25 Häuser beschädigt. In Gruibingen hatte der Beschuss dagegen keine große Wirkung.

Im Kreis Esslingen kamen in Reichenbach an der Fils, das am 22. April von Franzosen besetzt wurde, am 20. April vier Einwohner durch Artilleriebeschuss ums Leben, in Hochdorf wurden 16 Gebäude zerstört und 15 beschädigt, drei Einwohner fanden den Tod. Nur geringen Schaden bewirkte der Artillerie-Beschuss in Treffelhausen, Steinenkirch und Schnittlingen, während Tiefflieger in Schnittlingen neun Gehöfte zerstörten. In Göppingen, Albershausen und Schlat gab es geringen deutschen Widerstand, die anderen Orte wurden kampflos besetzt. Allerdings drangen am 22. April deutsche Soldaten noch einmal von Türkheim nach Bad Überkingen ein und schossen zwei Panzer ab; 25 deutsche und zwei amerikanische Soldaten fielen. Überdies hatten deutsche Truppen beim Abzug etliche Brücken und vor allem die Viadukte der Autobahn sinnlos gesprengt. In Ebersbach konnte Bürgermeister Seebich die Sprengung der Filsbrücke verhindern.

Bei der Aufteilung Deutschlands in vier Besatzungszonen war das Filstal den US-Amerikanern zugesprochen worden, bis auf das Gebiet westlich der Autobahn, die als Grenze gegen die französische Zone diente. Die Militärregierung übernahm die Verwaltung, setzte Bürgermeister ein und verbot sämtliche Parteien, Vereine und Zeitungen. Nächtliches Ausgehverbot, Beschlagnahme von

Häusern ganzer Straßenzüge, die umgehend mit nur wenig Habe für alliierte Soldaten geräumt werden mussten und teilweise geplündert wurden, Einbrüche und Unruhe durch ausländische Arbeiter – es war eine schwere Zeit. Deutsche Soldaten schlichen ohne Waffen ermüdet durch die Wälder heim, tauschten, wenn sie konnten, ihre Uniform gegen Zivilkleidung ein und mussten zu Hause dann doch in ein Lager. Der am 8. Mai 1945 vereinbarte Waffenstillstand änderte an der Situation nichts. Alliierte Soldaten durften nur für sie reservierte Lokale besuchen, »Fraternisation« (Verbrüderung) war verboten. Züge fuhren nur gelegentlich, und wer einen anderen Ort aufsuchen wollte, benötigte (bis 1948) einen Passierschein.

Es dauerte einige Zeit, bis sich das Leben – trotz bleibender Rationierung der Lebensmittel und Bedarfsgüter – einigermaßen normalisierte. Erst gegen Jahresende 1945 konnte der Schulunterricht wieder stattfinden. Kalte Winter erschwerten die Lage zusätzlich. Wer konnte, sammelte Holz und Bucheckern, die man in einer Ölmühle gegen Speiseöl eintauschen konnte. Dankbar nahmen viele die von Hilfsorganisationen der Vereinigten Staaten übersandten Care-Pakete mit Lebensmitteln in Empfang. Der »Schwarzmarkt«, auf dem man »unter der Hand« für teures Geld Güter ohne »Bezugsschein« erwerben konnte, blühte. Aber noch 1945 und 1946 begannen Betriebe wieder mit der Produktion. Hinzu kamen Unternehmen von Vertriebenen wie das Plastikwerk Buchsteiner in Gingen, das sich zu einem der größten Salatbesteck-Hersteller Deutschlands entwickelte. Einige alte Betriebe durften allerdings bestimmte Produkte nicht mehr herstellen. So musste die Firma Schuler in Göppingen die Produktion schwerer Werkzeugmaschinen einstellen und richtete deshalb den Bau von Cottonmaschinen (für die Herstellung von Strümpfen) als neuen Produktionszweig ein.

Es kamen auch wieder Zeitungen ins Haus, Sport- und später auch andere Vereine durften wieder (mit Genehmigung) gegründet werden, Parteien wurden wieder zugelassen, »Nazis« aber in Lagern interniert. Über den damals berüchtigten »Fragebogen« wurde die Bevölkerung eingeteilt in 1. Hauptschuldige, 2. Schuldige oder Aktivisten, Militaristen und Nutznießer, 3. Minderbelastete, 4. Mitläufer und 5. Entlastete. Wer zu den ersten Gruppen gehörte, wurde zur Rechenschaft gezogen. Bei der Währungsreform vom 20. Juni 1948 mit der Einführung der Deutschen Mark erhielt jeder Deutsche zunächst 40 und später weitere 20 DM auf die Hand, während seine Guthaben 100 zu 6,5 abgewertet wurden. Damit verbesserte sich die Lage, denn die Läden waren wieder voll, der Schwarze Markt trocknete aus. Die Bildung der Bundesrepublik Deutschland brachte zudem die politische Stabilisierung, doch erst 1950 wurden die letzten Lebensmittel nicht mehr »bewirtschaftet«.

Der Krieg hatte nicht nur viele Evakuierte, die später wieder in ihre Heimatorte zurückkehrten, sondern auch zahlreiche Vertriebene und Flüchtlinge aus dem Osten in alle Orte des Filstales verschlagen, darunter viele Ungarn-Deutsche (Göppingen, Bad Überkingen), Südmährer (Geislingen, Bad Überkingen, Gruibingen) und Umsiedler schwäbischer Abstammung aus dem Schwarzmeergebiet (Ebersbach). Rechberghausen nahm 427 Personen aus der Tschechoslowakei, 249 aus Polen, 128 aus Ungarn, 70 aus Jugoslawien und 24 aus Rumänien auf. Bis 1949 stieg die Zahl der Vertriebenen und Flüchtlinge im Kreis Göppingen auf 41 000 Personen an. Ihnen folgten Anfang der 1950er-Jahre aus Bayern und Schleswig-Holstein hierher umgesiedelte Flüchtlinge, so dass die Gesamtzahl im Kreis Göppingen bis 1953 auf fast 48 700 stieg. Das gab so mancherlei Spannungen. Alle diese Menschen mussten ja untergebracht werden – in einem geringeren Wohnungsbestand als 1939. Allein in in der Stadt Göppingen waren es etwa 12 000. Viele Jahre lang wurde deshalb auch der Wohnraum bewirtschaftet, wurden Suchende vom Wohnungsamt eingewiesen. Auch mussten diese Menschen in das Arbeitsleben integriert werden. Die Vereinigten Staaten von Amerika halfen nicht nur den Deutschen ab 1948 für einige Jahre mit einem Wiederaufbauprogramm (ERP = European Recovery Programm, »Marshall-Plan«). Ein Bauboom und ein Möbelkauf ohnegleichen setzten ein, der »Fresswelle« gleich nach dem Krieg folgte die »Möbelwelle« und dieser etwas später die »Reisewelle«.

Seither wuchsen alle Orte ungemein rasch, nicht nur in der Fläche, sondern jetzt auch in die Höhe. Bei Göppingen entstanden sogar Trabanten-Siedlungen: ab 1952 Manzen und ab 1965 Ursenwang. Weil nun sehr viele Vertriebene katholischen Glaubens in evangelische Orte kamen, änderte sich deren Sozialstruktur erheblich. So lebten in Faurndau 1933 unter den 2296 Einwohnern 159 Katholiken, 1950 aber unter 4619 Einwohnern 1075. Für sie wurde die Kirche Zur heiligen Familie erbaut und 1961 geweiht. Ähnlich lief es in anderen Gemeinden. Auch die Straßen sowie die Ver- und Entsorgung reichten nicht mehr aus und mussten ausgebaut werden. Orte, welche die Zahl von 10 000 Einwohnern überschritten, wurden zu Städten erhoben. Eislingen war schon 1933 Stadt geworden, 1975 folgte Ebersbach, 1976 Donzdorf, 1996

Ausländer im Kreis Göppingen (Stand: 31. Dezember 2002)

Herkunftsland	*Göppingen*	*Geislingen*	*Restliches Kreisgebiet*	*Insgesamt*
Türkei	2810	2289	6695	11 794
Italien	1763	903	3671	6337
Rest-Jugoslawien	911	531	2136	3578
Kroatien	627	604	847	2078
Griechenland	748	95	619	1462
Bosnien-Herzegowina	302	106	356	764
Alle Länder	9448	5448	18 533	33 429

Süßen. Viele wünschten sich ein eigenes Heim außerhalb der Stadt – dort war es ruhiger, die Grundstücke waren billiger – und nahmen es in Kauf, an den Arbeitsplatz zu pendeln, so dass die Zahl der Aus- und Einpendler stark stieg.

Freilich musste mit neuen Wohngebieten auch die Infrastruktur – Schulen und Kindergärten, Kirchen und Altenheime, Ver- und Entsorgung, ja auch Friedhöfe – ausgebaut werden. Der Bau von Kläranlagen und die Einrichtung von Deponien erlangte seit der Mitte des Jahrhunderts zunehmende Bedeutung, weil die Schäden, die durch Gewässerverschmutzung und Schadstoffe in Luft und Boden entstanden, nicht mehr zu übersehen waren. Freizeitflächen wurden neu geschaffen und Gewerbegebiete ausgewiesen. Außer neuen Wohn- und Gewerbegebieten mussten neue Schulen ebenso erbaut werden wie Kirchen verschiedener, auch bisher hier nicht vertretener Konfessionen. So wurde 1983 in Bartenbach die erste christlich-armenische Kirche Deutschlands eingeweiht. Das Wachstum der überbauten Flächen nahm ein solches Ausmaß an, dass etliche Orte – vor allem entlang der Fils – fast zu einem einzigen zusammenwuchsen. Die älteren Gewerbebetriebe wurden allmählich von Wohnsiedlungen derart umschlossen, dass sie keine Möglichkeit für weitere Ausdehnung mehr hatten und bei steigendem Flächenbedarf in neu geschaffene Gewerbegebiete umziehen oder Zweigbetriebe gründen mussten. Durch dieses flächenhafte Wachstum der Siedlungen, das sich vor allem entlang der Fils vollzog, entstand von Geislingen bis Reichenbach ein weitgehend geschlossenes Siedlungsband.

Die Wasserversorgung konnte Jahrhunderte lang durch Schöpfbrunnen aus dem Grundwasser erfolgen. Mit dem Wachstum aber musste der Tag kommen, an dem das nicht mehr reichte. Es musste Wasser über größere Entfernungen herangeführt werden. Das begann 1876 mit der Einrichtung der Albwasserversorgung, die das Problem für die Albdörfer löste. Die Gemeinde Faurndau entschloss sich, 1885 vom Sauerwasserbrunnen im Wiesentäle eine Leitung in das Dorf zu legen. Wenig später, 1898 und 1901, beklagten sich die Bewohner des oberen Wasens in Faurndau über den zu niedrig gewordenen Wasserstand in den privaten Brunnen. Die Vertiefung der Fils hatte den Grundwasserstand zu tief absinken lassen. Das führte dazu, 1907 den Gemeindeverband der Uhinger Wasserversorgungs-Gruppe zu bilden, der nun mehrere Orte mit Trinkwasser versorgte und 1950 an die aus dem Tal der Donau gespeiste Landeswasserversorgung angeschlossen wurde. Zusammenschlüsse zu größeren Gruppen sollten die Leistungsfähigkeit verbessern. Zu weithin sichtbaren Landmarken sind die Wassertürme geworden, die stellenweise errichtet werden mussten, um in der Wasserleitung den nötigen Druck zu erhalten.

Die Gewässer entwickelten sich teilweise zu dreckigen Kloaken. Davon war bereits im Kapitel Hochwässer die Rede. In der zweiten Hälfte des Jahrhunderts setzte ein Umdenken ein, und man versuchte, das Problem auch mit Maßnahmen zur Renaturierung und mit der Schaffung von Biotopverbünden zu lösen.

Für den industriellen Sektor brachte das 20. Jahrhundert starke Veränderungen. Wie allgemein in Deutschland verloren die Textil- und Bekleidungsindustrie wie auch die Lederindustrie stark an Bedeutung. Von der einst bedeutsamen Papierindustrie waren 1966 nur noch drei Fabriken übrig, nämlich je eine in Salach, Eislingen und Faurndau. Billige Importe und die für die preisgünstige Einfuhr des Rohstoffs aus Skandiavien ungünstige Lage bedingten diesen Rückgang. Dafür gewann der Maschinenbau an Bedeutung, im unteren Filstal früher als im mittleren. Viele Firmen sind Zulieferer der Automobil-Industrie. Überdies wuchs der Dienstleistungssektor vor allem in der zweiten Hälfte des Jahrhunderts stark an.

Das Wachstum hatte noch eine weitere Folge: Es mangelte an Arbeitskräften. Die arbeitsfähigen Jahrgänge der Deutschen waren durch die großen Verluste im Krieg ausgedünnt, andererseits band die Bundeswehr, die gerade aufgebaut wurde, junge arbeitsfähige Menschen. Schließlich verlängerten sich die Ausbildungszeiten, während die Arbeitszeit verkürzt wurde und aus der Landwirtschaft keine Arbeitskräfte mehr in andere Wirtschaftszweige nachrückten. Die Bundesrepublik Deutschland schloss deshalb mit mehreren südeuropäischen Ländern, in denen Unterbeschäftigung oder Arbeitslosigkeit verbreitet waren, Abkommen über die Anwerbung von »Gastarbeitern«, nämlich mit Italien 1955, Griechenland und Spanien 1960, mit der Türkei 1961, mit Portugal 1964 und mit Jugoslawien 1968.

Dementsprechend strömten ausländische Arbeitskräfte zunächst ohne, später mit ihren Familien auch in das Filstal, wobei sehr häufig Leute aus ein und demselben Herkunftsgebiet, ja demselben Ort beim Wohnen wie beim Arbeiten möglichst beieinander blieben. Sie zogen zunächst in ältere, schlechter ausgestattete und damit billigere Wohnungen ein. So konnten »Viertel« mit einem hohen Anteil von Einwohnern aus bestimmten Ländern entstehen.

Im 20. Jahrhundert war die Zeit längst reif, die Verwaltung zu vereinfachen, um die Kosten zu senken. Einige Orte hatten schon früh eine Vereinigung erwogen. Das Problem lag darin, dass die eine Gemeinde für viele Arbeitskräfte eines anderen Ortes die Infrastruktur (Schule, Wasser, Strom) erstellen musste, an den Steuer-Einnahmen aber nicht beteiligt war. Deutlich wurde das bei Altenstadt, das schon 1902 die Vereinigung mit Geislingen wünschte. Eben so strebten Bartenbach schon 1909, Groß-Eislingen 1931 und Klein-Eislingen 1932 die Eingemeindung nach Göppingen an. Andere Orte wuchsen derart zusammen, dass ein Zusammenschluss sinnvoll erschien. So diskutierte man schon 1906 in Groß- und Klein-Süßen über die Zusammenlegung. Sie wurde hier wie auch in Eislingen aber erst 1933 vollzogen.

Eine neue Einteilung der 1934 aus den Oberämtern gebildeten Kreise wurde 1938 vollzogen und

Die alten, einfachen Häuser an der Bundesstraße 10 in Eislingen werden sicherlich nicht mehr lange stehen. Einige sind auch schon aufgegeben. Der starke Verkehr verdrängt die Wohnfunktion.

dabei der Kreis Geislingen aufgelöst. Göppingen wurde damit gestärkt, Geislingen dagegen in eine Randlage gedrängt, zumal etliche Gemeinden des früheren Oberamts Geislingen an die Kreise Ulm und Münsingen abgegeben werden mussten. Später erwies sich diese Neugliederung als unzureichend, und so folgten um 1970 eine Kreis- und eine Gemeindereform in ganz Baden-Württemberg: Die Grenzen der Kreise wurden neu gezogen; viele Gemeinden schlossen sich freiwillig zusammen, oder sie wurden, zum Teil unter neuen Namen, vereinigt. So wurden zum Beispiel Weißenstein und Nenningen 1974 zu der kleinen Stadt Lauterstein zusammengefasst, und Göppingen erhielt viele umliegende Dörfer eingemeindet. In der Erkenntnis, dass eine Gemeinde heute nicht für sich allein planen kann, obwohl sie die Planungshoheit besitzt, schlossen sich Nachbarorte auch zu Planungseinheiten zusammen. So entstand 1961 die Planungsgemeinschaft »Neckar-Fils«.

Die sich ändernden Bedürfnisse der Menschen fanden ihren Niederschlag auch in der Landschaft. Sport und Fremdenverkehr, die sich im 19. Jahrhunderts zu entwickeln begannen, verlangten nach neuen Einrichtungen, ließen aber auch neue Wirtschaftszweige entstehen. Die Entwicklung im Verkehrswesen und die Zunahme der Mobilität waren dabei wichtige Voraussetzungen. Schwimmbäder, Sport-, Segelflug- und Golfplätze, Skilifte – eine Vielzahl neuer Einrichtungen entstand. Um den Eisläufern ihren Sport zu ermöglichen, betrieb die Stadt Göppingen 1882 bis 1906 östlich der Oberhofen-Kirche einen »Schlittschuh-See«. Heute laden Wanderparkplätze an vielen Stellen zu Rundwanderungen ein, Reiterhöfe stehen in großer Zahl zur Verfügung.

Wer durch das Gebiet der Fils fährt, trifft an vielen Orten noch immer alte ein- oder zweistöckige Gebäude, die den einstmals bäuerlichen Charakter der heute industrialisierten Siedlungen anzeigen: Kleinbäuerliche Anwesen, Arbeiterhäuser, Weberhäuser. Stadt- und Dorfsanierung standen in der Kommunalpolitik insbesondere seit den 1960er-Jahren hoch im Kurs. In den Städten erhielten die Fußgänger in den Kernbereichen verkehrsmittelfreie Räume (Fußgängerzonen, Passagen), während für den ruhenden Verkehr Tiefgaragen und Parkhäuser geschaffen wurden. Am stärksten dürfte Göppingen in seinem Kern sein Gesicht gewandelt haben, während in äußeren Bereichen noch viel alte Bausubstanz erhalten blieb. Leider entstand auch manches, was nicht zusammenpasst, wie Plattenverkleidungen oder gar Betonburgen neben alten Fachwerkhäusern.

Die Hauptstraße in Göppingen: Moderne Gebäude wechseln mit alten, meist verputzten Fachwerkhäusern ab. Einige sind dem Charakter der Straße angepasst, andere durchbrechen und stören ihn.

Das Tal der Fils: Ein uralter Verkehrsweg

Beschwerlich war einst das Reisen, und so mancher Passagier musste unfreiwillig eine Pause in Kauf nehmen, wenn ein Rad brach oder Straßenräuber ihn überfielen. Der Zustand der Straßen war ja nicht der beste, Schlaglöcher und – nach Regen – Morast waren normal, eine Befestigung durch Pflastern erfolgte erst spät in der Neuzeit. Doch das fällt schon in eine spätere Phase, denn das Tal der Fils ist ein uralter Verkehrsweg.

Diejenigen Strecken, die möglichst geradlinig weit in ein Gebirge hinein führen, eignen sich am besten als Fernverkehrswege. Dass ein Tal aufwärts eng und steil endete, störte Tragtiere ja nicht, und später konnte ein Vorspann helfen, die Steigung zu überwinden, ja man wählte lieber einen steilen, aber kurzen Anstieg als einen kurvenreichen langen Umweg. Somit war das Filstal vorgegeben als eine der Hauptverkehrsachsen in Süddeutschland, nämlich auf der Linie Speyer–Cannstatt–Esslingen–Göppingen–Geislingen–Augsburg (erst später Ulm) oder, anders gesagt: Niederlande–Italien. Allerdings wurde nicht zu allen Zeiten ein und dieselbe Route gewählt.

Es kann kein Zweifel bestehen, dass bereits die Kelten die Filstal-Linie benutzten, aber auch West-Ost-Verkehr betrieben, denn sie führten einen ausgedehnten Handel. Von diesem zeugen die bereits erwähnten »Regenbogenschüsseln«. Als im 1. Jahrhundert nach Christus die Römer ins Land kamen, bauten sie die Straßen für das Militär aus. Sie benutzten mehrere in verschiedenen Richtungen verlaufende Verbindungen. Eine ihrer Heerstraßen führte von Kirchheim unter Teck über Gruibingen und die alte Ditzenbacher Steige – ein 60 mal 60 Meter großes Kastell für rund 100 Mann bei der Schonterhöhe könnte darauf hinweisen – nach Urspring im Lonetal, wo ein Knotenpunkt lag, und von dort weiter. Später legten sie eine Straße von Cannstatt durch das Tal der Fils nach Geislingen an, zu dessen Sicherung wahrscheinlich das 1966 entdeckte Kleinkastell bei Eislingen diente. Bei Grabarbeiten stieß man sowohl hier wie in Uhingen und Göppingen zum Teil mehrfach auf Reste einer römischen Straße nördlich der Fils. Das Tal der Rohrach bei Geislingen war den Römern zu unwegsam, sie zogen deshalb über die alte Weiler Steige in der Schlucht zwischen Helfenstein und Ödenturm. (Die heutige Weiler Steige wurde erst nach dem Ersten Weltkrieg erbaut.) Eine andere Straße führte von Süßen über Donzdorf und die Messelbergsteige nach Treffelhausen und weiter über Böhmenkirch nach Heidenheim.

Die Alamannen benutzten die römischen Militärstraßen nicht. Mit ihren Tragtieren folgten sie anderen Wegen. Dabei waren die Steige von Altenstadt nach Türkheim und der Gruibinger Pass wichtig. Andere Verbindungen liefen vom Remstal über Uhingen nach Boll, von Schorndorf über Göppingen und Heiningen nach Lotenberg, von Schwäbisch Gmünd über Süßen und Unterböhringen nach Aufhausen. Als sich der Verkehr im frühen Mittelalter neu orientierte, wurden die Linien der römischen Straßen wieder interessant, viele der alten Steigen wurden erneut benutzt. So erreichte die Straße bei Geislingen die Höhe zum einen über die alte Steige nach Weiler, zum anderen über die durch das Rohrachtal, die alte Amstetter Steige. Auch durch das Tal der Eyb führte eine Strecke, ebenso von Süßen über Heidenheim nach Augsburg, wo man die Höhe über die Steige am Messelberg erreichte.

Erst im 19. Jahrhundert baute man die Verbindungen aus. 1824 ließ die Regierung nach den Plänen von Eberhard von Etzel eine neue Trasse ausbauen, der großenteils auch die heutige Straßenführung folgt. Es ist die jetzige Bundesstraße 10 durch das Rohrachtal. Örtliche Aufstiege gab es bei Wittingen und Hofstett am Steig. Die Steige über Weißenstein erfuhr 1841/42 ihren Ausbau. Ab 1863 entstanden weitere Steigen um Geislingen, zuletzt 1918 bis 1921 die neue Straße nach Weiler. Auch die Verbindungen über den Schurwald wurden ausgebaut.

Die Straßen waren holprig oder schlammig, und mitunter kippte ein Fuhrwerk oder Reisewagen um. Zwar begann im 15. Jahrhundert ein Ausbau, aber erst ab dem 18. Jahrhundert, als Herzog Carl Eugen Chausseen zu bauen begann, wurden die Verhältnisse besser. Wegeordnungen legten die Spurbreiten, die zugelassene Last, zum Teil auch die Bespannung fest. Bei einigen Orten wie Göppingen, Eislingen und Süßen überspannten Fußgängerbrücken die Fils, während der Wagenverkehr, insbesondere bei Göppingen und Süßen, eine Furt benutzen musste. Die erste feste Straßenbrücke erhielt 1514 Gosbach. Für die Passage der Brücken

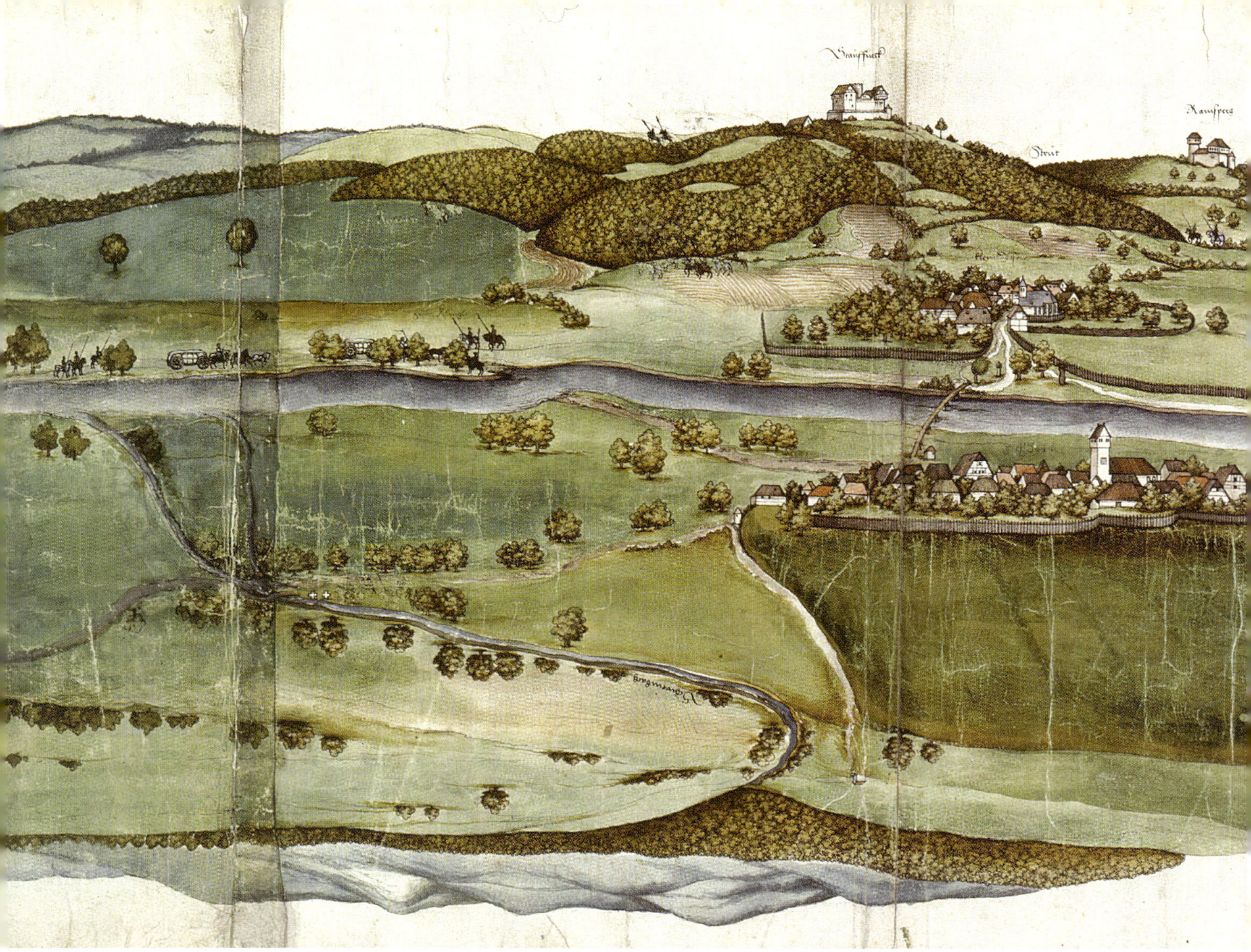

war ein nach Wagen, Karren, Schafen, Pferden, Vieh und Ochsen gestaffeltes Brückengeld zu entrichten. Weil die Brücken zum Teil noch bis ins 20. Jahrhundert hinein aus Holz erbaut waren, litten sie wiederholt durch Hochwasser. So wurde die erst 1626 erbaute Brücke bei Göppingen schon 1628 zerstört, aber erst hundert Jahre später neu erbaut. Die Brücke in Süßen musste 1774 und dann 1852 abermals neu errichtet werden. Beim zweiten Mal erhielt sie Ufer-Pfeiler aus Donzdorfer Sandstein, der Oberbau mit drei Jochen bestand aber weiterhin aus Holz. 1929 war wieder eine neue Brücke nötig. Ähnlich war es in Ebersbach, wo die Brücke 1741 und 1853 zerstört und erst 1950 massiv erbaut wurde.

Bis ins späte Mittelalter hinein waren Saumtiere das wichtigste Transportmittel. Nach und nach setzte sich dann der zweirädrige Karren mit mannshohen Rädern durch, auf dem man 30 bis 40 Zentner befördern konnte. Zwei oder mehr Pferde wurden in der Mitte hintereinander in und vor die Gabel gespannt. Die Folge war, dass in der Wegmitte eine tiefe Spur entstand, in der sich bei Regen das Wasser sammelte. Der Schwäbische Kreis verbot deshalb 1710 den Gebrauch des Gabelfuhrwerks zugunsten des Deichselfuhrwerks, bei dem jeweils zwei Zugtiere nebeneinander liefen. Württemberg legte auch die Spurweite fest und begrenzte das Ladegewicht.

Die Güterwagen erhielten im Laufe der Zeit eine immer größere Bespannung, weil sie nämlich immer größer wurden. Das tat den Straßen nicht gut. Deshalb ordnete Herzog Eberhard III. 1653 an, Weinwagen mit nicht mehr als einem Fuder, höchstens sechseinhalb Eimern (gut 19 Hektoliter) zu beladen, andernfalls waren zehn Reichstaler Strafe fällig. 1660 war von sieben Eimern die Rede. An Fracht durften im 18. Jahrhundert höchstens 60 Zentner (2918,5 Kilogramm) geladen und höchstens sechs Pferde vorgespannt werden. Häufig ergingen neue Wege-Ordnungen und General-Rescripte, die auf die Vorschriften hinwiesen oder sie der Zeit anpassten.

Im Mittelalter kam es immer wieder vor, dass Ritter des niederen Adels die Transporte ausraubten. So überfielen die beiden Herren von Zillenhart, deren Burg im Wald zwischen Schlat und Eschenbach stand, zusammen mit einigen anderen

Rittern im März 1441 bei Eislingen einen Zug von Kaufleuten, die mit ihren Wagen von der Frankfurter Messe kamen, brachten acht bis neun Ulmer Kaufleute um, nahmen angeblich 15 gefangen, raubten 40 Pferde und zogen mit Waren im Wert von 5000 Gulden davon. Im selben Jahr nahm einer der beiden Herren einen päpstlichen Gesandten fest. Die Kaufleute mussten also durch Geleite geschützt werden, was nicht hinderte, ein Wegegeld zu kassieren.

Wie sich der Verkehr in der frühen Neuzeit abspielte, erzählt ein Panorama des Filstals, das um 1535 im Zusammenhang mit einem Streit um das Geleitrecht entstand und das die älteste Landschafts-Darstellung des Filstals von Geislingen bis Göppingen ist. Die Besonderheit besteht darin, dass der Autor das Gebiet von mehreren Stellen einmal auf der Südseite, zum anderen auf der Nordseite des Flusses aus darstellte, wobei die Landschaft der Südseite bei Holzheim auf den Kopf gestellt ist. Lediglich die Enden sind perspektivisch abgebildet. Eine weitere Besonderheit ist, dass der größte Teil der insgesamt 3,54 Meter langen Karte im Stadtarchiv Ulm liegt, das westliche Stück ab Eislingen jedoch im Hauptstaatsarchiv Stuttgart. Archivare haben nämlich das Panorama – leider! – zerschnitten, als Ulm an Württemberg fiel und jenen Teil, der das ehemalige Württemberg betraf, an das Staatsarchiv gegeben. In der Reproduktion, wie sie Manfred Akermann zeigt, konnten jedoch beide Teile nahtlos wieder aneinander gefügt werden.

Für die Fahrt bildeten mehrere Wagen ein Geleit, das von Reisigen begleitet wurde, die vor Beraubung schützen sollten. Am Schweinbach bei Groß-Süßen wurde die Fils in einer Furt gequert, und württembergische Reiter lösten die ulmischen ab (beziehungsweise umgekehrt). Ein Vermerk im Geislinger Salbuch von 1730 besagt, dass die Übergabe und Übernahme »mitten in dem Schweinbach« erfolgte. Das Panorama zeigt anschaulich, wie zwischen Salach und Süßen zwei sechsspännige Güterwagen vom württembergischen an den ulmischen Begleitschutz übergeben werden.

Das Geleitrecht war nicht unbedingt an die Territorial-Grenzen gebunden, und bewaffneter Schutz wurde nur in besonderen Fällen wie anlässlich von Messen und nur gegen Bezahlung gewährt. Schon 1272 trafen die Grafen Ulrich von Helfenstein und Ulrich von Württemberg eine entsprechende Vereinbarung. Die Geleitmannschaft der Helfensteiner hatte ihr Quartier in Gingen. Auch für die Strecke Ulm–Aufhausen–Unterböhringen–Ottenbacher Tal–Remstal bestand ein Geleitrecht mit einer Zollstelle in Krummwälden. Die Kosten für die Instandhaltung konnten aus dem Zoll bestritten werden, den früher die Landesherren, später auch einzelne Gemeinden kassierten, die dann die Instandhaltung besorgen mussten. Viel Straßenarbeit musste von den Orten an der Route in der Fron geleistet werden. An der Fils gab es Zollstellen in Ebersbach, Uhingen, Göppingen, Süßen, Kuchen, Geislingen und Gosbach.

Die Reichsstadt Ulm grenzte ihr Gebiet durch einen Landgraben ab, von dem ein flacher Rest am Hohenstein bei Gingen und ein Flurname bei Hausen erhalten sind. Das System von Wall und Graben mit Dornenverhau diente allerdings weniger zur Verteidigung als vielmehr dazu, die Umgehung der Zollstellen zu verhindern.

Nachdem Herzog Ulrich von Württemberg 1519 aus dem Land geflohen war und die Regierungsaufgaben etwas vernachlässigt wurden, übernahm Ulm den Geleitschutz bis nach Göppingen. Nach der Rückkehr des Herzogs 1534 blieb deshalb ein Streit nicht aus. Im Zusammenhang damit ließ die eine Partei – offensichtlich Ulm – eine Panorama-Darstellung des Filstals anfertigen, um sie dem Schlichter vorzulegen. 1537 war der Streit beendet.

Um diese Zeit – genauer: seit Kaiser Maximilian – waren auch die Postlinien bereits aufgebaut. Ab 1495 machten die reitenden Boten in Plochingen und Gingen Station, doch 1519 wurden die Stationen nach Ebersbach und Altenstadt verlegt. Die Neuregelung von 1698 legte die Stationen für Boten und Postwagen nach Plochingen, Göppingen und Geislingen. Der private Frachtfuhrverkehr wählte zur Rast ebenfalls gerne die Städte, weil sie eine gute Möglichkeit zur Versorgung boten. Außerdem lagen sie meist im Abstand einer Tagesreise.

Entlang der Straße standen Wegsteine, an denen die Entfernungen abzulesen waren. Am oberen Ende von Steigen wiesen Inschriften auf Steinen darauf hin, dass der Fuhrmann bei der Abfahrt den Bremsschuh anlegen musste, wenn er nicht eine Strafe riskieren wollte. Dieser Schuh sollte die Straße schonen und Unfälle verhindern.

Ein großer Teil des Personenverkehrs spielte sich zu Fuß ab. Da war es gut, wenn man sich ein wenig ausruhen konnte. Dazu standen an den Wegen – auch zu den Feldern – hier und da Ruhebänke (Gruhen), meist eine große und eine kleine nebeneinander. Auf der großen Bank konnte man die Traglast absetzen, um sich auf der kleineren (heute meist verschwundenen) auszuruhen. Das Hauptverbreitungsgebiet der Gruhen erstreckt sich ab Esslingen nach Westen, im Gebiet der Fils sind nur

Linke Seite: Ein anschauliches Bild des Filstals bietet das Panorama aus der Zeit um 1535. Der Ausschnitt zeigt vorne rechts Groß-Süßen und jenseits der Fils Klein-Süßen, beide umgeben von einem Etter (Zaun). Vor Klein-Süßen stehen bei der Baumgruppe zwei Bildstöcke. Das Gebiet wird überragt von den Burgen Ramsberg und Staufeneck. Links vorne erkennt man am Schweinbach bei zwei Steinkreuzen eine Gruppe ulmischer Reiter. Jenseits der Fils übergeben württembergische Reiter das aus zwei Fuhrwerken bestehende Geleit an ulmische Reisige. Weiter rechts sind noch mehr Reiter sichtbar.

Das Zollhaus von Süßen

Der Zoll war ursprünglich ein Regal, stand also dem König zu. Aber schon früh belehnten die Könige treue Gefolgsleute mit Straßen- und Brückenzöllen, die eine wichtige Einnahmequelle der Territorialherren darstellten. Die Grafen von Helfenstein hatten bereits 1272 den Zoll im oberen und mittleren Filstal inne. Der »Zoll zu Sießen« an der Straße von Göppingen nach Heidenheim ist bereits 1415 erwähnt. Der Hauptweg verlief von Göppingen nördlich der Fils und querte den Fluss vor Groß-Süßen. Dort wurde der Zoll kassiert. Weil aber viele Fuhrleute auf dem Weg Göppingen–Heidenheim die Zollstelle umfuhren, indem sie den Weg über Klein-Süßen wählten, kaufte Ulm dort bereits vor 1500 einen Platz für ein Zollhaus.

Nachdem Ulm 1712 neben der Furt bei Süßen eine hölzerne Brücke gebaut hatte, musste der Zoller in Klein-Süßen auch den Brückenzoll einziehen.

Als Ulm 1531 die Reformation einführte, wurden auch Zoller und Gegenschreiber in ihrer Exklave in Klein-Süßen evangelisch, während die Ortsherren von Klein-Süßen und die Bewohner katholisch blieben. Das führte – etwa bei Todesfällen – zu mancherlei Verwickelungen. 1610 ließ Ulm sein Zollhaus-Grundstück in Klein-Süßen durch acht Grenzsteine markieren und 1618 den gemeinschaftlichen Platz vor dem Haus mit dem Schöpfbrunnen durch fünf Steine abgrenzen.

Nach dem Übergang an Bayern verkaufte dieses Land das Zollhaus 1809 an den letzten Zoller. Als bei einem Markungsausgleich 1878 das Grundstück Klein-Süßen einverleibt wurde, beschwerte sich der Besitzer bei der Regierung und erreichte, dass die Exklave wieder zu Groß-Süßen geschlagen wurde. Erst die Vereinigung der beiden Orte 1933 beendete diesen Zustand. 1955 riss man das Gebäude ab, weil es den wachsenden Verkehr auf der B 466 behinderte.

Das Ulmer Zollhaus in Klein-Süßen mit dem zugehörigen Garten 1720. Das Grundstück ist mit Grenzsteinen bezeichnet. Vor dem Haus der besonders vermerkte gemeinschaftliche Platz mit einem Ziehbrunnen.

einzelne nachgewiesen und lediglich zwei noch erhalten: an der Straße Göppingen–Hohenstaufen und bei Oberdrackenstein. Eine weitere, die beim Weilenberger Hof stand, ist 1940 verschwunden.

Der schlechte Zustand der Straßen besserte sich erst, als Herzog Carl Eugen wie schon erwähnt die wichtigsten Landstraßen zu Chausseen ausbaute. Die Strecke von Plochingen bis Süßen war 1771 bis 1782 an der Reihe. Noch als König Friedrich 1811 zum ersten Mal Geislingen besuchte, musste man zuvor die Hauptstraße mit neuem Kies beschütten, denn ein Pflaster gab es zu dieser Zeit in der Stadt noch nicht. In Reichenbach an der Fils bauten die Jungen noch 1928 an der alten Reichsstraße ihre Sandburgen, denn erst 1935 wurde diese Straße gepflastert. In Uhingen wurde die Bundesstraße 10 im Jahr 1956 verbreitert, ausgebaut und mit einer Bitumendecke versehen.

Als gegen Ende des 19. Jahrhunderts die Fahrräder aufkamen und sich nach dem Ersten Weltkrieg als wichtiges Verkehrsmittel erwiesen und auch als seit dieser Zeit das Kraftfahrzeug an Bedeutung gewann, waren die Straßen dem Verkehr noch nicht angepasst. Zwar wurden die Chausseen allmählich durch gepflasterte Straßen ersetzt und diese ab den 1920er-Jahren asphaltiert, doch drängte die Entwicklung der Kraftfahrzeuge immer wieder zu weiterem Ausbau, denn die Straßen konnten den wachsenden Verkehr, insbesondere in den Ortsdurchfahrten, nicht mehr bewältigen.

Etwa ab 1950 suchte man eine Entlastung durch Verbreiterung (B 10, B 466), dann durch den Bau von Umfahrungsstrecken und die Sanierung der Ortskerne. Dabei löste wohl jeder neue Plan heftige Diskussionen aus. 1989 konnte damit begonnen werden, die B 10 auf neuer Trasse autobahnmäßig auszubauen. Zur Zeit wird am Abschnitt zwischen Eislingen und Süßen gearbeitet.

Als die Eisenbahn gebaut werden sollte, stellte sich natürlich die Frage, wie man den Albrand am besten überwinden könne: Durch das Rems- und das Brenztal oder durch das Tal der Fils. Dabei

Dieser Wagen der königlich württembergischen Post verkehrte um 1907/08 zwischen Boll und Göppingen. Für die zwölf Kilometer lange Strecke benötigte er fast zwei Stunden. Weil ihnen der Fahrpreis von 80 Pfennig zu hoch war, gingen viele Einwohner jedoch zu Fuß.

Rechte Seite oben: 1847 war Göppingen ans Eisenbahnnetz angeschlossen.

Vom Ausbau der Straße in Ebersbach

Das Protokoll des Gemeinderats vom 12. Juni 1928 berichtet:

»Die Etterstrecke der Staatsstraße mit rund 1450 Meter Länge (Stuttgarter Straße, Marktplatz und Hauptstraße) sollte dringend ausgebessert werden. Die Schotterdecke wird rasch abgefahren. Es bilden sich tiefe Schlaglöcher. Die Staubplage für die Anwohner wird in heißen Tagen geradezu unerträglich. Die Ausbesserung der Schlaglöcher mit Asphaltmischung bedeutet keine wirksame Abhilfe. Hinter den ausgebesserten Schlaglöchern entstehen sofort wieder neue Vertiefungen im Straßenkörper.«

Erst 1935 konnte die Straße etappenweise mit Kleinpflaster versehen werden.

hielt man den Anstieg vom Filstal zunächst »für untunlich, für unmöglich«, zumal Bayern den Anschluss über Nördlingen erstrebte, nicht über Ulm. In Geislingen meinte man, mit Dampfloks sei der Albaufstieg nicht zu bewältigen, aber eine »Eisenbahn mit Pferdekraft« würde keine überaus große Schwierigkeit bereiten.

Als die Berechnungen ergaben, dass die Linie durch das Filstal in Bau und Unterhaltung wie auch in Fahrzeit und Frequenz günstiger sein würde, erhielt die Strecke den Vorrang. Karl Etzel entwarf den Plan. Am 20. Juni 1844 erfolgte der erste Spatenstich, und im Oktober 1847 war die Bahn bis nach Süßen fertig. Den Bau leitete der aus Geislingen stammende Oberbaurat Knoll; er wurde durch den jungen Wilhelm Pressel unterstützt, der später noch mehrere berühmte Bahnen im Ausland baute. Mitte 1849 konnte der Verkehr bis Geislingen und am 29. Juni 1850 über die Geislinger Steige der bis nach Ulm beginnen. Ab 1862 war dort auch das

Die Pflasterung der Stuttgarter Straße in Ebersbach erfolgte erst im Jahr 1935. Ein Polizist schaut zu.

zweite Gleis befahrbar. Auf 5,6 Kilometer Länge wurde mit dieser Rampe ein Höhenunterschied von 112 Metern überwunden.

Natürlich wurde das in den betroffenen Orten groß gefeiert. Von den Schwierigkeiten beim Grundstückserwerb, mit den Arbeitern und bei der Bereitstellung von Kesselwasser sprach nun niemand mehr. Die Bau-Arbeiter kamen übrigens nicht nur aus dem gesamten Königreich Württemberg, sondern zum Teil von noch weiter her, sogar aus Italien.

Die Planung musste schon zwischen Gingen und Geislingen einen langen Anstieg vorsehen, um das Niveau des Geislinger Bahnhofs zu erreichen. Man schüttete deshalb in einem großen Bogen einen Damm auf, der den Reisenden abwechslungsreiche Ausblicke gewährt. Außerdem waren am Geislinger Schlossberg starke Abgrabungen nötig, um Platz für den Rangierbetrieb zu gewinnen. Im oberen Abschnitt der Steige musste man zahlreiche Sprengungen vornehmen, wobei die Beseitigung des Felsens oberhalb der Steigenmühle, den der Volksmund den »General« nannte, wohl besonders spektakulär war. Bei den Arbeiten waren zeitweise mehr als 3000 Arbeiter eingesetzt, die in Geislingen betreut werden mussten, das damals selbst nur 2345 Einwohner zählte.

Für die starke Steigung von 22,5 Promille, das heißt einen Meter Höhenunterschied auf 44 Meter Strecke, mit sehr engen Kurven – der kleinste Radius lag bei 278 Metern – reichten die normalen

Unten: Ruhbank an der Straße Göppingen–Hohenstaufen

Dampfzug-Sonderfahrt auf der Geislinger Steige

Lokomotiven nicht aus. Deshalb musste in Geislingen eine besonders starke Lokomotive angespannt werden. Hierfür baute die Maschinenfabrik Esslingen 1847 die erste Berglokomotive in Deutschland. Es mussten also alle Züge in Geislingen und in Amstetten zum Umspannen der Loks halten. Später vereinfachte man die Arbeit und ließ am Zugende eine Schiebelok ankoppeln. Die Steigung und die Kurvenradien erfordern es, die Geschwindigkeit der Züge auf 70 Kilometer pro Stunde zu begrenzen. Deshalb soll für die modernen Hochgeschwindigkeits-Züge eine neue Trasse gebaut werden. Zur Zeit fährt auf der Strecke im Durchschnitt alle fünf bis sechs Minuten ein Zug, und täglich sind es 250 Züge. Ein interessantes Modell der Steige nach dem Stand von 1925 kann man übrigens im Geislinger Museum betrachten.

Mit der Bahn kamen viele neue Berufe wie die heute kaum noch bekannten Bremser, die bei der Fahrt talabwärts in den Bremser-Häuschen saßen, wie auch neue Dienstleister in die Stadt. In Amstetten gar entwickelte sich am Bahnhof ein Dorfzentrum, in dem jetzt auch das neue Rathaus der Gemeinde steht.

Einem Schildbürgerstreich entsprach dabei die Entscheidung der Bahn, auf den geplanten Haltepunkt in Faurndau zu verzichten; die Stadt Göppingen hatte ihren Beitrag nämlich nur unter der Bedingung bewilligt, dass Faurndau keinen Halteplatz bekomme. Uhingen dagegen erhielt seine Station bereits 1848. Erst 1891 bekamen endlich auch Faurndau, Salach und Kuchen als letzte Orte ihre »Lokalzugs-Haltepunkte«.

Der Erfolg der Eisenbahn ermutigte dazu, das Netz weiter auszubauen. So wurde am 6. Dezember 1901 die Bahnlinie Süßen–Weißenstein und am 21. Oktober 1903 die Strecke Geislingen–Wiesensteig eröffnet. Am 15. Mai 1912 fuhr der erste Personenzug von Göppingen über Wäschenbeuren nach Gmünd. Im Sommer 1926 folgte als letzte die Linie Göppingen–Boll. Für alle diese Linien diskutierte man die Pläne schon Jahrzehnte zuvor. Diese Verbindungen ermöglichten den Arbeitnehmern, zwischen Wohn- und Arbeitsort zu pendeln, zumal seit der Zeit vor dem Ersten Weltkrieg Buslinien das Netz der Bahnen ergänzten. Der Versuch, Böhmenkirch in das Netz der Eisenbahnen einzubeziehen, scheiterte.

Für den Abtransport des Geislinger Erzes legte die Bahn 1934 bei Altenstadt den Verladebahnhof Staufenstollen an. Weil die Erz-Züge den allgemeinen Verkehr zu sehr behinderten, baute die Bahn

1939/40 im Tal der Eyb den Kehrbahnhof Eybtal und bei Altenstadt den Abzweigbahnhof Helfenstein mit Anschlüssen nach Geislingen-West und Geislingen-Hauptbahnhof.

Mit der Elektrifizierung der Bahn, die in den Jahren 1931 bis 1933 erfolgte, konnte die Fahrzeit auf der Steige von 26 auf etwa zwölf Minuten verkürzt werden, und es musste nicht mehr jeder Zug wegen der Schublok in Geislingen halten.

Die Erzbeförderung über den Kehrbahnhof wurde 1944 eingestellt und die Anlage 1959 abgebaut. Überhaupt begann die Bahn 1953, unrentable Strecken stillzulegen. Dieser Maßnahme fielen im Filstal nach und nach alle Zweigstrecken ganz oder teilweise zum Opfer. Zuerst hörte der Personenverkehr auf: nach Wiesensteig 1967, nach Boll 1989, dazwischen schon auf den Strecken nach Schwäbisch Gmünd und Weißenstein. Dann wurde auch der Güterverkehr eingestellt: von Deggingen nach Wiesensteig 1968 und ab Geislingen 1981 (bis auf einen Firmenanschluss), nach Schwäbisch Gmünd 1984, schließlich auch nach Bad Boll. Die Trassen dienen heute teilweise als Fuß- oder Radwanderwege, oder sie wurden (wie in Gosbach) durch neue Bebauung zu Wohnstraßen gemacht. Auch die Bahn im Lautertal verkehrt heute nicht mehr. Verschwunden ist auch das 1959 stillgelegte Betriebswerk in Geislingen, und der Güterbahnhof ist seit 1996 geschlossen. Der Bahnhof in Rechberghausen beherbergt heute ein Theater.

Andererseits bemüht sich die Bahn seit drei Jahrzehnten, durch Aus- und Neubau die Hauptverkehrsstrecken leistungsfähiger und das Reisen mit der Bahn attraktiver zu machen. Das geschah zunächst durch die Elektrifizierung. Die bedeutendste Maßnahme in diesem Programm ist der Neubau der Strecke Stuttgart–Ulm entlang der Autobahn, der das »Nadelöhr« der Steige auflösen soll. Die neue Strecke soll ab Aichelberg in dem 8,8 Kilometer langer Bosslertunnel verlaufen, dann auf zwei 90 Meter hohen Brücken das Filstal überqueren und durch den 4,8 Kilometer langen Steinbühltunnel südöstlich von Hohenstadt wieder die Autobahntrasse erreichen. Sie soll für 250 Stundenkilometer ausgebaut werden und maximal 25 Promille, auf kurzen Abschnitten, die mit Schwung durchfahren werden, sogar 35 Promille Steigung haben. Die Bevölkerung befürchtet jedoch bei Bau und Betrieb der Strecke eine zu große Lärmbelastung und stellt sich deshalb dagegen.

Große Kunstbauten waren notwendig, um den Höhenunterschied in den steilrandigen Tälern bei Wiesensteig und Drackenstein zu überwinden. Das Bild zeigt den Bau der Drachenlochbrücke bei Drackenstein 1937.

Dieses Foto von 1938 zeigt die im Jahr zuvor fertiggestellte Abfahrt der damals noch gepflasterten Autobahn beim Drachenloch am Drackensteiner Hang. Die Strecke wurde zunächst in beiden Richtungen befahren.

Die Schwierigkeit, den Albrand zu überwinden, bestand auch beim Bau der 1934 begonnenen Autobahn von Stuttgart nach Ulm. Der erste Anstieg führt zu dem über 600 Meter hohen Sattel nordwestlich Gruibingen, in den die Steige von Boll her mündet und der wegen seiner Bedeutung schon im Spanischen Erbfolgekrieg durch eine Schanze gesperrt wurde. Die größte Schwierigkeit bot hier der Opalinuston, dessen Schicht man möglichst zu umgehen versuchte oder mit kostspieligen Kunstbauten überwand. Für den zweiten Anstieg aus dem Filstal hinauf zur Albhochfläche war an den steilen Hängen kein Platz für eine vierspurige Straße. Ein anfangs geplanter Tunnel von 2200 Metern Länge erwies sich als schwierig und hätte die reizvollen Ausblicke genommen. Deshalb entschied man sich dafür, die Strecke zwischen Mühlhausen und Hohenstadt zu teilen: Der Aufstieg führt am Filstal bei Wiesensteig entlang, die Abfahrts-Strecke legte man an den Drackensteiner Hang. Die Abfahrts-Trasse wurde 1936, die Aufstiegs-Strecke 1938 begonnen.

Auf beiden mussten mehrere schwierige Brücken- und Tunnelbauwerke erstellt werden: Bei Drackenstein die Drachenlochbrücke (185 Meter) und der Nasenfels-Tunnel (41 Meter), auf der Seite der Fils die Todsburg-Brücke (371 Meter), die Malakoff-Brücke (120 Meter), die Brücke beim Steinernen Weib (26 Meterm) und der Lämmerbuckel-Tunnel (640 Meter). Die damals noch gepflasterte Abfahrtstrecke konnte 1937 eröffnet werden und diente zunächst zugleich für die Auffahrt im Gegenverkehr. Der Zweite Weltkrieg zwang dazu, den Bau von 1941 bis 1955 zu unterbrechen.

Bis zu 1200 Männer arbeiteten hier täglich für 60 bis 80 Pfennig pro Stunde. Ein Teil von ihnen war in dem eigens hierfür erstellten Barackenlager Lämmerbuckel untergebracht. Später wurden dort hauptsächlich russische Kriegsgefangene und Fremdarbeiter einquartiert, die in dem schon fertiggestellten Tunnel arbeiten mussten, in dem Daimler-Benz 1944/45 Teile für Flugmotoren produzierte. 1946 wurde aus dem Lager ein Erholungsheim, zehn Jahre später eine Ausbildungsstätte der Daimler-Benz AG.

Deutsche Soldaten sprengten die Brückenbauwerke 1945 in die Luft, die Autobahn war nicht mehr benutzbar. Erst 1957 konnten die Abfahrt wieder sowie die Auffahrt neu eröffnet werden. Inzwischen gilt auch dieser Abschnitt nicht mehr als zeitgemäß. Deshalb wird geplant, sie neu zu bauen. Ein Streit blieb nicht aus, denn den Vorschlag, lange Brücken zu errichten, lehnen die Anwohner wegen der Lärm- und Abgasbelästigung ab, wogegen die Behörden den Plan, einen Tunnels zu bauen, der Kosten wegen nicht umsetzen wollen.

Der Luftverkehr spielt im Bereich der Fils eine untergeordnete Rolle. Immerhin stellte Göppingen bereits 1931/32 die Viehweide als Flugplatz zur Verfügung, und ein Flugtag lockte im August 1932 viele Zuschauer an. Bald darauf nahm jedoch das Militär den Platz in seine Hand. Heute gibt es Landeplätze südlich von Bad Ditzenbach, nördlich von Gruibingen und bei Donzdorf auf dem Messelberg.

Das Wasser wurde als Transportweg nur wenig genutzt, nämlich lediglich zur Flößerei von Scheiterholz (Brennholz) aus dem Schurwald für die Hofhaltung in Stuttgart. Spätestens ab 1575 musste das Holz in Fronfuhren nach Ebersbach gefahren werden, wo man es zu bestimmten Zeiten in den Fluss warf. Anscheinend hörte die Flößerei in der zweiten Hälfte des 17. Jahrhunderts auf, dauerte also nicht einmal hundert Jahre.

Vergangenheit sind die Pläne, Neckar und Donau mit einem Kanal zu verbinden. Seit 1784 diskutierte man immer wieder über die Projekte. Dabei schnitt die Fils schlecht ab, denn der Anstieg auf die Alb und deren Armut an Wasser schreckten ab. Ernstlich diskutierte man den Plan jedoch, nachdem 1916 der Südwestdeutsche Kanalverein gegründet worden war. Die Städte Göppingen und Geislingen, die je ein Hafenbecken erhalten sollten, die WMF, die Baumwollspinnerei Otto in Reichenbach, Gebr. Böhringer in Göppingen und die Mineralölraffinerie Eislingen traten ihm als Mitglieder bei. Im Jahr 1920 lag der erste Plan vor, nach dem der 64 Kilometer lange Kanal 20 Hebewerke erhalten sollte. In Geislingen wären ihm etwa 50 Bauwerke zum Opfer gefallen und hätte eine 260 Meter lange Kanalbrücke die Innenstadt überquert.

Als 1921 die großen Flüsse in das Eigentum des Reiches übergingen, sah der darüber abgeschlossene Staatsvertrag des Reiches mit Hessen, Baden und Württemberg den Ausbau des Neckars und den Bau eines Kanals nach Ulm vor. Neue Pläne wurden entworfen und verworfen. Sollte man zahlreiche Hebewerke, einschließlich einer über zwei Kilometer langen schiefen Ebene östlich Holzheim, oder einen 25 Kilometer langen Tunnel durch die Alb – mit ihren geologischen Unwägbarkeiten – bauen? Neue Nahrung gewann die Diskussion im »Dritten Reich«, als der Abbau der Geislinger Dogger-Erze wieder aufgenommen wurde. Adolf Hitler versprach bei seinem Besuch in Stuttgart am 1. April 1938 persönlich, den Kanal zumindest bis Geislingen bauen zu lassen. Der letzte Plan, 1938 entworfen von Strombaudirektor a. D. Otto Konz, sah vor, bei Reichenbach und Göppingen jeweils eine schiefe Ebene von hundert beziehungsweise 107 Metern Länge zu errichten und die Alb von Bad Überkingen bis Ulm in einem langen Tunnel zu durchfahren. 1970 kam jedoch das Aus. Die Idee wurde von der Landesplanung nicht mehr übernommen, zumal längst am Main-Donau-Kanal gebaut wurde.

Schätze der Baukunst, der Kirchen und der bildenden Kunst

Wer sich im Gebiet der Fils nach bedeutenden Bauwerken und Kunstschätzen umsieht, wird überrascht sein, in wie großer Zahl er solche findet. Es gibt kaum einen Ort, der nicht eine baugeschichtlich, geschichtlich oder kunsthistorisch bemerkenswerte Sehenswürdigkeit aufzuweisen hätte: Romantisch erscheinende Burgen (Ruinen) und Schlösser, hübsche Fachwerkhäuser, eindrucksvolle Kirchen mit alten Fresken und bedeutenden Altären, aber auch bemerkenswerte Industrie- und öffentliche Bauten, dazu Brunnen, Skulpturen und selbstverständlich die interessanten Museen.

Der Burgenbau begann um 1070 bis 1100 mit Hohenstaufen, Spitzenberg, Ravenstein und Helfenstein. Alle gehörten gräflichen oder grafenähnlichen Geschlechtern. Die Hauptzeit des Burgenbaus war das 13. Jahrhundert, die Zeit des Ausbaus zu kleinen Festungen das 15./16. Jahrhundert. Die ältesten, wichtigsten Burgen gehörten dem Hochadel, die anderen dessen Ministerialen oder niederadligen Ritterfamilien. Wer die meisten Burgen sein Eigen nannte, hatte das Herrschaftsgebiet fest in der Hand.

Viele der Burgen sind längst verschwunden. Allein im Kreis Göppingen gab es, wie Hans-Martin Maurer in der Beschreibung des Kreises Göppingen berichtet, im Spätmittelalter etwa 64 Burganlagen, die meisten auf exponierten Plätzen wie Bergen, Bergspornen oder Hügeln errichtet. Für jeden sichtbar, sei es zu einem großen Teil erhalten oder nur noch als Ruine, sind aber nur wenige. Besonders eindrucksvoll sieht man das bei Donzdorf, wo gleich drei bedeutende Burgen in Sichtweite stehen: die kurz nach 1200 begonnene, in Privatbesitz befindliche Burg Ramsberg (mit Wirtschaftshof und Kapelle), die Ruine der im 13. Jahrhundert er-

Die Ruine Scharfenberg bei Donzdorf auf einer alten Ansichtskarte

Die Burg Hohenrechberg vor dem Brand im Jahr 1865

bauten, jedoch im 19. Jahrhundert teilweise abgebrochenen und teilweise verfallenen Burg Staufeneck (heute mit Kongress-Hotel) und die in der Mitte des 12. Jahrhunderts erbaute, aber seit 1569 von den Grafen von Rechberg aufgegebene Burg Scharfenberg. Wer zur Ruine Staufeneck mit ihrem fast 27 Meter hohen Bergfried findet, wird über den aus großen Buckelquadern, wie sie zur Stauferzeit üblich waren, erbauten Turm mit unten mehr als zehn Metern Durchmesser erstaunt sein. Außen ist er rund, innen achteckig, und seine Mauern sind unten über drei Meter dick.

Weit über Württemberg hinaus bekannt ist die Burg Staufen, die wahrscheinlich im 11. Jahrhundert auf dem 684 Meter hohen, relativ ebenen Zeugenberg erbaut wurde. Jedenfalls bestand sie bereits 1070, aber erst ab dem 14. Jahrhundert führte sie den Namen Hohenstaufen. Wegen der damals üblichen Reiseherrschaft diente sie den Herrschern jedoch nicht als ständiger Aufenthalt. Ein Kranz von Burgen der Reichsministerialen und von Freibauern-Höfen umgab, Vorposten gleich, die Hauptburg. Graf Eberhard der Erlauchte eroberte diese 1319; seither gehört sie – mit nur kurzer Unterbrechung – zu Württemberg. Nachdem etwa 300 Bauern unter der Führung von Jörg Bader aus Böblingen sie 1525 zerstört hatten, wurde sie nicht wieder aufgebaut. Doch die wenigen restaurierten Reste locken zahlreiche Besucher aus ganz Deutschland auf den Berg.

Im Gegensatz zu dieser Burg hatte Hohenrechberg die Fehden des Mittelalters und auch den Bauernkrieg unbeschadet überstanden, und nach dem Ausbau im 15. und 16. Jahrhundert war die Burg eine hervorragend gesicherte Anlage: Die Burggebäude umzog ein Zwinger mit einer Ringmauer und zwei starken Türmen, umgeben von einem Graben mit einer Außenmauer, die durch zehn Türme gesichert war. Ein Blitzschlag setzte die Burg am 6. Januar 1865 in Flammen, Wassermangel ver-

Ansichtskarte mit einer Luftaufnahme der Ruine Staufeneck, um 1936

Burg Staufeneck heute. Erst vor kurzem entstand zwischen Ruine und Gutshof ein moderenes Kongresshotel.

hinderte die Bekämpfung des Brandes. Seitdem gilt die Ruine als eine der schönsten der Region.

Ein historisches Kleinod ist das Wäscherschloss bei Wäschenbeuren. Um etwa 1200 erbaut, hat es die Stürme der Zeit überdauert. Die Burg war einst mit einem doppelten Graben umgeben, und die sechs Schuh (1,72 Meter) dicke Mauer um den Hof trug einen bedeckten Gang. In den Löchern, die man in der Mauer erkennen kann, steckten einst die Balken einer Decke, unter der die Ställe waren und

Das Schloss Filseck beherbergt heute Dienststellen des Landkreises Göppingen und ein Schloss-museum.

Das Donzdorfer Schloss wurde 1568 erbaut. Heute dient es der Stadt als Rathaus.

über der sich die Räume der Knechte befanden. Das Sockelgeschoss des Palas-Gebäudes stammt noch aus der staufischen Zeit. Im nahen Ort entzückt das 1588 als Amtshaus erbaute »Schlösschen« mit seiner Fassade und den beiden Türmchen.

Bei Uhingen bietet das Schloss Filseck, das auf der Höhe des linken Ufers thront, ein eindrucksvolles Bild. Vermutlich wurde die Burg um 1230 von Graf Egino von Aichelberg gebaut, wechselte aber in der Folgezeit mehrfach den Besitzer. Um 1600 ließ Burkhardt von Berlichingen das Schloss im Stil der Renaissance neu errichten. Im Jahr 1749 übernahm die Bankiersfamilie von Münch (Augsburg) die Anlage wegen zu hoher Verschuldung des damaligen Besitzers Carl Magnus Leutrum zu Ertingen. Bis 1920 bildete Filseck eine Enklave im württembergischen Gebiet. Nach einem Brand 1971 lag das Schloss ungenutzt, bis 1986 der Landkreis Göppingen die »Ruine mit Dach« erwarb und 1989 bis 1994 erneuern ließ. Heute sind in dem Gebäude Teile der Kreisverwaltung, ein Restaurant sowie ein Museum untergebracht, und es finden hier festliche Veranstaltungen statt.

In den wirtschaftlichen und politischen Krisen des 14. Jahrhunderts verloren viele Adelsfamilien und damit deren Burgen ihre Bedeutung. Soweit er überlebt hatte, verließ der Adel im 16. Jahrhundert die Höhenburgen und erbaute sich Schlösser in der Stadt. Den Anfang machten die Helfensteiner in Geislingen bereits um 1380, wo allerdings nur noch ein Flügel erhalten ist. Es folgten die Schlösser in Weißenstein und Wiesensteig, in Göppingen und Donzdorf, in Rechberghausen und Eybach.

Den Anlass für die Grafen von Helfenstein, 1551 bis 1555 in Wiesensteig ein vierflügeliges Schloss zu erbauen, bot die Zerstörung der Hiltenburg. Leider ist von dem Schlossbau nur noch ein Torso erhalten, auf dessen einstigen Rang das Wappen am Eingang hinweist. 1812 wurden nämlich drei Flügel abgetragen, weil man sie nicht mehr benötigte. Der verbliebene Teil wird heute von der Stadt genutzt. Es sind in Wiesensteig aber noch viele seit dem 16. Jahrhundert errichtete Fachwerkhäuser erhalten, die von der einstigen Bedeutung

Der Eingang zum Schloss in Göppingen ist mit Hirschen, Löwen und Drachen verziert.

Treppenschnecke im Südwest-Turm des Göppinger Schlosses. Die Unterseite der Stufen ist mit Reben, Ranken und Blättern überzogen, in denen einige Tiere versteckt sind.

der Residenz künden, darunter auch der ehemalige Fruchtkasten von 1562 (»Alter Pferdestall«) und der im 17. Jahrhundert errichtete Marktbrunnen mit dem Elefanten.

Das Schloss in Eybach ließ Graf August Christoph von Degenfeld-Schonburg 1760 bis 1768 errichten und wenige Jahre später durch den hinteren Flügel ergänzen. Es steht an der Stelle eines früheren, 1540 bis 1546 erbauten Schlosses. Den Plan fertigte der herzoglich-württembergische Oberbauinspektor Johann Adam Groß. Außen schlicht im Übergangsstil vom Rokoko zum Klassizismus gehalten, besitzt es in den schönen Innenräumen, deren Gestaltung in der Hand von Nicolas Guibal (der vom Neuen Schloss in Stuttgart bekannt ist) und Adolf Friedrich Harper lag, viele wertvolle Kunstschätze.

Am Abschluss des Lautertales erhebt sich über dem einstigen Städtchen Weißenstein das im 15. Jahrhundert errichtete und im 17. Jahrhundert in seine heutige Gestalt gebrachte Schloss mit seinen Erkern und Türmen. Einst verbanden zwei Schenkelmauern die Burg mit der Mauer der Stadt; die eine wurde 1920 abgerissen, die andere mit ihrem bedeckten Gang ist noch erhalten. Anfangs ermöglichten zwei, später vier Tore den Zugang in die Stadt; sie wurden Anfang des 19. Jahrhunderts abgebrochen. Der Graben der Stadt, der einst hinter dem Amtshaus verlief, ist längst aufgefüllt und zu Gartenland gemacht worden. Grabmale der Herren von Rechberg-Weißenstein sind in der Kirche erhalten.

In Donzdorf erbaute der kaiserliche Rat Hans von Rechberg 1568 neben dem Alten Stadtschloss aus dem 15. Jahrhundert, das übrigens durch einen Übergang mit der Kirche verbunden ist, ein neues Schloss, einen viereckigen Steinbau mit drei bis vier Geschossen, dem die vier achteckigen Erker-Türme einen auffallenden Anblick geben. Zuvor hatten die Grafen ihren Sitz auf dem Scharfenschloss. Der Schlossgarten »hat wegen seiner romantischen Lage in Gebirgen, wo die wilde Natur mit den gepflanzten Schönheiten des Gartens absticht, und seiner vielen schönen Bassins und Fontänen viele Ähnlichkeit mit dem Garten von Hellbrunn [bei Salzburg]«, schrieb ein Reisender 1789. Seit 1992 ist das Schloss Rathaus der Gemeinde und der anschließende Park ein hübsches Spaziergebiet.

Weil Herzog Christoph gerne zur Kur in Göppingen weilte, ließ er dort 1557 bis 1569 für seine Aufenthalte durch Albrecht Dretsch anstelle einer älteren Burg ein von einer Mauer und einem Graben umgebenes »Schloss und Lusthaus« erbauen. Die Steine für den Bau holte man von der Ruine des Hohenstaufen und von der Kirche in Schopflenberg, denn das war billiger, als sie neu anzufertigen. Der Hof, den die vier Flügel umschließen, ist durch ein Portal zugänglich, das zwei Hirsche, zwei schildhaltende Löwen und zwei kämpfende Drachen zieren. Von der Innenausstattung ist vor allem die Rebensteige berühmt, eine Wendeltreppe zu den fürstlichen Wohn- und Repräsentationsräumen, von der 71 Stufen auf der Unterseite in Steinmetz-Arbeit kunstvoll verziert sind. Sie wurde gestaltet von dem Göppinger Steinmetzen Hans Neu und zeigt einen Rebstock, dessen Zweige und Blätter sich verteilen; in ihnen versteckt sitzen allerlei Tiere. In späterer Zeit diente das Schloss als Witwensitz, seit 1839 als Behördensitz.

Der 1536/37 erbaute »Storchen« beherbergt heute das Göppinger Stadtmuseum.

Links: Vom Schloss in Dürnau ist außer kleinen Resten nur das Torhaus des Wirtschaftshofs erhalten. Heute ist in diesem Gebäude das Gral-Glasmuseum untergebracht.

Das ehemalige Pfarrhaus in Bad Überkingen wird jetzt als Hotel genutzt.

Zum Schloss, das heute vom Amtsgericht genutzt wird, gehörten ferner ein Marstall und ein Fruchtkasten. An die einstige Funktion des heute als Jugendarrestanstalt genutzten Marstall-Gebäudes erinnert der neben dem Schloss stehende Pferdebrunnen, den der in Göppingen geborene Bildhauer Fritz Nuss (1907-1999) gestaltete.

Innerhalb der Stadt Göppingen erbaute Hans von Liebenstein schon 1536/37 auf teilweise spätgotischen Grundmauern ein Stadtschloss, das zwar städtischen Fachwerkhäusern gleicht, sich aber durch seine Höhe heraushebt. Es diente als Witwensitz des Geschlechts. Ende des 18. Jahrhunderts gelangte es in Privatbesitz und beherbergte (nach mehrmaligem Besitzerwechsel) lange Zeit eine Gastwirtschaft. Weil in dieser 1860 der gesellige Verein »Storchiana« gegründet wurde, wird das Haus heute der »Storchen« genannt. 1938 erwarb die Stadt das Gebäude, ließ es wieder herstellen und brachte 1949 in ihm das Stadtmuseum unter.

In Dürnau stand früher ein Wasserschloss. Es gelangte 1479 in den Besitz der Familie von Zillenhart, deren Stammburg zwischen Schlat und Eschenbach stand, ging aber Anfang des 17. Jahrhunderts durch Heirat an die Herren von Degenfeld über. Seine beiden Flügel wurden, weil dem Verfall nahe, 1845 abgetragen, den Graben füllte man auf, nur das Torgebäude des Wirtschaftshofes sowie ein Stück des Grabens und ein Kellergewölbe sind noch erhalten. In dem Torhaus ist heute das Gral-Glasmuseum untergebracht. Sehenswert sind ferner das 1721 in Rechberghausen von den Grafen von Rechberg erbaute Schloss, das heute als Rathaus dient, und das überbaute Obertor, das einzige erhalten gebliebene Stadttor im Landkreis Göppingen.

In den Städten und Dörfern ziehen oft eindrucksvolle Fachwerkbauten den Blick auf sich, an denen man alte Zimmermannskunst bewundern kann. Das gilt ganz besonders für Wiesensteig und die Altstadt von Geislingen, wo allerdings sehr viel Fachwerk unter Putz verborgen ist. In Ebersbach beherbergt das 1594/95 erbaute und »Alte Post« genannte Fachwerkhaus das Stadtmuseum. Unter Denkmalschutz stehen in Süßen das 1710 errichtete Fachwerkhaus Bachstraße 44, das einst den Herren von Degenfeld gehörte, in Schlat die »Alte Post« von 1573, in Donzdorf die »Arche« (Seitzenbachstraße 1). Erwähnt seien auch der Berchtoldhof in Uhingen und das eindrucksvolle Pfarrhaus von 1493 in Heiningen. Durch ihr reizvolles Zierfachwerk fallen in Baltmannsweiler das Gasthaus Rößle und in Hohengehren ein kleines Bauernhaus von etwa 1570 nahe der Kirche auf.

Zwei der bedeutendsten Fachwerkhäuser in Göppingen sind nicht als Schlösser und auch nicht als Bürgerhäuser entstanden, sondern waren Lagerhäuser für abgeliefertes Getreide: Es sind das aus dem Jahr 1514 stammende Adelberger Kornhaus, das seit 1982 als Stadtbibliothek dient, und der »Alte Kasten«, der 1707 als Lagerhaus des Stifts Oberhofen auf dem Erdgeschoss eines Degenfeld'schen Stadthauses errichtet wurde. Im »Alten Kasten« sind das Stadtarchiv sowie die Heimatstuben des Schönhengster Heimatbundes und der Banater Schwaben untergebracht.

Der klassizistische Stil ist durch das 1790 erbaute katholische Pfarrhaus von Eybach, das Rathaus in Göppingen und das Kurhaus in Bad Boll vertreten. Das 1844 im selben Stil erbaute Pfarrhaus in Hegenlohe gehört zu den aufwändigsten des Gebietes.

Eben so prachtvolle wie in ihrer Schlichtheit bewegende Zeugnisse künstlerischen Schaffens aller Epochen findet man in den zahlreichen Kirchen, ja das Fils-Gebiet kann sich rühmen, mehrere bau- und kunstgeschichtlich besonders wertvolle Objekte aufzuweisen. Viele der Kirchen sind sowohl in ihrer Architektur als auch in ihrer Innenausstattung sehr eindrucksvoll, wenngleich spätere Eingriffe manches verändert haben. Bemerkenswert ist, dass einige Kirchen, wie zum Beispiel in Geis-

Das Portal der Stiftskirche von Faurndau gegen Ende des 19. Jahrhunderts

lingen-Waldhausen, Geislingen-Stötten und Bad Überkingen, die alte, bis ins 15. Jahrhundert hier übliche Form der schwäbischen Dorfkirche aufweisen, bei der ein wuchtiger Viereckturm am Ostende steht und im Erdgeschoss Chor und Altar enthält.

Zu den ältesten Kirchenbauten des Fils-Gebiets gehört die schlichte romanische Basilika in Boll von 1155. Ihre Kanzel ist spätgotisch, die älteste Glocke stammt aus der Zeit um 1300. Bei Ausgrabungen vor gut 50 Jahren entdeckten die Archäologen eine Gangkrypta des Gründungsbaus und eine Hallenkrypta aus der Zeit um 1100, beide also älter als der heutige Bau. Bemerkenswert ist, wie auch in Heiningen, die Einfassung der Kirche mit einer Wehrmauer, hinter die sich die Bewohner in der Not flüchten konnten. Das Chorherrenstift Boll ist bereits 1155 erwähnt; »Berta von Boll« aus dem Hause der Staufer, an welche die Bertaburg auf der Höhe erinnert, soll es ebenso wie das Stift in Faurndau gegründet haben.

Ganz besondere Beachtung verdient die schlichte Stiftskirche in Faurndau, eine dreischiffige Basilika aus der Zeit um 1200 bis 1220, die als einer der bedeutendsten spätromanischen Kirchenbauten in Südwestdeutschland gilt. Man muss den Bau – innen mit der unterschiedlichen Gestaltung der Kapitelle wie außen mit dem variantenreichen Figurenschmuck – in Ruhe auf sich wirken lassen. Die Ausgrabungen von 1956 ergaben, dass dem heutigen Bau vier ältere Bauphasen vorangegangen sind. Der Turm wurde erst 1341 bis zur Glockenstube erbaut, der Helm 1455 darauf gesetzt. Mehrmals zerstörten ihn Blitzschlag und Sturm. Die nur schwer erkennbaren Fresken im Chor, die das Marienleben und die Kreuzigung Christi schildern, stammen aus der Zeit vor und um 1300. Von den einst vier Gebäuden für die Chorherren des Stifts steht keines mehr. Zwei der Glocken mussten im Juli 1918 abgeliefert werden, kamen aber im Dezember 1918 zurück. Im Zweiten Weltkrieg wurden sie erneut geholt. Nur die Glocke von 1495 blieb beide Male verschont.

Ein Hauptbau der Gotik ist die Oberhofenkirche in Göp-

Die Oberhofenkirche in Göppingen

Die 1618 erbaute Stadtkirche in Göppingen erhielt über dem Schiff drei Fruchtböden.

Der Innenraum der Göppinger Stadtkirche erinnert mit seiner niedrigen Raumhöhe und der beherrschenden Empore an die Architektur vieler Synagogen.

pingen. Als Martinskirche gehört sie zu den ältesten im Filstal. 1983/84 durchgeführte Ausgrabungen ergaben, dass an der Stelle der Kirche wahrscheinlich schon in spätkeltischer Zeit eine Siedlung lag. Später erbauten Römer dort eine Villa rustica, der eine nachrömische Siedlung folgte. Der erste Kirchenbau, eine hölzerne Hallenkirche von 10,6 mal 6,8 Meter, entstand um 650 bis 700 nach Christus, also bevor Göppingen Stadt wurde. Später folgten der erste Steinbau, sodann im 8./9. Jahrhundert ein zweiter Neubau und um 1220 bis 1240 eine romanische Basilika. Den heutigen gotischen Bau ließ Graf Ulrich V. von Württemberg 1436 bis 1448 aufführen, und 1448 richtete er hier ein Chorherrenstift ein, das bis zur Reformation bestand. Die Pfarr-Rechte gingen 1619 an die neu erbaute Göppinger Stadtkirche über. Damit hatte das Gebäude seine wichtigste Funktion verloren. Die Truppen Napoleons nutzten das Kirchenschiff als Lazarett sowie als Heu- und Strohmagazin, den Südturm als Telegrafen-Station. Der »Oberhoven-Verein« sorgte 1853 für die Wiederherstellung der Kirche, die schon ab 1839 wieder als solche genutzt wurde.

Ebenfalls in der Gotik wurde durch die Ulmer Münster-Bauhütte die Stadtkirche in Geislingen erbaut, eine dreischiffige Pfeilerbasilika ohne Querschiff. Sie ist in Tuffstein erstellt, der in nassem Zustand leicht zu bearbeiten ist, aber keine Verzierungen zulässt. Die Kirche ist eines der frühesten Bauwerke mit der neuen Technik des »liegenden Stuhls«, bei dem die Last des Daches auf die Außenwände und nicht wie beim »stehenden Stuhl« auf die Decke oder das Gewölbe des Innen-

raums abgeleitet wird. Mit dieser Technik konnten große, hallenartige Räume ohne Stützen geschaffen werden. Berühmt sind in der Kirche das 1512 in der Werkstatt von Jörg Syrlin d. J. angefertigte doppelreihige Chorgestühl auf beiden Seiten, der in der Werkstatt von Daniel Mauch hergestellte Sebastians-Altar von 1520, die Kreuzigungsgruppe und die Kanzel aus der Spätrenaissance. Man wird auch die Ornamentmalerei an der Decke beachten sowie die 1975/76 geschaffenen Chorfenster von Hans Gottfried von Stockhausen. In die Gotik gehört übrigens auch die 1500 erbaute Ulrichskapelle des Klosters Adelberg.

Einer späteren Epoche gehört die Stadtkirche in Göppingen an. Innerhalb der Stadt gab es nur einige Kapellen, bis Heinrich Schickhardt 1618 den Auftrag erhielt, beim Schloss die Stadtkirche zu erbauen, die dann die Hauptkirche Göppingens wurde. Die Einweihung übernahm der Bruder des Baumeisters, Philipp Schickhardt.

Auf Wunsch der Bevölkerung sollte der Raum über dem Schiff als Fruchtboden dienen. Deshalb wurden, wie es der Giebel als eine Besonderheit erkennen lässt, drei Böden eingezogen. Der Turm wurde 1843/45 neu erbaut, das Innere inzwischen umgestaltet.

Die Stadtkirche in Eislingen wurde von Martin Elsässer im Jugendstil umgestaltet.

Vor allem das ehemals katholische Gebiet wird stark durch den Barock geprägt, seien die Kirchen neu erbaut oder aber umgebaut und mit Zwiebeltürmen versehen worden. Höhepunkte dieser Epoche sind einige Wallfahrtskirchen. In Hohenrechberg steht eine der bedeutendsten des Fils-Gebiets, die 1686 bis 1688 erbaute Kirche Zur schönen Maria. Sie nimmt die Stelle einer älteren Kapelle ein.

Die barocken Altäre in der Wallfahrtskirche Ave Maria bei Deggingen

Die älteste Kircheninschrift im deutschen Sprachgebiet befindet sich in der Kirche von Gingen an der Fils. Der Text besagt, dass Abt Saleman 984 das Bethaus neu erbaut und der Konstanzer Bischof Gebhardt II. es geweiht hat.

Mindestens seit 1724 wallfahrteten die Gläubigen hier zu einem Marienbild. In Birenbach entstand 1690 bis 1698 an der Stelle eines Vorgänger-Baues von 1499 die Wallfahrtskirche Zur schmerzhaften Muttergottes; sie ist mit ihrer Ausgestaltung eine der schönsten Kirchen des Bauernbarocks in Süddeutschland. Die gründliche Renovierung von 1958 bis 1961 rettete sie vor dem Verfall.

Als eine »Perle« des späten Barock gilt die Kapelle Ave Maria in Deggingen. Sie wurde 1716 bis 1718 als Nachfolgerin einer mittelalterlichen Kapelle erbaut, die östlich 200 Meter höher liegt. Ihren prunkvollen Hochaltar, der ein Gnadenbild aus dem 15. Jahrhundert umfasst, schufen die Degginger Bildhauer und Stukkateure Ulrich und Johann Jakob Schweizer (Vater und Sohn), die Fresken Josef Wannenmacher. Die Bilder der Seitenaltäre und das Verkündigungsbild, Geschenke von Rudolf von Helfenstein, stammen von dem flämische Maler Martin van Valckenborch. Auch die um 1700 erbaute katholische Pfarrkirche zum heiligen Kreuz in Deggingen besitzt – außer einem sehenswerten Hochaltar – reiche Stuck-Arbeiten von dem Degginger Johann Ulrich Schweizer und ein in Öl auf Leinwand gemaltes Deckengemälde von Josef Wannenmacher.

Aus der Epoche des Jugendstils sind die um 1910 umgebaute Kirche in Reichenbach und die 1912 erneuerte Lutherkirche in Eislingen, bei der nur der Chor und die Nordwand erhalten blieben, zu nennen. Beide gestaltete Martin Elsässer. In Rechberghausen überrascht den Besucher die Neugestaltung der Pfarrkirche durch Popart-Künstler Helmut Lutz, der in einem Spiel der Farben Altes mit Neuem verbindet. Interessant auch ist der Glasfenster-Zyklus von Sankt Hippolyt in Böhmenkirch, geschaffen 1954 von Wilhelm Geyer.

Zahlreich sind die mittelalterlichen Fresken, die in den Kirchen erhalten geblieben oder bei Restaurierungen wieder aufgefunden und zum Teil nach dem Zweiten Weltkrieg restauriert worden sind. Mitunter sind mehrere Schichten übereinander gemalt. Die Wandmalereien, deren älteste sich in Oberwälden (um 1300), Faurndau (um 1300) und in Gruibingen (frühes 14. Jahrhundert) befinden, sollten den Gläubigen, die ja damals weder schreiben noch lesen konnten, die Aussagen der Bibel vor Augen zu führen. Sie verfehlen ihren Eindruck nicht. So wird jeder, der die Kirche in Gingen betritt, überrascht sein von der großartigen Darstellung des Weltgerichts von 1524. Auch die Fresken etlicher anderer Kirchen bleiben auf den Betrachter nicht ohne Wirkung, ebenso wie die gotische Ornamentmalerei zum Beispiel in der Oberhofenkirche in Göppingen und in der Geislinger Stadtkirche wie auch die barocken Ausmalungen etwa in Deggingen und Donzdorf. Aus der Oberhofenkirche in Göppingen sind die Fresken von etwa 1450 und 1470 insofern besonders interessant, als eines die Burg Hohenstaufen noch unzerstört zeigt. In der Ulrichskapelle in Adelberg schildert die Malerei die Gründungsgeschichte des Klosters.

Bei den Wandmalereien wurde im 15. Jahrhundert oft das Motiv des Weltgerichts gewählt wie in Auendorf (1300 bis 1350) und Heiningen (1398), in Zell (1400) und Bezgenriet (etwa 1405). Häufig wurden auch das Abendmahl und die Ölbergszene dargestellt. Die 1975 in Gruibingen entdeckten

Der »Ölberg« von Süßen

Das an der Nordwand der evangelischen Ulrichskirche in Süßen befindliche Hochrelief zeigt, wie Jesus am Ölberg verhaftet werden soll. Die Figuren sind lebensgroß dargestellt. Links betet Jesus knieend vor dem Kelch der Leiden, der auf einem Felsen steht, über dem ein Engel schwebt. Hinten nähern sich, angeführt von Judas mit dem Geldbeutel in der Hand, wie deutsche Landsknechte gekleidete Soldaten, die Jesus festnehmen sollen. Einer von ihnen steigt rechts über den geflochtenen Weidenzaun. Unter dieser Darstellung sitzt links Petrus, rechts schlafen Johannes und Jakobus. Unter dem »Ölberg« ist für sich die Beweinung Christi dargestellt. Bemerkenswert sind die Abbildungen einiger Tiere: Vögel, Eidechsen, Schnecke, Schlange, Kröte.

Wandmalereien stellen unter anderem Verführungen durch den Teufel dar. Als die 1964 ausgebrannte Martinskapelle auf Burg Ramsberg bei Donzdorf wieder hergestellt wurde, kamen einzigartige Fresken zutage, die aus der Zeit um 1575 bis 1600 stammen. Mit mehr als sieben Metern nimmt die Darstellung Christi in der Kelter die ganze Nordwand ein. Berühmt sind die Wand- und Deckenmalereien in Sankt Martin in Oberwälden. Die an der Ostwand dargestellte Schutzmantel-Madonna gilt als die älteste in Württemberg. Die Markuskirche in Eislingen enthält im Turm Fresken aus dem späten 14. Jahrhundert, in denen unter anderem die Erschaffung der Gestirne dargestellt ist. Ein Fresko an einer Außenwand befindet sich in Eybach an der katholischen Kirche. Es zeigt den heiligen Christophorus.

An der Nordwand der Ulrichskirche in Süßen befindet sich die um 1515 angefertigte Ölberg-Szene.

In der Umfassungsmauer des Friedhofs von Börtlingen findet man eine Ölberg-Szene aus der Zeit um 1510.

Etliche Kirchen haben noch alte bemalte Decken. Genannt seien Sankt Gallus in Bad Überkingen mit 63 Feldern und Sankt Jakobus in Kuchen mit 72 Feldern, die 1588/89 von Gabriel Bockstorffer geschaffen und von den Geislinger Brüdern Heussenberger bemalt wurden. In Gruibingen wurden 1969 29 Holztafelbilder von 1743 gefunden. Etwas überrascht steht der Besucher in der Kirche in Gingen vor den beiden Darstellungen des Glaubensbekenntnisses in der modernen Form der »Window colour«, geschaffen von den Konfirmanden des Jahrgangs 2000/2001. Sie wurden an einer Seite des Schiffs unter den Emporen aufgehängt.

Für beachtenswerte Altäre sei stellvertretend der großartige Hochalter von 1511 in der Ulrichskapelle des Klosters Adelberg genannt. Die Skulpturen schuf Nikolaus Weckmann d. Ä. Die Kirche in Eislingen-Krummwälden besitzt einen bedeutenden oberschwäbischen Flügelalter aus der Zeit um 1510. Bemerkenswert ist ferner der Altarschrein der Wäscherhofkapelle in Wäschenbeuren aus der Zeit von 1490 bis 1500.

Außerdem gibt es andere Besonderheiten. So steht in der Stephanuskirche von Auendorf die älteste Orgel des Landkreises Göppingen. Eine andere Besonderheit bietet die Kirche in Gingen mit einer Weihe-Inschrift aus dem Jahr 984, die als die

Die vom Geislinger Architekten Immanuel Hohlbauch 1908/09 erbaute Schottschule in Salach zeigt die typischen Elemente des Jugendstils. Das Gebäude wird seit 1991 als Rathaus genutzt.

älteste kirchliche Bauinschrift in Deutschland gilt. (Der Stein stammt von einem Vorgänger-Bau der heutigen Kirche.) Demnach wurde die erste Steinkirche hier schon im Jahr 984 erbaut. Bei der 1486 errichteten Kirche von Baltmannsweiler ist das Maßwerk der Chorfenster mit teilweise ungewöhnlichen Asymmetrien bemerkenswert, in Heiningen das Netzgewölbe der 1398 erbauten Michaeliskirche.

An mehreren Orten des Fils-Gebiets stehen künstlerisch hochrangige Reliefs, die den Abend am Ölberg darstellen. In Süßen befindet sich ein solcher »Ölberg« an der Ulrichskirche. Zwei weitere stehen in Adelberg bei der Ulrichs-Kapelle und in Börtlingen in der Umfassungsmauer des Friedhofs. Sie alle stammen aus Adelberg. Um 1510 hatte Leonhard Dürr, der letzte Adelberger Abt vor der Reformation, im Kloster eine Bildhauer-Werkstatt eingerichtet, in der wohl bis zum Bauernkrieg mehrere Bildhauer verschiedener Herkunft arbeiteten. Bisher wurde angenommen, dass die »Ölberge« von Süßen und Börtlingen, die früher übrigens beide bemalt waren, wahrscheinlich aus der Werkstatt des Heilbronner Meisters Hans Seyffer stammten, doch Wolfgang Deutsch schrieb sie jüngst der im Kloster Adelberg eingerichteten Werkstatt zu.

Als der älteste der drei »Ölberge« gilt der von Börtlingen. Er wurde nicht vor 1510 von dem ersten Bildhauer der Werkstatt angertigt, der seine Ausbildung Tilman Riemenschneider verdankte. Die wohl um 1515 entstandene Gruppe von Adelberg entstammt ebenfalls noch der Werkstatt des ersten Bildhauers, doch überließ dieser die Ausführung einem neu hinzugetretenen zweiten Künstler. Dieser kam wohl aus der Werkstatt des Mainzer Bildhauers Hans Backofen. Wohl 1515 entstand unter der Hand des zweiten Meisters die Süßener Gruppe. Man versuche einmal, die in ihr versteckten Tiere zu finden. Der »Ölberg« an der Nordseite der Kirche in Wäschenbeuren ist einfacher gehalten und entstammt einer anderen Zeit.

Den Beziehungen des Grafen Max Emanuel von Rechberg und Rothenlöwen ist es zu verdanken, dass sich heute in der Friedhofskapelle Sankt Maria in Nenningen eines der bedeutendsten Werke der deutschen Plastik findet: die Pietà von Ignaz Günther aus dem Jahr 1774. Es ist das letzte Werk dieses Künstlers und ergreift durch seine Ausdruckskraft. »Künstlerisch hervorragend« und »technisch vollendet« nennen sie die Kunsthistoriker. Eine weitere schöne Pietà, gefertigt um 1380, steht in Nenningen in der katholischen Pfarrkirche. Auch die Kapelle Ave Maria in Deggingen sowie die Kirchen in Börtlingen und Reichenbach im Täle besitzen eine solche Plastik, und die in Eybach war seit dem Mittelalter Ziel von Wallfahrten. Aus Daniel Mauchs Werkstatt stammt die Darstellung des Marientods in Rechberghausen von 1525/29.

Große Epitaphien (Grabdenkmale) sind in etlichen Kirchen erhalten. Einige der Rechberger kann man in Donzdorf in der Kirche Sankt Martin betrachten, die sich zudem durch ihre Deckenmalerei und das Rokoko-Gestühl auszeichnet. Weitere sind in Salach erhalten. In Sankt Cyriakus und Sankt Kilian in Dürnau befinden sich mehrere lebensgroße Platten der Herren von Zillenhart und der Familie von Degenfeld. An einen von ihnen, Christoph Martin von Degenfeld († 1653), Feldherr im Türkenkrieg, erinnert der auf den Turm gesetzte Halbmond. In Unterdrackenstein stößt man auf sechs Platten für die Herren von Westerheim. Sehenswert ist auch die um 1600 entstandene lebensgroße Darstellung einer Anbetung Christi in einem kleinen Bau auf dem Friedhof in Dürnau: Ein Ritter mit Schwert und eine Frau mit großem Halskragen knien vor dem Gekreuzigten. Besonders interessant ist das bunte Epitaph in der Oberhofenkirche, das den 1449 im Schwäbischen Städtekrieg gefallenen württembergischen Rittern gewidmet ist.

Außerhalb des Klosters Adelberg mag man sich über einen Turm wundern, der als »Schießhaus« bekannt ist. Er ist ein Teil der einstigen Wasserver-

Die ehemalige Schuhfabrik in der Salamanderstraße in Faurndau wird heute von der Telekom genutzt, die hinter dem Jugendstilbau (im Bild hinten) moderne, glasreiche Gebäude erstellte.

Während die Bankgebäude der 1960er-Jahre häufig – weniger schön – in Sichtbeton errichtet wurden, zeigen die neueren viel Glas. Hier die Volksbank von Göppingen.

sorgungs-Anlage des Klosters. Leider sind weitere Teile der Anlage nicht erhalten.

Hübsche Bauten aus der Zeit des Jugendstils sind die Alte Post von Eislingen (um 1900, heute Ausstellungs-Gebäude), die Schottschule in Salach (1908/09, heute Rathaus) und das von dem Göppinger Architekten Cziossek erbaute Verwaltungsgebäude der Firma Schuler in Göppingen (1914). Derselben Epoche gehören die 1911 in Stahlbeton-Skelettbauweise erstellte ehemalige Schuhfabrik Salamander in Faurndau und das Rathaus in Geislingen an. Heute wird der Salamanderbau, in dem Anfang 1974 noch 1070 Menschen täglich sieben- bis achttausend Paar Schuhe herstellten, zusammen mit modernen glasreichen Gebäuden von der Telekom genutzt. Der Wandel von der Industrie- zur Dienstleistungs-Gesellschaft wird hier geradezu augenfällig. In Rechberghausen ist das Gasthaus »Roter Ochsen« mit seinem im Jugendstil bemalten Tonnengewölbe sehenswert.

Modernes Bauen mit glasreichen Betonburgen wurde eine Zeit lang vor allem von Banken gepflegt. Man denke an Donzdorf mit der Kreissparkasse von 1972/73 und der Volksbank von 1973/75. Gelungen wirken dagegen der Rundbau der Volksbankzentrale und das Hochhaus der Kreissparkasse in Göppingen.

Große Anerkennung finden die Kunstbauten der Verkehrswege wie die Brücken der Autobahn. Dagegen sind die Betonkonstruktionen an der Bundesstraße 10 zweckmäßig, aber nicht jedermanns Geschmack. Die jüngsten, wegen ihrer Höhe weithin sichtbaren Zweckbauten stehen auf der Albhochfläche: die Windräder, die elektrischen Strom erzeugen, und die Sendetürme (Umsetzer) für Fernseh-, Polizei- und Bahnfunk. Sie sind hier zu Landmarken geworden, im ganzen Gebiet der Fils außerdem die Wassertürme, die meist im 20. Jahrhundert entstanden sind und für ausreichenden Druck in den Wasserleitungen sorgen sollen.

Die Bronzefiguren in Bad Ditzenbach erinnern an die einst bedeutsame Ziegenhaltung im »Goißetäle«.

Der Jahrhundertbrunnen vor dem Rathaus in Süßen erinnert mit seinen Bildern an besondere Ereignisse der Ortsgeschichte.

Viele namhafte Künstler hatten im Filstal ihre Heimat oder schufen hier bedeutende Werke. Von den Baumeistern seien genannt: Heinrich Schickhardt (1558–1635), der mehrere bedeutende Bauwerke wie die Stadtkirche in Göppingen errichtete oder erneuerte, Gottlob Georg Barth (1777–1848), der das Kurhaus in Bad Boll erbaute, und Martin Elsässer (1884–1957), der Architekt der Jugendstil-Kirchen. Die Kirchenfenster von Sankt Veit in Ebersbach fertigte 1956 Rudolf Yelin (1902 bis 1991), weithin wegen seiner Glaskunst bekannt. Die hübschen drei bunten Fenster in Eybach schuf 1939 Wilhelm Geyer. Hervorragende zeitgenössische Darstellungen aus dem Filstal verdanken wir dem aus Ebersbach stammenden Zeichner und Lithographen Johann Woelffle (1807–1893), der nach Tätigkeiten in Stuttgart und München seinen Lebensabend in Faurndau verbrachte, sowie dem in Ebersbach-Bünzwangen geborenen Maler Jakob Grünenwald (1821–1896). Sogar HAP Grieshaber (1909–1981) ist hier, nämlich in Eybach, vertreten, wo er in der katholischen Kirche in Form von Tafeln 14 Kreuzwegstationen darstellte. Als Petrefakten-(Fossilien-)Sammler ist der aus Eschenstamm gebürtige Pfarrer Theodor Engel (1842-1933), der ab 1885 in Eislingen wirkte, jedem Naturfreund bekannt. Nach ihm ist das Naturkunde-Museum in Jebenhausen benannt. Vom Dichter Schubart wird bei Geislingen noch die Rede sein.

Wenn man von der Kunst im Filstal spricht, darf man die 1919 von Ernst Strassacker in Süßen gegründete Kunstgießerei nicht übergehen. Dort nämlich werden seit 1958 in aufwändiger Handarbeit die mit 18-karätigem Gold bemäntelten Figuren des »Bambi«, des berühmtesten deutschen Filmpreises, hergestellt. Auch so manche Plastik oder Brunnenfigur stammt aus dieser größten Bronzegießerei Deutschlands mit ihren über 500 Mitarbeitern.

Bei den öffentlichen Brunnen hat sich in den letzten Jahrzehnten ein Stil durchgesetzt, in dem lebendig gestaltete Personen und Tiere Szenen des Alltags darstellen. Ob es am Viehmarkt in Ebersbach oder an der Pfarrstraße in Gingen ist, man kann oft beim Betrachten ein Schmunzeln nicht verbergen. Vergnüglich anzuschauen sind auch die beiden bronzenen Geißengruppen im »Goißetäle« in Bad Ditzenbach und Deggingen. Durch seine interessante Gestaltung fällt der 1981 aufgestellte Brunnen am Markt in Süßen auf. In fünfzehn Darstellungen zeigt er bedeutende Begebenheiten aus der Geschichte der Stadt. Geschaffen von Emil Jo Homolka, fertigte ihn die Kunstgießerei Strassacker an.

Von Festen und Bräuchen

Höhepunkte im Veranstaltungsprogramm sind alljährlich die großen Kinderfeste. Aus dem Tal der Fils sind zwei weit über den Landkreis Göppingen hinaus bekannt: das von Geislingen und das von Göppingen.

Das Kinderfest in Geislingen ist wahrscheinlich das älteste, denn es wurde bereits 1428 anlässlich der Einweihung der Stadtkirche begangen. Wie Helmut Schmolz zeigen konnte, ist es früher in Anlehnung an ein Ulmer Fest, das dort auf dem Michelsberg gefeiert wurde, als »Schulberg« bezeichnet worden, aber auch als »Kinderkirbe« und »Tanz der Schuljugend« bekannt. Heute wird das Fest stets am Montag nach Jakobi (25. Juli) im Anschluss an das Stadtfest begangen. Schulkinder mit Trommeln und Spielmannszüge der Bürger wecken die Einwohner am Morgen. Am Vormittag ziehen die Kinder verkleidet durch die Stadt, am Nachmittag veranstalten sie Spiele, Tänze und Geschicklichkeits-Übungen. Mit Wurst und Wecken werden sie für ihren Auftritt belohnt.

Das Göppinger Fest ist seit 1648 Brauch. Nachdem der Dreißigjährige Krieg zu Ende gegangen war und 1650 die letzten Franzosen das Land verlassen hatten, fand überall im Land ein »Dank- und Lobfest« statt. So zogen die Göppinger am 11. August 1650 zum Dankgottesdienst zur Oberhofenkirche. Etwa 300 Kinder waren festlich gekleidet, mit weißem Hemd, Kränzen auf dem Kopf und Zweigen in den Händen. Nach dem Gottesdienst erhielt jedes Kind ein sternförmiges Brot geschenkt, und man sang »Te deum laudamus« (Dich Gott loben wir). Fortan wurde das Fest als Maientag gefeiert, der noch heute auch in manchen anderen Städten an einem Wochenende im Mai oder Juni als Kinderfest begangen wird. In Göppingen ist es ein großer Feiertag. Rund 20 000 Zuschauer säumen dann die Straßen, um den Festzug zu bewun-

Der Maientag ist in Göppingen das wichtigste Fest des Jahres.

dern, im den 5000 Akteure Episoden aus der Göppinger Geschichte darstellen.

Am Vorabend des Maientages wird das Fest in Göppingen mit dem Ansingen eingeleitet. Das Glockenläuten um sieben Uhr und Posaunenklänge vom Rathaus stimmen auf den Tag ein. Nach einem Gottesdienst und einem Platzkonzert eröffnet der Oberbürgermeister das Programm. Danach setzt sich der Umzug in Bewegung. Kinderspiel und Unterhaltung füllen den Nachmittag und den folgenden Tag aus. Mit einem Feuerwerk am Montagabend endet das traditionelle Fest.

Ebenfalls auf das Ende des Dreißigjährigen Krieges geht der alljährlich am dritten Sonntag im Oktober in Eybach gefeierte Hut-Tanz zurück. Für den Ablauf ist der Präsident der nur aus Ledigen bestehenden Huttanz-Gesellschaft verantwortlich. Als Tänzer treten Kinder in Paaren auf, die anschließend mit Brezeln und kleinen Geschenken bedacht werden. Als katholisches Fest feiert man in Rechberghausen und Donzdorf alljährlich am 11. November den Martins-Ritt, bei dem der heilige Martin seinen Mantel mit einem Bettler teilt. Dabei erhalten die Kinder jeweils ein kleines Geschenk, das sie mit einem anderen teilen müssen.

Der in Süßen aufgeführte Hahnentanz ist eine alte bäuerliche Volksbelustigung, die 1980 neu belebt wurde. Ein Bursche muss ein Mädel im Tanz so hoch heben, dass es mit Stirn oder Scheitel den Kopf eines Hahns berührt, der an einem Baum hängt. Dabei darf es aus einem Glas, das auf der Hahn-Figur steht, kein Wasser verschütten.

In Treffelhausen begeht man am 15. Juni das Veitsfest. Der heilige Veit ist hier seit dem 13. Jahrhundert der Kirchenpatron und erfuhr nach 1590 besondere Verehrung, als zur Bitte für kranke Menschen jedes Jahr der Tanz gefeiert wurde. Das Fest beginnt mit einem Gottesdienst. Danach zieht eine Prozession mit der Statue des Patrons zum Wetterkreuz an der Straße nach Schnittlingen. Das Fest endet (ohne Tanz) mit einem gemütlichen Beisammensein.

Weit verbreitet war früher die Lichtkarz, auch Licht- oder Kunkelstube genannt. Hier trafen sich im Winter Mädchen im Alter von 14 bis etwa 22 Jahren zum Spinnen, zum Garnwickeln und zu Handarbeiten. In Türkheim kamen dabei jeweils zwei bis drei Jahrgänge zusammen, in Gingen waren es etwa zehn Gruppen mit je zehn Mädchen. Man sparte dabei eine eigene Kerze und konnte zudem Volkslieder singen, Geschichten lauschen oder einfach plaudern. Zuvor mussten allerdings die gastgebende Witwe oder der Hausherr im November beim Kirchenkonvent die Genehmigung einholen, und wer teilnahm, musste einen kleinen Beitrag bezahlen. Die Jungen blieben unter sich, spielten Spiele oder machten Musik. Allenfalls zum Schluss oder an besonderen Tagen traf man sich. Ab und zu wurde durchaus kontrolliert, ob Ruhe und Ordnung auch eingehalten wurden, und schon 1502 wurden in Gingen Strafen angedroht. Der Brauch der Lichtkarz hörte zum Anfang des 20. Jahrhunderts auf.

Die Tracht des Oberamts Göppingen. Kolorierte Aquatinta-Radierung

Etwas Besonderes waren die seit dem Mittelalter üblichen Wallfahrten nach Eybach zur Schmerzhaften Mutter Gottes. Ziel der Pilger war die wertvolle Pietà aus der ersten Hälfte des 14. Jahrhunderts, die zu den Kostbarkeiten der Eybacher Kirche zählt. Vermutlich wurden der Neubau der Kirche im 15. Jahrhundert und der Anbau der Marienkapelle der Wallfahrten wegen aufgeführt. Einen Höhepunkt erreichten die Fahrten 1628, als 2000 Pilger mit 34 Fahnen nach Eybach strömten. 1804 wallfahrteten die Gläubigen zum letzten Mal an diesen Ort.

Von den Wallfahrtskirchen sind vor allem jene von Hohenrechberg und Birenbach berühmt sowie die Kirche zur Ave Maria in Deggingen, wohin jährlich etwa 250 000 Gläubige pilgern. Auf sie

wurde bereits im Kapitel über Kunst eingegangen. In Drackenstein zieht die Mariengrotte, die 1886 nach dem Vorbild von Lourdes im »Totenloch« geschaffen wurde, zahlreiche Gläubige an. In Wäschenbeuren wurde 1892 ebenfalls eine Lourdes-Grotte eingerichtet, auch in Treffelhausen befindet sich eine solche. Dort war die Vituskirche früher eine beliebte Wallfahrtsstätte. Weitere Wallfahrtskirchen, nämlich Maria Dotzburg zwischen Wiesensteig und Mühlhausen, die Kirche auf dem Lotenberg bei Gammelshausen sowie Sankt Bernhardus nördlich von Degenfeld, wurden um 1800 oder bald danach aufgegeben und abgetragen.

Ein besonderes Erlebnis dürfte einst der Pfingstmontag in Böhmenkirch geboten haben, wenn vier- bis fünfhundert Reiter zur Kolomannskapelle kamen und sie dreimal umritten. Aus sieben bis zehn Gemeinden zogen die Wallfahrer mit ihren Fahnen zu Predigt und Hochamt. Dabei wurde das Haupt des Heiligen vor der Kapelle aufgestellt auf einem Tisch, an dem dann geopfert wurde. Weil mit dem Fest ein Krämermarkt verbunden war, entwickelte sich die Wallfahrt zu einem Volksfest und wurde deshalb 1790 aufgehoben. Die Kapelle brach man

Seit gut einem Jahrzehnt wird der Brunnen in Bad Überkingen zum Osterfest bunt geschmückt.

Fastnacht im Lautertal: tolles Treiben in Donzdorf

wenige Jahre später ab, der Jahrmarkt findet seitdem in Böhmenkirch statt.

Daneben versteht man es im Filstal selbstverständlich, die üblichen Feste gebührend zu feiern und alte Bräuche zu pflegen. Dazu gehören insbesondere – nicht nur in den katholischen Orten – die närrischen Tage, besonders in Wiesensteig, wo die Narren das Rathaus stürmen und der (helfensteinische) Elefant die Prunksitzungen organisiert. Auch Donzdorf ist wegen seiner Prunksitzungen und des großen Fasnetsumzugs weithin bekannt. Erst vor wenigen Jahren gründeten 14 Auendorfer die »Hommelhenker«, zu deren Häs (Kleidung) ein Ochsenkopf gehört. Damit wird an die Geschichte vom Ochsen angeknüpft, den die Gansloser (Auendorfer) Schildbürger am Kirchturm hochzogen, damit er das dort wachsende Gras abgrase, der aber vom Seil erwürgt war, als er oben ankam. Überall im Fils-Gebiet enstanden so in den letzten Jahren neue schwäbisch-alemannische Narrenzünfte.

Der Brauch der Sternsinger Anfang Januar hat inzwischen sogar in evangelischen Gebieten Fuß gefasst. Fast selbstverständlich ist es, im Ortszentrum einen Maibaum aufzustellen und sich im Sommer zu einem Stadtfest, zum Brunnen- oder Museumsfest oder zu einer Hock zu treffen. Außerdem locken verschiedene Festspiele: in Geislingen das Helfenstein-Festival, in Göppingen die Oldie Nights und die internationalen Theatertage, auf Schloss Filseck Musiktage, in Adelberg das Backhausfest und im Kloster Adelberg im Juni/Juli die Aufführungen im Freilichttheater sowie im September das Klosterfest. Und wenn Ende Mai in Gosbach über 2000 Teilnehmer ab dem Kindergarten-Alter auf ihren Inlineskatern zum 20 Kilometer langen »Filstal-Skating« starten (bei dem sogar die Polizisten auf Rollschuhen mitfahren), dann wird die Bundesstraße 466 bis Geislingen für Fahrzeuge gesperrt.

Ab Palmsonntag kann man drei Wochen lang den aus 4000 handbemalten Eiern bestehenden Oster-Schmuck des Brunnens vor dem Bad-Hotel in Bad Überkingen bewundern, den eine Frauengruppe seit gut einem Jahrzehnt alljährlich aufstellt. Auch in einzelnen anderen Orten pflegt man jetzt diesen erst jüngst aus Franken übernommenen Brauch, den Brunnen zu Ostern festlich zu schmücken, um für die Quellen des Lebens – Ei und Wasser – zu danken. In Hohenstadt begeht man den Fuhrmannstag, an dem im Wettkampf mit Pferden gepflügt, gefahren und Holz gerückt wird. In Breech wird gleichfalls um die Wette gepflügt. In Eschenbach gedenkt man mit dem alljährlichen Krautfest des früher bedeutenden Kohl-Anbaus. In Deggingen hat das in besonderer Weise begangene Erntedankfest eine große Anziehungskraft.

Man soll eben die Feste feiern, wie sie fallen!

Die Pietà in der Kirche Sankt Maria in Eybach in festlichem Blumenschmuck im Mai 2003. Die aus der Mitte des 14. Jahrhunderts stammende Plastik war früher farbig bemalt. Offenbar wurde sie bei der Beseitigung der Bemalung »modernisiert«.

Wettpflügen in Breech

Das Täle – Von Wiesensteig bis Bad Überkingen

In Deggingen erinnern Bronzefiguren in der Hauptstraße vor dem »Alte Post« genannten Fachwerkbau an die frühere Ziegenhaltung im Täle.

Der landschaftlich reizvollste Abschnitt des Filstales ist das Tal vom Ursprung des Flusses bis nach Bad Überkingen. Die windungsreiche Enge mit den steilen Wänden oben und steilen Hängen unten bietet immer wieder hübsche Blicke. Hier fließt die Fils wirklich *in* der Alb, und die steilen Hänge werfen wegen ihrer Höhe von 200 Metern und mehr lange Schatten. Für die Siedlungen blieb nur wenig Raum, folglich war die Armut verbreitet, und mit ihr waren es die Ziegen (Geißen). Der Volksmund sprach deshalb vom »Goißetäle«. Um 1840 lebten hier noch um die 600 Ziegen (von 986 im ganzen Oberamt Geislingen!), davon allein in Wiesensteig 180. Hirten trieben die Tiere die mageren Hänge hinauf oder in den Wald. Doch schon vor 50 Jahren gab es sie kaum noch, die Geißen.

Die Enge des Tales zwang viele Bewohner, ihren Lebensunterhalt außerhalb der Landwirtschaft zu suchen. Hier wurde nämlich der Besitz geschlossen vererbt (Hausen, Bad Überkingen) oder großenteils dem Haupterben übergeben (Deggingen, Bad Ditzenbach), so dass die weiteren Kinder ein anderes Auskommen suchen mussten. Sie fanden es auf mehreren Wegen: Zum einen aufgrund der Bäder und der reizvollen Landschaft im Fremdenverkehr – der früher gewiss nicht die Bedeutung besaß wie heute –, zum anderen durch Wanderarbeit und drittens durch die Herstellung spezieller Güter und deren Vertrieb im Hausierhandel. So lebte hier im Täle eine umtriebige Bevölkerung.

Wanderarbeit: Das hieß, in jedem Sommer zogen zahlreiche Männer ab dem 14. Lebensjahr durch Südwestdeutschland, sogar bis in die Schweiz und nach Ostfrankreich, um dort als Gipser und Maurer zu arbeiten. Um 1800 verließen allein aus Deggingen 165 Gipsermeister, aus Ditzenbach 48, aus Reichenbach 48 und aus Gosbach 41 im Sommer die Heimat, wie übrigens auch viele aus Böhmenkirch und Hohenstadt. Die männliche Bevölkerung Deggingens soll um 1840 zu zwei Dritteln aus Maurern und Gipsern bestanden haben. Noch am Anfang des 20. Jahrhunderts zogen sie allsommerlich hinaus. Bekannt geworden ist vor allem die Gipserfamilie Schweizer, die hier ebenso wie in anderen Orten sehenswerte Stuck-Arbeiten ausgeführt hat.

Von den Ziegen im Täle

»Die himmelanstrebenden Berge fallen meist so steil und schroff ab, dass es jedem anderen zahmen Thiere, die gemsenartige Gais allein ausgenommen, unmöglich wäre, ohne den Hals zu brechen, zwischen diesen Felsabstürzen zu weiden, und deßwegen halten sich die Bewohner des oberen Filsthals ganze Heerden solcher Springinsfelde, welche mit Leichtigkeit von Stein zu Stein über die tiefsten Klüfte hinweghüpfend die saftige Bergflora von den schwierigsten Höhen herabholen.«

Drachenflieger im oberen Filstal bei Bad Überkingen

Außerdem verkauften die Leute vom Täle im Sommer die Produkte der winterlichen Heimarbeit. Denn im Winter stellten um 1840 allein in Deggingen etwa 200 Personen jährlich um die 300 000 Spindeln und andere Drechslerstücke her. Auch in den Nachbarorten wurde produziert: Ditzenbach lieferte 1835 etwa 120 000, Gosbach 100 000 Spindeln. So wurde das »Geißental« zum »Spindeltal«. Außerdem fertigte man Schröpfköpfe (zum Absaugen von Blut). Noch um 1835 lieferten neun Degginger Meister und zwei Gesellen etwa 2000 Stück im Jahr. In Mühlhausen arbeitete ferner ein »Aderlassschnäpperfabrikant«. Man vertrieb diese Erzeugnisse im Hausierhandel bis nach Frankreich und Russland. Außerdem handelten die Wiesensteiger – das lag durchaus nahe – mit Blutegeln (zum Schröpfen), die sie in besonderen Wagen aus Ungarn holten. Wiesensteig, Unterböhringen und Gruibingen waren bekannt wegen ihrer Peitschenstecken, und in Reichenbach im Täle wurden jährlich rund 5000 Körbe geflochten und unzählige Bürsten produziert.

Der Hausierhandel bildete damals einen wesentlichen Teil der Versorgung mit solchen Waren, deren Herstellung oder Behandlung besondere Kenntnisse erforderte, und er war weiter verbreitet, als wir heute gemeinhin vermuten. Nach der Allgemeinen Gewerbe-Ordnung von 1828 durfte das Patent für ihn »nur an Leute von gutem Prädikate« vergeben werden. In der Oberamtsbeschreibung meinten die Verfasser 1842 allerdings, die Wanderschaft sei der Ordnung und Sittlichkeit nicht zuträglich, da sie den Luxus fördere, und das zeige sich in der »Kleiderpracht beim weiblichen Geschlecht«.

Im Geißentäle lief dieser Handel bereits um 1835 zugunsten der Lieferung an den freien Handel allmählich aus. Dass außerdem Leinen gesponnen und mit Garn gehandelt wurde, ist in diesem Raum nicht ungewöhnlich. Um 1835 waren in Deggingen noch etwa 500 Personen mit dem Spinnen von Flachs beschäftigt. Dabei arbeiteten die Weber vor allem für Laichinger Unternehmen.

Die Industrialisierung erfasste das obere Filstal nicht im selben Maße wie die Abschnitte weiter abwärts, zumal das »Bähnle« nach Wiesensteig erst spät (1903) gebaut wurde. Gleichwohl ist die Branchenstruktur mit Textil-, Bekleidungs- und Papierfabriken, aber auch mit Textilmaschinen- und Werkzeugfabriken ähnlich, doch sind die Betriebe hier kleiner, und der Anteil der Frauen an den Beschäftigten ist höher. Deggingen und Wiesensteig

großenteils katholisch ist; denn Graf Ulrich von Helfenstein kehrte 1567 zur katholischen Kirche zurück. Infolgedessen lebten in Deggingen, Ditzenbach, Gosbach, Mühlhausen und Reichenbach um 1850 unter insgesamt 4308 Einwohnern nur 36 Protestanten. Das hat sich bis heute ganz erheblich verschoben. Gleichwohl trifft man vielenorts auf Feldkreuze und auf Prozessionswege mit ihren Kreuzweg-Stationen wie am Steilhang nördlich von Wiesensteig und bei Gosbach auf dem Weg zur Kreuz-Kapelle.

Am Beginn des Tales liegt die kleine Stadt Wiesensteig mit rund 2300 Einwohnern. Ihre Entwicklung begann mit dem Benediktiner-Kloster, das 861 auf dem Malakoff-Berg gegründet wurde. Damals bestand bereits die Weitermühle, die heutige Papierfabrik oberhalb der Stadt. Große Bedeutung erlangte das Kloster nicht. 1230 als Chorherrenstift genannt, wurde es 1806 von Bayern aufgehoben. Das 1587

Die Architektur dieser Anlage in Gosbach weist auf eine Textilfabrik hin. Der Bau wurde 1908 für die Spinnerei und Zwirnerei Becker errichtet, nach deren Schließung 1966 ihn die Firma Recticel übernahm, die hier Schaumstoffe für die Matratzen- und Polstermöbel-Industrie herstellt.

sind die wichtigsten Standorte. Zahlreiche Bewohner aus dem »Täle« fanden ab dem ausgehenden 19. Jahrhundert in den nahe gelegenen größeren Industrie-Standorten einen Arbeitsplatz, weshalb das »Bähnle« vor allem den Pendlern diente.

Die Herrschaftsgeschichte dieses Gebietes bedingte, dass die Bevölkerung im oberen »Täle«

Die junge Fils oberhalb von Wiesensteig

Obwohl Wiesensteig nur eine kleine Stadt war, hat sie doch etwas von dem Charakter einer Residenz bewahrt. Hinter den Fachwerkhäusern ragen die Türme der Stiftskirche empor.

von Geislingen hierher verlegte Franziskanerinnen-Kloster wurde 1808 geschlossen. Die ehemalige Stiftskirche ist heute die wegen ihrer barocken Ausstattung sehenswerte Pfarrkirche der Stadt. Die sich an das Stift anlehnende Siedlung wurde erstmals im 12. Jahrhundert genannt. Seinen wohl schwersten Tag erlebte das Städtlein am Markustag 1648: Schwedische Soldaten brannten 124 Häuser nieder, nur neun Häuser und das Schloss blieben verschont. Noch 1720 lag ein großer Teil der Stadtfläche unbebaut, und die Kirche war erst 1785 wieder vollständig restauriert. 1945 zerstörten amerikanische Tiefflieger erneut einen Teil der Stadt.

Hier in Wiesensteig, wo schon 1434 ein Schloss erwähnt wurde, ließen die Grafen von Helfenstein unmittelbar neben dem Unteren Schloss ein neues erbauen. Der Hintergrund dafür war die Zerstörung der Hiltenburg 1516. Dieses neue Schloss und die 1610 schräg gegenüber errichtete Gerichtsschreiberei, das Hospital, der Fruchtkasten beziehungsweise Pferdestall und die Stiftspropstei (Forstamt) gaben der kleinen Stadt den Charakter einer kleinen Residenz. Neben dem Schloss lag ein großer Garten, in dem erstmals in unserem Raum Kartoffeln angepflanzt worden sein sollen. Ein daneben gelegener Weiher lieferte die Fische für die Fastenzeit.

So wie von Wiesensteig heute der Albaufstieg der Autobahn mit dem »Steinernen Weib« und dem Malakoff-Viadukt bekannt ist, so kennt jeder Autofahrer auch die Autobahn-Abfahrt bei Drackenstein, das früher Drachenstein hieß. Mit 435 Einwohnern am 30. September 2002 ist Drackenstein die kleinste Gemeinde des Kreises Göppingen. Der Ortsteil Unterdrackenstein erhält wegen seiner Lage am Südende eines engen Tals den wenigsten Sonnenschein des Fils-Gebiets.

Hoch über Bad Ditzenbach sieht man auf einem Ausliegerberg die Ruine der Hiltenburg liegen. Seit der Teilung der Herrschaft Helfenstein 1356 nutzten die Grafen der älteren Linie diese Burg als bevorzugten Sitz und ließen in ihr 1363 eine Kapelle weihen. Die Burg bestand aus zwei Teilen, die durch einen Graben getrennt waren. Als Herzog Ulrich von Württemberg 1516 durch das Tal zog, schoss die Wache der Burg mit einer Kanone ins Tal und traf ein Wirtshaus in Gosbach, in dem gerade Mannen des Herzogs zechten. Weil Graf Ulrich XVI. von Helfenstein den von Herzog Ulrich erhobenen Forderungen, ihm ständig Einlass zu gewähren, nicht entsprach, ließ der Herzog die Burg zerstören. Die Helfensteiner wählten nun Wiesensteig als ihren Sitz, denn die Zeit der Höhenburgen war vorbei und eine Wiederherstellung deshalb nicht sinnvoll. Die Steine der Burg holte man um 1700 zum Bau der Kirche in Deggingen. Deshalb ist auf dem »Schlossberg« leider nicht mehr viel erhalten.

Fährt man von Bad Ditzenbach durch das Harttal nordwärts, so gelangt man zum Ortsteil Auendorf, der als eigenständiges Dorf bis 1849 Ganslosen hieß. Es ist das schwäbische Schilda. Von nur wenigen Orten gibt es so viele sagenhafte Geschichten wie von hier, und die hiesigen gleichen denen des berühmten Schilda oder stimmen sogar mit ihnen überein. Allerdings sind viele längst in Vergessenheit geraten.

Die Einwohner von Auendorf hatten sich früher darauf spezialisiert, aus Eschenholz Geißelstecken (Peitschen) anzufertigen – es ist von »mehreren tausend Dutzend« die Rede. Diese wurden über die Messen in Frankfurt, Leipzig und Braunschweig verkauft. 1739 sollen etwa 40 Personen mit der Herstellung der Stecken beschäftigt gewesen sein. Weil aber der Wald darunter litt, beschränkte der Obervogt von Göppingen die Anfertigung auf acht Personen. In der Mitte des 19. Jahrhunderts hörte dieses Gewerbe auf. Um diese Zeit begannen Frau Anna Schneider und nach ihr weitere Frauen,

Hägenmark-Produktion in Auendorf

Wacholdergsülz und später Hägengsülz und -mark herzustellen. Die Produkte fanden einen solchen Absatz, dass die Frauen sogar Beeren aus Italien und vom Balkan hinzukaufen mussten. Aber auch heute noch ist der Ort eine gute Adresse für solche Hagebutten-Produkte. Die Auendorfer fertigten in der Mitte des 19. Jahrhunderts außerdem Häkelwaren an sowie Stoffschuhe, die früher als Hausschuhe üblich waren.

Bad Überkingen ist unter den Gastronomen gut bekannt durch die Fachschule für das Hotel- und Gaststätten-Gewerbe. Sie wurde 1950 im ehemaligen Bad-Hotel eingerichtet, erhielt aber 1964 einen neuen Bau und musste 1985 sowie 1998 erweitert werden. Das Bad-Hotel, das 1927 in den Besitz des Landesverbands der Gastwirte gelangt war, konnte deshalb wieder hergerichtet und als Hotel genutzt werden.

Das schwäbische Schilda

Als die Gansloser ihr Rathaus fertiggestellt hatten, bemerkten sie, dass alle Fensteröffnungen fehlten. Sie gingen deshalb mit dem größten Sack, den sie auftreiben konnten, auf eine der umliegenden Höhen und ließen die Sonne einige Minuten lang in den Sack scheinen. Schnell banden sie ihn dann zu, trugen ihn in die dunklen Räume des Rathauses und ließen die aufgefangenen warmen Sonnenstrahlen herausströmen. Da freuten sie sich ungemein, dass jetzt nicht nur viel Licht in dem Hause war, sondern sie auch das Heizen ersparten.

Einmal fanden die Gansloser ein Storchenei und rieten, welcher Vogel es wohl gelegt haben könnte. Sie meinten, es sei ein Hasenei, und die Gemeinderäte sollten abwechselnd darauf sitzen. Als nun der Schultheiß einige Tage lang an der Reihe war – er tat es an einer Hecke, weil er wusste, dass sich Hasen in Hecken aufhalten –, da rollte ihm das Ei weg in eine Staude, aus der erschreckt ein Hase sprang. Der Schultheiß sah ihn davoneilen und rief ihm zärtlich nach: »Hoi hoi, Bueble, kennst denn dein Vater gar nemme?« Er meinte nämlich, das Ei sei zersprungen und der Hase ausgeschlüpft.

Weil der Name Ganslosen den Einwohnern nicht gefiel, wünschten sie sich einen anderen. Als König Wilhelm I. einmal durch den Ort ritt, baten sie ihn, das Dorf anders zu benennen. Ganslosen, so sagten sie, sei ein so wüster Name und es sei »au en Dorf« wie die anderen. Als sie nicht nachließen mit ihrer Bitte, habe der König ärgerlich gesagt, dann heißen wir es eben Au en Dorf. Tatsächlich wurde die Namensänderung schriftlich beantragt und nach königlicher Genehmigung schriftlich bestätigt.

Auf der Hochfläche der Alb

Wie anders als das enge Tal zeigt sich die weite Hochfläche der Alb! Ein bewegtes, wasserarmes Relief mit trockenen Tälern trägt eine weniger dichte Besiedlung, wobei dort aber – infolge des früheren Erbrechts – größere Gehöfte stehen. Eine Vielzahl von Marterln (Feldkreuzen) weist vor allem um Böhmenkirch auf die Gläubigkeit der Bewohner hin. Im östlichen Teil des zum Fils-Gebiet gehörenden Teils der Hochfläche ist das in den letzten Jahrzehnten stark gewachsene Böhmenkirch, das genau auf der oberirdischen Wasserscheide der Fils liegt, das Zentrum. Ein 1476 erwähntes Stadtrecht mit Halsgericht, Stock und Galgen hatte keinen Bestand.

Der Industrialisierungsgrad ist in den Dörfern auf der Hochfläche geringer als im Tal. Viele Älbler pendelten – anfangs zu Fuß – etwa von Steinenkirch oder Weiler nach Geislingen zur WMF oder MAG. In dem größeren Böhmenkirch und dem an der Bahn gelegenen Amstetten ließ sich die Industrie eher nieder (wenn auch erst in jüngerer Zeit) als in den abgelegeneren Orten, deren Bewohner heute meist zu ihren Arbeitsorten pendeln.

Die Rauhe Wiese mit den Heidhöfen liegt schon jenseits der oberirdischen Wasserscheide, gehört aber noch zu Böhmenkirch. Dort sammelte sich in einer Mulde im Laufe der Jahrtausende Erdreich, und es kam unter den hohen Niederschlägen bei der mäßigen Lufttemperatur zur Torfbildung. Nur ertragsarme Äcker, magere Weiden und nasse Wiesen konnte der Mensch hier nutzen. Ein Teil des Gebietes wurde im 19. Jahrhundert aufgeforstet, ansonsten wurde es nur als Schafweide genutzt, ehe man die Fläche westlich der Straße nach Rötenbach kultivierte. 1913 wollte man auch die weitere Fläche unter den Pflug nehmen, doch erst 1934/35 legte der Reichsarbeitsdienst die aus 15 Gehöften bestehende Klein-

Die Windturbinen und die Richtfunkstelle Lauterstein bei Stötten. Vorn der Weiler Donzdorf-Unterweckerstell.

Ein alter Wegweiser, ein alter Pumpbrunnen, eine Milchkanne und eine hübsche Plastik sind in Schnittlingens Ortsmitte zu einem modernen Kunstwerk vereint.

siedlung der Heidhöfe an, die jeweils zwölf bis 15 Hektar Fläche erhielten. Seither haben Entwässerung, Kunstdünger, Pflanzenschutzmittel und maschinelle Bodenbearbeitung den Naturhaushalt der Rauhen Wiese gründlich verändert. Als nach 1945 in Böhmenkirch viele Vertriebene aus der Tschechoslowakei untergebracht werden mussten, konnte man froh sein, die Baracken des Reichsarbeitsdienstes noch zu haben.

Die Agrarstruktur hat sich auch auf der Alb erheblich verändert. In Stötten zum Beispiel lieferten früher 32 Bauern die Milch an der Sammelstelle ab, heute erzeugen nur noch ein Dutzend Landwirte Milch, dafür aber in Betrieben, die – zum Teil mit Pachtland – erheblich größer sind. Die Jugend wandert aber aus der Landwirtschaft ab.

Wer den Sender Lauterstein sucht, der mitunter im Fernsehen genannt wird, findet ihn südsüdwestlich Schnittlingen. Hier begann die Entwicklung 1936, als die Luftwaffe die Wetterfunkstelle Stötten einrichtete, so benannt, weil die Postzustellung über Stötten erfolgte. Diese Station arbeitet heute, rund um die Uhr besetzt, für den Deutschen Wetterdienst und gibt viele Informationen an Behörden, Landwirtschaft und Betriebe, im Winter auch für Skigebiete. Wegen der Windverhältnisse entstand hier 1949 das Windenergie-Testfeld »Ulrich Hütter«, in dem bis 1968 verschiedene Windturbinen erprobt wurden. 1979 ging erneut eine Anlage in Betrieb, um Rotorblätter verschiedener Formen zu testen. Seit 1991 gehört die Anlage den Neckarwerken, die hier elektrische Energie gewinnen.

Für die Übermittlung von Ferngesprächen und Fernsehprogrammen ließ die Post 1956 einen Fernmeldeturm erbauen – er war mit der Antenne 67 Meter hoch –, die Richtfunkstelle Lauterstein. Deren Kapazität reichte aber schon bald nicht mehr aus, weshalb die Post 1981 bis 1986 neben den Turm das teuerste Bauwerk der Albhochfläche setzte, den neuen Turm mit 133 Meter Höhe (einschließlich Antenne). Den alten Turm ließ sie 1989 abtragen. Ein weiterer Turm mit 148 Meter Höhe entstand 1966 westlich Aufhausen; er dient dem Polizeifunk. Auch dort drehen sich einige Rotoren, um die Windenergie zu nutzen.

Bereits zur Geschichte gehört die Radarstation bei Türkheim. Dort beschlagnahmten die US-Truppen im Dezember 1952 eine Fläche von etwa fünf Hektar und richteten darauf – im »Kalten Krieg« – eine Anlage zur Überwachung des Luftraums ein. Die Fläche wurde später vom Bund gekauft und 1959 bis 1968 von der Luftwaffe genutzt. Noch einmal übernahmen die US-Truppen 1978 die Station, bis sie 1985 aufgelöst wurde.

Die Niederschläge sind hier auf der Alb mit mehr als 1000 Millimeter pro Jahr (mm/a) relativ hoch, die Temperatur aber ist mit rund 6° C im Jahresmittel gemäßigt (Göppingen verzeichnet 930 mm/a und 8 bis 9° C). Da der Schnee hier lange genug liegen bleibt, konnte sich die Alb im 20. Jahrhundert zu einem beliebten Wintersportgebiet entwickeln. So entstanden Skilifte beispielsweise um Lauterstein, Treffelhausen und Schnittlingen und am Messelberg. Bei Waldstetten-Degenfeld gibt es sogar eine Sommer-Sprungschanze (mit Matten). Segel-, Drachen- und seit einiger Zeit auch Gleitschirmflieger finden am Albrand, wo die westlichen Winde zum Aufsteigen gezwungen werden, ideale Windverhältnisse und haben heute auf der Höhe ihre Flugplätze und Startrampen.

Die Segelflieger und Hängegleiter finden am Albrand gute Windverhältnisse. Mehrere Startplätze und -rampen säumen deshalb den Trauf wie hier auf dem Messelberg bei Donzdorf.

Skisport auf der Schwäbischen Alb bei Treffelhausen

Geislingen, die Fünf-Täler-Stadt

Erst im Jahr 1108 wurde die Siedlung Giselingen urkundlich erwähnt. Die Funde aber bezeugen, dass hier schon Bandkeramiker, später Kelten und dann Römer lebten. In alamannischer Zeit gab die Sippe des Giso ihrer neuen Siedlung den Namen. Im Jahr 1275 aber wurde eben diese Siedlung als »Altengeislingen« erwähnt. Inzwischen war also ein neues Geislingen entstanden, eben die Stadt. Dass Altengeislingen, das heutige Altenstadt, früher der Hauptort war, geht daraus hervor, dass die dortige Martinskirche bis ins 16. Jahrhundert hinein die Pfarrkirche zugleich für Stötten, Weiler, Amstetten und Kuchen war. Außerdem wurde von dem Herrenhof in Altenstadt aus die Burg Spitzenberg erbaut, der frühere Sitz der Helfensteiner.

Der Platz für die Stadt war geschickt gewählt, nämlich oberhalb einer Tuff-Terrasse (Karlstraße) und an einer Stelle, an der ein vorgeschichtlicher Bergsturz das Tal stark verengt. Wahrscheinlich wurde gleichzeitig mit der Gründung (etwa um 1220) die Steige über Rorgensteig ausgebaut. Um 1100 war die Burg Helfenstein und spätestens im letzten Jahrzehnt des 12. Jahrhunderts hier im Tal ein Zollhaus errichtet worden. Die Reihenfolge dürfte also gewesen sein: Burg, Zollhaus, Stadt. Der Gründer wies der Stadt Teile der Gemarkungen von Alt-Geislingen und Rorgensteig zu. Sie übernahm dabei nicht nur den Namen, sondern wahrscheinlich auch einen Teil der Bevölkerung des alten »Giselingen«. Ob das Verschwinden der Handwerkersiedlung Rorgensteig und das Wüstfallen einiger anderer Wohnplätze mit der Umsiedlung ihrer Bewohner in die neue Stadt zusammenhängen, kann allenfalls vermutet werden. Die Stadt brauchte ja auch Bewohner.

Zunächst war die neue Stadt nach Rorgensteig eingepfarrt, auf dessen Friedhof die Städter folglich ihre Toten beisetzten, bis die Marienkapelle in der Stadt 1393 zur Pfarrkirche erhoben wurde. Ab 1608 diente der Rorgensteiger Friedhof erneut den Städtern als Begräbnisplatz, denn mittlerweile war die Fläche in der Stadt zu klein geworden. Die Peterskirche in Rorgensteig steht allerdings nicht mehr; sie wurde 1537 abgetragen.

Bei den Ausgrabungen seit 1994 zeigte sich, dass Geislingen nicht allmählich gewachsen, sondern planmäßig mit Zeilenbebauung angelegt worden ist. Noch im 14./15. Jahrhundert waren Kleinparzellen bestimmend, wurden dann jedoch zum Teil für breitere und höhere Häuser zusammengefasst. Eine feste, zum Teil doppelte Mauer, die fünf Schuh dick (etwa 1,40 Meter), 20 Schuh hoch (etwa 5,70 Meter) und mit 24 Türmen versehen war, umzog die in Rechteckform angelegte Stadt. Aus der Rohrach leiteten die Erbauer das Wasser in den Stadtgraben, der Geislingen auf drei Seiten umspannte. Ab 1282 schlossen sich ober- und unterhalb zwei mit einer einfachen Mauer gesäumte Handwerker-Vorstädte an, wobei die untere Vorstadt Einrichtungen wie Spital, Mühlen und Kornspeicher (Alter Bau) erhielt, dazu die Gerberhäuser, die man sinnvoller Weise, nämlich wegen der Bach-Verschmutzung, unterhalb der Stadt erbaute. Das stattliche Gerberhaus Karlstraße 12 erinnert daran, dass dort der Eingang zur unteren, der Gerber-Vorstadt war. Die Breite der Hauptstraße zeigt an, dass diese als Straßenmarkt und als »Parkplatz« für durchfahrende Fuhrwerke gedacht war. Fünf Tore ermöglichten die Zufahrt von außen, zwei weitere die in die Innenstadt. Die Türme verschwanden ab 1780, die Mauer ab 1802 bis auf einen Rest an der Hansengasse, der Graben wurde ab 1820 aufgefüllt.

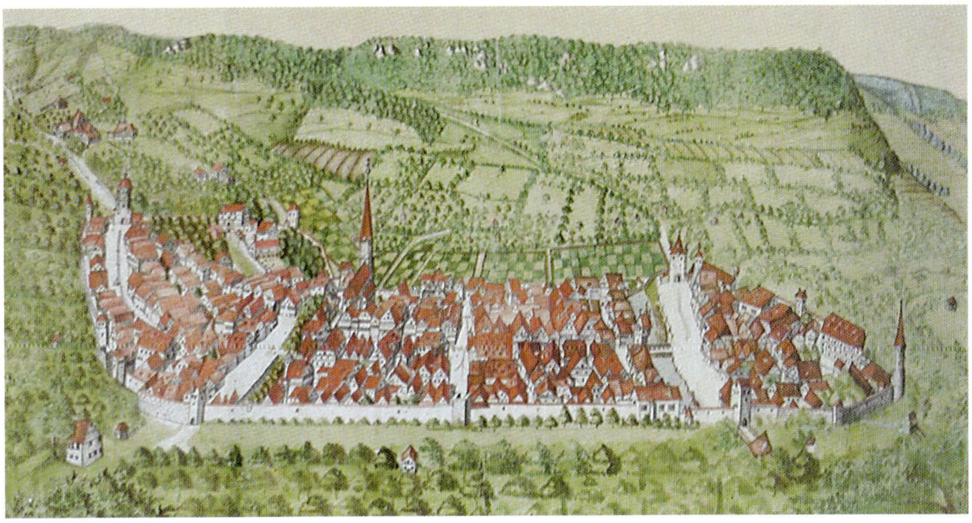

Geislingen von Osten. Aquarell von Michael Knoll, um 1760/70

I.N.R.I.

Warum hatten die Helfensteiner die Stadt gerade an diesem Platz gegründet? Zweifellos lag hier, wo die Steige begann beziehungsweise endete, ein wichtiger strategischer Punkt: Hier war das Tal eng, hier ließ sich der Verkehr kontrollieren, hier war der Zoll leicht zu kassieren, hier mussten Tiere und Fuhrleute rasten, hier waren Reparaturen auszuführen. Viele Berufe wurden dadurch begünstigt: Hauderer (Lohnkutscher) und Hufschmiede, Wagner und Radmacher, Lederer und Schuhmacher, Bäcker und Metzger, Bierbrauer und Gastwirte. Für 1835 zum Beispiel wird die Zahl der Hauderer auf zehn beziffert (bei insgesamt etwa 275 Gewerbetreibenden). Der Bestand an Pferden, die mehr als zwei Jahre alt waren, lag um 1840 laut der Oberamts-Beschreibung in Geislingen bei 128, in Altenstadt bei 54 und in Türkheim bei 70.

Nachdem Geislingen 1396 an Ulm gekommen war, erlebte die Stadt einen für das Mittelalter beachtlichen Bau-Boom, denn im folgenden Jahrhundert entstanden viele ansehnliche Gebäude. Die Reichsstadt veranlasste nicht nur, dass die Marienkapelle um 1393 zu einer Pfarrkirche erhoben wurde, sondern sie ließ diese auch 1424 bis 1428 durch die Stadtkirche ersetzen. Der als Baustein benutzte Tuffstein stammt aus der Steingrube des heutigen Stadtparks. Ferner ließ Ulm 1422 ein neues, fünfstöckiges Rathaus mit Fruchtschranne bauen, das aber, wie damals üblich, eher ein Kaufhaus war. Im Erdgeschoss, wo sich die Waage befand, wurde der Kornmarkt abgehalten, in den oberen Räumen legten die Tuchweber ihre Ware aus, und das Dachgeschoss diente als Fruchtspeicher. Das Haus wirkt heute viel jünger, weil es 1883 im Stil der Renaissance erneuert wurde. (Das neue, im Übergangsstil vom Jugendstil zur neuen Sachlichkeit von den Architekten Gebrüder Moser erbaute Rathaus stammt aus den Jahren 1913 bis 1916.)

Um 1445 folgte an der Stelle der ehemaligen helfensteinischen Gutsverwaltung der berühmte achtstöckige »Alte Bau«, der zunächst als Bauhof, dann als Fruchtspeicher diente und später als Zeughaus das »Kanonenhaus« genannt wurde. Er ist eines der stattlichsten Fachwerkhäuser in Württemberg und seit 1923 Eigentum der Stadt. Heute beherbergt das Gebäude das Heimatmuseum und die Städtische Galerie. 1471/72 folgte die Erweiterung des Heiligen-Geist-Spitals auf fünf Geschosse, 1486 das Haus der Stiftungsverwaltung (»Alte Gewerbeschule« in der Karlstraße), 1495 der »Alte Zoll«, der als Zollstelle und Fruchtkasten diente, und um 1500 die Klause der Franziskanerinnen (Pfarramt bei der Stadtkirche) mit sechs Stockwerken. Auch viele stattliche Privathäuser entstanden, zum Beispiel die später so genannte »Villa Marquardt« (1400, Schubartstraße 1), das Bürgerhaus Hauptstraße 35/37 (1453 bis 1456), das ehemalige »Gasthaus zum Schwanen« (um 1457, später »Hotel zur Post«, heute Sparkassenversicherung), auch das Schubarthaus, das Haus Karlstraße 12 und an-

Der Alte Zoll. Das siebenstöckige Gebäude von 1495 diente früher als Wohnhaus der Zöllner sowie als Fruchtkasten.

Linke Seite: Chorraum der Geislinger Stadtkirche

Unten: Der »Alte Bau« von 1445 beherbergt heute das Stadtmuseum und die städtische Galerie. Links davon das 1397 über einem älteren Gewölbekeller erbaute Haus des Kornschreibers, das älteste Gebäude der Stadt. Es wurde 1992 wie ursprünglich mit Strohdach wieder neu aufgebaut.

dere mehr. Der Ulmer Obervogt residierte zunächst im Stadtschloss, seit 1634 im »Pflegerhaus« (Schubartstraße 13).

Im Dreißigjährigen Krieg war das Jahr 1634 besonders schlimm. Viele Geislinger und Dörfler flohen nach Ulm, ehe kaiserliche Truppen die Stadt besetzten. Die Kirche in Altenstadt ging in Flammen auf. Auch das Jahr 1636 war schwer. Viele Leute waren umgekommen, ihre Felder lagen wüst, oder die Bauern hatten keine Tiere mehr. Im Oktober 1636 gewährte Ulm deshalb den Bauern von Stötten ein Darlehen, »um etliche Pferde zur Erbauung der öd und wüst stehenden Felder zu kaufen«. Wurde der Einzug fremder Truppen angekündigt, dann versuchte man eiligst, Hab, Gut und Vieh in Sicherheit zu bringen. Vieles kam durcheinander. Die Kirchenbücher berichten mehrfach davon, dass auswärtige Mütter ihre Kinder in Geislingen zur Welt brachten, dass Soldatenkinder getauft wurden oder dass Soldaten, meist Offiziere, für hiesige Kinder oder umgekehrt Geislinger für Kinder von Soldaten Pate standen. Ob man sich dadurch einen besseren Schutz versprach oder ob sich wirklich gute persönliche Beziehungen entwickelt hatten, mag dahingestellt bleiben.

Ein sehr altes Gewerbe war die Müllerei. Das starke Gefälle und das reiche Wasser der Rohrach lieferten genug Energie, denn ihre Tuff-Terrassen boten eine gute Basis, die Wasserkraft zu nutzen. Es kommt deshalb gewiss nicht von ungefähr, dass die Peterskirche des Mühlenorts Rorgensteig bereits im 8. Jahrhundert genannt, hier also früh gesiedelt wurde. Geislingen und die anderen Nachbarorte verfügten selbst über genügend Wasserkraft und brauchten diese Mühlen nicht, vielmehr waren es die Bewohner der wasserarmen Alb, die ihr Getreide in Rorgensteig mahlen ließen.

Zu den alten Geislinger Handwerken gehörten auch die Tuchweber. Als der Platz in der engen Stadt für sie nicht mehr ausreichte, wurde ihnen der Graben zwischen Ring- und Zwingermauer im Bereich der heutigen Gartenstraße zum Aufstellen ihrer Rahmen, zum Auslegen der Tuche und zu deren Bearbeitung zugewiesen. Ihre Walkmühle stand unfern des Alten Baues. Bevor die Tuche in Ulm verkauft werden konnten, musste ein Dreier-Ausschuss in der »Tuchschau« ihre Qualität prüfen. Im Jahr 1835 waren in Geislingen noch acht Tuchmacher tätig, heute gibt es keinen mehr in der Stadt.

Der Pferdemarkt in Geislingen ist heute vor allem ein fröhliches Fest mit Vorführungen und Prämierungen von Pferden und Gespannen.

Von der hohen Kunst der Geislinger Beindrechsler

»Es ist der Beindrechsler Arbeit zu Geislingen weit bekannt und berühmt unter anderem auch hierauß, daß sie auf 250 bis 300 kleine Becherlein und Kelchlein aus Bein drehen, welche alle mit gutem Raum in ein ausgehöhlt gemeines Pfefferkörnlein gelegt werden können. Sie machen kleine gedeckte Kutschwägelein mit vier durchbrochenen und umbgehenden Rädlein, darinnen vier beinerne Bildlein sitzen, und zwei Pferdlein mit dem Fuhrmann vornenher, so klein und subtil, daß ein solches Wägelein von einem, mit Gunst zu reden, Floh (welchen man vornenher mit ein wenig Leim an das Teixlein [Deichslein] ankleibt) füglich fortgezogen und die umbgehenden Rädlein gesehen werden können.«

Auch die Leineweber bildeten eine Zunft, hatten aber nicht eine solche Bedeutung.

Wenn auch Handel und Gewerbe in Geislingen als städtische Funktionen wichtig waren, so gab es in der Stadt doch auch lange Zeit hindurch Landwirtschaft. Im Jahr 1786, als Geislingen gut 1600 Einwohner hatte, wurden in der Stadt nicht nur 100 Pferde gehalten, sondern auch 90 Kühe (für die Milchversorgung) und mindestens 1000 Schafe. Die Zahl der Ziegen war allerdings durch eine Verordnung begrenzt. Weil hier so viele eigene und wegen der Rast an der Steige auch fremde Tiere versorgt werden mussten, nahmen die Wiesen zur Futtergewinnung einen großen Teil der landwirtschaftlichen Fläche ein.

Unter diesen Gegebenheiten hatten in Geislingen nicht nur ein Krämermarkt, sondern auch Ross-, Vieh- und Schafmarkt einen günstigen Standort. Im Anschluss an den Markt herrschte in den Gastwirtschaften Hochbetrieb. Allerdings ging es mit dem Rossmarkt auf und ab. So wurden 1919 insgesamt 360 Pferde auf den Markt gebracht, aber 1958 nur eines und 1959 gar keines. Inzwischen sind Sportpferde in den Vordergrund getreten. Die Tradition hat sich also erhalten, doch hat sich der Markt verändert: Jetzt locken die Vorführungen und Prämierungen von Pferden und – seit 1986 – auch von Gespannen viele Zuschauer an. 1997 beteiligten sich immerhin 161 Pferde und 23 Gespanne.

Hatte man die Juden 1549 vertrieben, so waren sie im 18. Jahrhundert wieder im Pferdehandel tätig, ja man nahm bei der Terminierung des Marktes sogar auf jüdische Feste Rücksicht. Ab 1937 waren sie allerdings wieder ausgeschlossen.

In der Neuzeit hatten sich die Bewohner von Geislingen und Umgebung auf einzelne Gewerbe spezialisiert. Schon in der Mitte des 15. Jahrhunderts waren die Holzdreher und Schnitzer hier tätig. Im 17. Jahrhundert stellten sie die bekannten Ulmer Pfeifenköpfe her. Im Jahr 1686 zählte man in Geislingen 40 Holzdreher-Meister, anno 1781 36 Drechsler-Meister, die mit Elfenbein, Bein und Holz arbeiteten und von denen einige sogar Gesellen und Lehrlinge beschäftigten. 1835 waren es jedoch nur noch 24 Holz- und Beindreher. Die Letzteren verarbeiteten anfangs Knochen, vor allem Rinderknochen, später Elfenbein zu Pokalen, Kruzifixen, Nähkästchen, kleinen Altären, Kapellchen und anderen hübschen Gegenständen. Sie verkauften sie über die Messen weithin in Europa und aus

Die Geislinger Beindrechsler waren weithin berühmt. Die Rose, das Wappenzeichen Geislingens, hier mit einer Kette, war besonders beliebt.

dem Bauchladen in den Bädern sowie – später – auf dem Bahnhof an Reisende. Im 18. Jahrhundert hatten sie sogar ein Warenlager in Amsterdam für den Verkauf nach Amerika. Einige wertvolle Stücke gelangten in berühmte Sammlungen in Rom, Wien und Nürnberg. Die Holzdrechsler fertigten Spinnräder, Spindeln und Kunkeln zum Spinnen und Weben an, die Altenstädter ebenfalls Spindeln.

In der Mitte des 19. Jahrhunderts nahm die Herstellung von Beinwaren stark zu, so dass in 28 Firmen etwa 100 Personen tätig waren und die Beindrechslerei auch auf Überkingen übergriff. Einige Betriebe nahmen jetzt die fabrikmäßige Produktion auf. Zum Beginn des 20. Jahrhunderts waren die Erzeugnisse der Dreher jedoch nicht mehr gefragt, der Absatz stockte, und viele hatten keinen »ordentlichen Verdienst«. Überhaupt waren die Gewerbe bereits in der ersten Hälfte des 19. Jahrhunderts überbesetzt, so dass ein starker Konkurrenzkampf herrschte und ein Zuzug auswärtiger Meister und ein Wachstum kaum möglich waren. Vor diesem Hintergrund wird es verständlich, dass Christian Friedrich Daniel Schubart 1767 meinte: »Hier in Geislingen passiert nichts, eine einzige langweilige Monotonie liegt auf uns und macht, dass ein Narr den anderen angähnt.«

Die wirtschaftliche Lage der Stadt war dem entsprechend schlecht. War der Rat der Stadt 1835 noch bereit gewesen, für den Bau der Bahn 10 000 Gulden für den Erwerb von Aktien zu geben (dann aber doch weiter abwartete), sah er sich 1846 angesichts der inzwischen eingetretenen Hungersnot und Teuerung nicht in der Lage, einen Zuschuss beizusteuern.

Mit dem Bau der Bahn begann eine neue Zeit. Zum einen verloren die Hauderer und manche Handwerker ihre Basis, zum anderen gab der günstige Verkehrs-Anschluss Impulse für die Ansiedlung der Industrie. Diese Chance nutzte der unternehmerische Daniel Straub. Als die Bahn gebaut wurde, beteiligte er sich zusammen mit dem Oberamtspfleger Jakob Friedrich Zeh an dem Baulos des Stubersheimer Bürgermeisters Georg Buck. Zudem betrieb er wahrscheinlich die Reparatur-Werkstatt an der Ziegelhütte. Mit dem dabei erzielten Gewinn richtete er in der Kapellenmühle 1849 eine Schmiede und Werkstatt mit Wasserrad-Antrieb ein und wenig später eine Eisendreherei. In der Folgezeit baute er den Betrieb zu einer Maschinenfabrik aus und ließ an der Froschgasse nahe der schon 1856 erbauten Werkstatt eine Eisengießerei errichten. Daraus entstand die Maschi-

Die Württembergische Metallwaren-Fabrik (WMF) im Jahr 1880

nenfabrik (MAG), die Mühlen- und später auch Zementwerks-Einrichtungen herstellte. Nach früheren Wechseln ging sie 1929 über an die (heutige) Heidelberger Druckmaschinen AG, die später nach Amstetten übersiedelte. Die Gebäude in Geislingen wurden 1992 bis 1994 von Stadt, Landkreis und Land zum »Büro- und Kulturhaus in der MAG« umgebaut und durch ein Parkhaus ergänzt. Sie beherbergen heute Verwaltungsräume (so auch das Stadtarchiv), Büros, Geschäfte und Parkhäuser, doch der Name »in der MAG« blieb.

Die Spinnerei in Altenstadt in der zweiten Hälfte des 19. Jahrhunderts. Farblithographie von F. F. Wagner.

Straub gründete außerdem 1853 gemeinsam mit den Brüdern Schweizer, die das Fachwissen einbrachten, auf der Basis der Wasserkraft ein Kupfer- und Messingwalzwerk, die Plaquéfabrik Straub & Schweizer (ab 1866 Straub & Sohn). Als Plaqué bezeichnete man silberplattierte Kupferbleche. 1880 vereinigte sich die Fabrik mit der Versilberungsfirma Ritter & Co aus Esslingen zur Württembergischen Metallwaren-Fabrik (WMF). Straubs Unternehmen belebten die Wirtschaft nicht nur der Stadt, sondern auch der Umgebung. Im Jahr 1902 hatte die WMF allein in Geislingen rund 3000 Beschäftigte; 1912 waren es hier 3918, in Göppingen 1172. Der überwiegende Teil stammte von außerhalb der Stadt. Vor dem Ersten Weltkrieg war das Unternehmen mit rund 6000 Mitarbeitern (einschließlich der Zweigwerke und Beteiligungen) der größte Betrieb in Württemberg. Nach dem Zweiten Weltkrieg zwang die Rationalisierung allerdings zum Abbau von Arbeitsplätzen; Ende März 2003 waren bei der WMF allein in Geislingen 2696 Personen beschäftigt. Fast die Hälfte des Umsatzes entfällt heute auf das Auslandsgeschäft.

Ein weiteres bedeutendes Unternehmen war die 1853 von der Schweizer Familie Staub in Altenstadt gegründete Mechanische Spinnerei und Weberei. In ihr liefen 1858 17 000 bis 18 000 Spindeln, 250 bis 300 Arbeiter fanden hier Arbeit. Wesentlich für die Ansiedlung war die verfügbare Wasserkraft. 1883 übernahm die Süddeutsche Baumwoll-Industrie (SBI) das Werk, das der Volksmund einfach die »Spinne« nannte. Der Betrieb wurde 1972 stillgelegt; das Gelände übernahm die Stadt, die hier ein Schulzentrum erstellte. Die Fabrikanten-Villa aber blieb erhalten.

Neben diesen Fabriken entstanden etliche andere Betriebe, vorwiegend in der Metallverarbeitung. Aus dem Erfindungsreichtum des Buchbinders Eduard Ehemann zum Beispiel ging eine Fabrik für Verpackungen hervor. Andererseits basierte das Zementwerk auf dem reichlichen Vorkommen von

Die Bevölkerungsentwicklung in Geislingen und Altenstadt

Jahr	*Geislingen*	*Altenstadt*
1544	1488	460
1666	920	
1786	1600	500
1842	2345	852
1880	3902	1533
1900	7050	3919
1910	8671	5286
1939*	17 475	eingemeindet
1946*	20 478	
1975*	29 393	
Dezember 2000*	27 720	

** einschließlich der inzwischen eingemeindeten Orte*

Rechte Seite: Das Schubarthaus, in dem der Dichter wohnte, stammt aus dem 15. Jahrhundert. Es wurde 1976/77 gründlich renoviert.

Kalk; es erhielt sein Rohmaterial per Drahtseilbahn und elektrischer Rollbahn vom Stöttener Anwandfelsen, musste aber 1910 stillgelegt werden.

Mit dem raschen Wachstum der Industrie stieg auch die Einwohnerzahl stark an. Neue Wohngebiete mussten errichtet werden. So entstand zum Beispiel an der Kaiser-Wilhelm-Straße eine Werksiedlung mit Wohnungen für Angestellte und Arbeiter. Auch Altenstadt wuchs, vor allem mit der WMF. Die Gemeinde musste deshalb die Infrastruktur ausbauen, erhielt aber nichts von der Gewerbesteuer der Firma und kam deshalb finanziell in Schwierigkeiten. Schon 1902 beantragte Altenstadt die Eingemeindung. Geislingens Stadtväter zogen sie jedoch mit ihrer Uneinigkeit hinaus, weshalb sich auf Bitten Altenstadts das zuständige Ministerium einschaltete. Es währte aber noch bis 1912, ehe die Eingemeindung vollzogen wurde.

Im Zweiten Weltkrieg blieb Geislingen von Zerstörungen verschont. Deshalb prägt noch heute alemannisches Fachwerk des 15. Jahrhunderts das Bild der Altstadt, auch wenn viele Häuser verputzt sind. In einem dieser Häuser, der »Teutschen Schule« (bei der Stadtkirche), wirkte Christian Friedrich Daniel Schubart von 1763 bis 1769, ja er heiratete 1764 die Tochter des Geislinger Oberzollers Bühler und wohnte im Haus Schlossstraße 3. Hier entstand das hübsche Gedicht von der Forelle, das

Der Forellenbrunnen

An der Stelle eines Schalenbrunnens und davor eines barocken Brunnens, welche die Fuhrleute als Pferdetränke nutzten, steht seit 1982 der von Gernot Rumpf gestaltete Forellenbrunnen. Die Plastiken fordern die Fantasie heraus, denn sie stellen das Geislinger Volk dar: heimische Schwaben und Vertriebene aus dem Riesengebirge und aus Südmähren. Schalkhaft werden Charakterzüge und einzelne Persönlichkeiten glossiert. Da sind zum Beispiel der Oberbürgermeister, dem ein Journalist im Nacken sitzt, und der Stadtkämmerer (mit lauter Pfennigen), ein Meckerer und ein Ängstlicher (mit Schirm), ein biederer Schwabe (mit Pfeife) und ein Südmährer (mit der Znaimer Haube) als Forellen dargestellt. Eine Katze beobachtet die Fischer, aber nicht die nahe Maus. Die Elefanten verkörpern das Helfensteiner Wappentier und werden gerne von den Kindern bestiegen. Das Wasserspiel des Brunnens ist zu bestimmten Zeiten auf das Glockenspiel des Alten Rathauses abgestimmt.

Der Forellenbrunnen in Geislingen

Franz Schubert bald darauf vertonte. Der Forellenbrunnen auf der Hauptstraße erinnert daran.

Der Metallarbeiter-Streik in Geislingen und die anschließende Aussperrung 1922 machten, weil sie vier Monate währten und ihnen 1923 Inflation und Kurzarbeit folgten, viele Arbeiterfamilien arm. Das war der rechte Nährboden für die Parolen der Nationalsozialisten, nicht nur unter den Arbeitern, und schon 1922 bildete sich in Geislingen eine Ortsgruppe der NSDAP, wahrscheinlich die erste außerhalb Bayerns. Am 1. Januar 1923 wurde hier die SA (Sturmabteilung der Partei) gegründet; sie wurde zwar wenig später von der Regierung aufgelöst, lebte jedoch unter einem Tarnnamen weiter. Bei den Reichstagswahlen 1930, 1932 und 1933 lag der Stimmen-Anteil der NSDAP in Geislingen deutlich über dem Reichsdurchschnitt, ja schon 1931 hatte diese Partei im Geislinger Gemeinderat die Mehrheit gewonnen. Im Februar 1933, nachdem Adolf Hitler an die Macht gekommen war, erfolgten in Geislingen die ersten Hausdurchsuchungen bei nicht zur Partei gehörenden Arbeitern, und Ende März wurden etwa 40 Personen aus dem Oberamt ins Konzentrationslager Heuberg gesperrt. Jüdische Betriebe wurden aufgelöst, die Synagoge am 9. November 1938 zerstört.

Im Zweiten Weltkrieg musste die WMF – wie schon im Ersten Weltkrieg – vor allem Patronenhülsen herstellen, außerdem Teile für Maschinengewehre und Flugzeuge. Um die an die Front befohlenen Männer zu ersetzen, verpflichtete die Regierung nicht nur viele Frauen, sondern holte

Die Panzersperre und die mutigen Frauen von Altenstadt

Als sich die amerikanischen Truppen Geislingen näherten, befahl der Kampfkommandant, die Panzersperre beim »Adler« in Altenstadt zu schließen. Daraufhin versammelten sich bei der Sperre etliche Frauen und protestierten in Sprechchören. Nachdem die Sperre geschlossen war, hoben sie die schweren Balken aus den eingerammten Haltepfosten heraus und sägten sie teilweise durch. Hitlerjungen, die sich an der Sperre mit Panzerfäusten postieren sollten, wurden von den Frauen mit Spott überschüttet und hätten wohl Prügel bekommen, wären sie nicht abgezogen. Erneut befahl der Kampfkommandant die Schließung und drohte mit dem Einsatz der Waffen-SS. Inzwischen hatten sich polnische Arbeiter auf die Pfosten gesetzt und warteten auf ihre Befreier. Es gelang zwar, die Sperre erneut zu schließen, doch abermals eilten die Frauen herbei und öffneten sie; sie waren sehr erregt und fürchteten eine Beschießung. Daraufhin verhängte Gauleiter Murr über Geislingen den Ausnahmezustand und drohte mit dem Tod durch Erhängen für jeden, der Sperren beseitige. Nun schlossen Männer des Volkssturms die Sperre zum dritten Mal, doch die tapferen Frauen von Altenstadt fanden abermals den Mut, sie zu öffnen. Ohne Kampf passierten die amerikanischen Panzer am 21. April 1945 um 16 Uhr diese Stelle.

In Heiningen wagten es acht Männer, darunter der Bürgermeister, eine Panzersperre abzubauen. Sie wurden am 13. April 1945 verhaftet und zwei von ihnen zum Tode und Einzug des Vermögens verurteilt. Die am 20. April einrückenden US-Truppen bewahrten sie vor der Vollstreckunq des Urteils.

Zwischen Bad Überkingen und Hausen beseitigten Männer beim Nahen der US-Truppen die Reste einer Sperre, und in Weißenstein und Nenningen waren Frauen so mutig, die Sperren zu öffnen.

Wohnblöcke aus den 1970er-Jahren in Geislingen an der Steige

zwangsweise auch zahlreiche Arbeiter aus anderen Ländern nach Deutschland, die »Fremdarbeiter« (die man nach dem Krieg »displaced persons« nannte, Leute, die sich an einem Ort aufhielten, an den sie nicht gehörten). So waren 1944 allein in der WMF 488 »Ostarbeiter«, 371 italienische Militärinternierte, 327 zivile Franzosen und Belgier, 179 französische Kriegsgefangene, 107 Polen und 101 zivile Italiener beschäftigt. Allein in Geislingen gab es im Laufe der Jahre von 1940 bis 1945 für sie und anderweitig Beschäftigte zehn Lager. 1943 befanden sich in Geislingen fast 2000 Frauen aus 19 Nationen. Auch etwa 50 bis 75 estnische Facharbeiter mussten in der WMF arbeiten.

Im Jahr 1944 wurde in Geislingen ein Außenkommando des elsässischen Konzentrationslagers Natzweiler-Struthof eingerichtet, dem jüdische Frauen zugewiesen wurden. Man trennte für sie an der Robert-Bosch-Straße einen Teil des Fremdarbeiter-Barackenlagers ab, sicherte es besonders

und schirmte es mit Sichtschutz ab. Etwa 800 Frauen aus Ungarn, Polen, Rumänien und der Slowakei mussten dort leben. Am 28. Juli 1944 traf, aus Auschwitz kommend, der erste Transport ein. Die Frauen wurden in der Kriegsproduktion der WMF eingesetzt. Ende März 1945 hörte ihre Arbeit auf, aber es kamen noch weitere, so dass ihre Zahl auf rund 1000 anschwoll. Im April 1945 sollten sie zur Ermordung per Bahn ins KZ Dachau verbracht werden, doch die US-Truppen befreiten sie auf dem Transport. Am 21. April 1945 zogen die Amerikaner in Geislingen ein, in eine Stadt, die keine nennenswerten Kriegsschäden erlitten hatte.

Die »Displaced Persons« wurden zunächst in beschlagnahmte Wohnungen einquartiert und nach und nach in ihre Heimat gebracht. Dazu sammelten die Besatzungsmächte Personen bestimmter Staatszugehörigkeit in einzelnen Städten, jene aus Estland im Oktober 1945 in Geislingen. Sie wurden zunächst in einem Haus der Burgstraße, später

Hoch über der Geislinger Altstadt thront die Burgruine Helfenstein (halblinks), flankiert vom Ödenturm.

in der Schlosshalde einquartiert, deren Bewohner ihre Häuser innerhalb von zweieinhalb Tagen räumen mussten, wobei sie nur Kleidung, Esszeug und besondere Gegenstände mitnehmen durften. Die Straße wurde dann abgeriegelt. Später kamen noch einige weitere Straßenzüge hinzu, insbesondere die Wilhelmshöhe, in der den Bewohnern nur vier Stunden Zeit gelassen wurde. Im Jahr 1946 hielten sich 4500 bis 5000 Esten in der Stadt auf, nicht nur Zwangsarbeiter, sondern auch Flüchtlinge und Leute, die mit den Deutschen zusammengearbeitet hatten. Erst 1950 wurden die Esten, soweit sie nicht schon ausgewandert waren oder noch auswandern wollten – zurückkehren in die sowjetisch besetzte Heimat wollten sie nicht –, an andere Orte verbracht; die Hauseigentümer konnten in ihre nun stark renovierungsbedürftigen Häuser zurückkehren. Etwa 250 Esten verblieben in der Stadt und wurden allmählich integriert.

Eine Überraschung bietet ein Besuch der Ruine Helfenstein. Man erkennt nämlich sowohl vor Ort als auch anschaulich am großen Modell im Museum, dass die Burg eine großartige Anlage gewesen sein muss. Vier von Zugbrücken überspannte Gräben sicherten den Zugang. Es wird berichtet, dass zwei »Schlösser« (Wohngebäude) den steil abfallenden Bergsporn einnahmen. Zwischen ihnen lag ein Hof, auf dem neben anderen Gebäuden eine Kapelle stand. Ein hundert Meter tiefer Brunnen – wohl eher eine Niederschlagswasser sammelnde Zisterne – lieferte das Wasser. Die gesamte Anlage war größer als die Burg Hohenstaufen. Die Burg Helfenstein wurde um 1100 auf einem künstlich geebneten Sporn mit steilen Wänden und nur schmalem Zugang erbaut. Das geschah bereits vor der Gründung der Stadt, weshalb die Burg auch nach Altenstadt eingepfarrt war.

Vereinigungen mit Geislingen

Jahr	Gemeinde	Einwohnerzahl
1800	Rorgensteig	?
1912	Altenstadt	rund 5300
1966	Weiler mit Hofstett	gut 300
1971	Türkheim mit Wittingen	rund 600
1972	Stötten	etwa 270
1972	Waldhausen	knapp 200
1973	Eybach	rund 1550
1975	Aufhausen	etwa 800

Luftaufnahme der Ruine Helfenstein auf einer Ansichtskarte der 1930er-Jahre

Nachdem Geislingen 1382 an Ulm gekommen war, bauten die Reichsstädter die Burg von einem Wohnsitz eines hochadligen Geschlechts zu einer starken Festung mit mehreren Bastionen aus und stellten etliche Kanonen auf. Nun sicherte ein gewaltiger Torbau den Zugang, die Außenmauer wurde von 2,5 auf 4,3 Meter verstärkt, ein äußerer Mauergürtel mit mehreren Türmen erbaut und im Osten eine Vorburg mit Bollwerk geschaffen. Ein Graben wurde zu einer Zisterne umgebaut, der man das Wasser von den Dächern zuleitete. Im Markgrafenkrieg, als Protestanten gegen Kaiser Karl V. kämpften, wobei Ulm aber zum Kaiser hielt, fiel die Burg 1552 in die Hand des Markgrafen Albrecht Alkibiades von Brandenburg-Kulmbach. Die Ulmer konnten die Burg zwar zurückerobern, aber weil Aufbau und Instandhaltung zu teuer geworden wären, beschlossen sie, die Festung abzutragen. Das Material konnte man gut in Ulm verwenden. Verbliebene Reste verschwanden 1760. Was man heute sieht, wurde nach einer Grabung 1932 und ab 1953 restauriert. Als Vorwerk und Flankenschutz baute die Reichsstadt um 1400 den Ödenturm, der nach der Zerstörung der Burg als Feuer-Wachtturm genutzt wurde. Auf einem 60 Meter langen Bergsporn 32 Meter hoch erbaut, zeigt er unten einen viereckigen Grundriß, der über ein Achteck in die runde Form übergeht.

Auch in Eybach und Steinenkirch waren Beindrechsler und Pfeifenkopfschnitzer tätig, die Frauen sammelten Heilkräuter. Im Zweiten Weltkrieg musste Eybach am 22. April 1945 Beschuss durch Artillerie erleiden. Die meisten Einwohner fanden aber Schutz in den großen unterirdischen Gewölben des Schlosses; allerdings wurden einige Häuser beschädigt. Die bereits 1942 abgelieferten beiden Kirchenglocken fand man nach dem Krieg in einem Glockenlager bei Lüneburg wieder, so dass sie 1947 heimkehren konnten. Die Burg Hoheneybach gehörte Ministerialen der Grafen von Helfenstein. Da sie im Dreißigjährigen Krieg zerstört wurde, sind nur noch spärliche Reste vorhanden, zumal ein erstes Schloss im Tal schon vor dieser Zeit erbaut wurde.

Als ein weithin sichtbares Wahrzeichen Göppingens kann das 24 Meter hohe Ostlandkreuz nicht übergangen werden. Es wurde 1950 von der Südmährischen Landsmannschaft zum Gedenken an die Toten und Vertriebenen des Zweiten Weltkriegs auf der Schildwacht errichtet. Von der Plattform aus bietet sich ein interessanter Blick auf Geislingen und in das Tal der Fils.

Das Tal der Fils von Kuchen bis Eislingen und das Lautertal

Bis Gingen fließt die Fils – bis oberhalb von Donzdorf auch die Lauter – noch zwischen hohen Wänden innerhalb der Alb, wenngleich die Täler hier breiter sind als am Oberlauf. Hohenstein (702 Meter) und Burren (696 Meter) bilden für die Fils, Heldenberg (726 Meter) und Messelstein (749 Meter) für die Lauter die Pforten, durch die sie den Albkörper verlassen, Staufeneck (526 Meter) und Turm (westlich Gingen, 551 Meter) das Vortor. Hier ändert sich das Bild der Landschaft, die nun weniger schroff erscheint.

Westlich von Kuchen stand einst auf dem Spitzenberg die gleichnamige Burg, deren Name erstmals 1247 in einer Urkunde erschien. 1311 im Krieg beschädigt, wurde sie aufgegeben und verfiel. Von hier, von den Adligen vom Spitzenberg, spaltete sich zu Beginn des 13. Jahrhunderts die Linie der Helfensteiner ab, die später eine große Bedeutung gewinnen sollten. 1315 ging auch dieses Gebiet an die Helfensteiner über.

Wohl um dieselbe Zeit, als die Grafen von Helfenstein Geislingen gründeten und die Steige ausbauten, also um 1200, richteten die Spitzenberger zu Füßen ihrer Burg das Städtchen Kuochheim mit einer eigenen Zollstelle ein. Sie machten den Ort sogar zur Stadt, jedenfalls wurde Kuchen 1304 als solche erwähnt, hatte eine Mauer, besaß Marktrecht und Gericht sowie einen Galgen. Die zwar kleine, aber gleichmäßige Anlage des alten Ortskerns spricht ebenfalls für eine Gründungs-Stadt. Doch die Nähe Geislingens und die Kleinheit des Territoriums ließen eine starke Entfaltung nicht zu, und als die Helfensteiner das Gebiet übernahmen, verlor der Ort seine städtische Funktion. Deshalb überrascht es nicht, dass Kuchen 1356 nur noch »Markt« genannt wurde.

Der Tal-Abschnitt zwischen Kuchen und Eislingen war bis in die zweite Hälfte des 20. Jahrhunderts von der Textilindustrie bestimmt. Betriebe wie die Süddeutsche Baumwollindustrie (SBI) in Kuchen, die Kammgarnspinnerei und die Württembergische Wollgarnfabrik in Süßen sowie Schachenmayr, Mann & Cie. in Salach gaben zahlreichen Menschen Arbeit und Brot. Gingen machte allerdings eine Ausnahme. Dort hatte man sich anfangs gegen die Industrialisierung gewehrt, und als der Gemeinderat seine Einstellung änderte, war die Gründungswelle der Textilindustrie vorüber, war die Konkurrenz der anderen Orte bereits zu groß. Bis heute konnte Gingen den damals erlittenen Rückstand nicht aufholen, obwohl »junge« Industrie-Ansiedlungen nicht fehlen.

Der Erfolg der von der Familie Staub in Altenstadt erbauten Spinnerei (später SBI) veranlasste den Sohn Arnold, 1857 in Kuchen unterhalb des Ortes ein Tochterwerk zu errichten. Webmeister gab es in Kuchen, Gingen und in den Nachbarorten genug – immerhin war Kuchen mit 64 Webermeistern das größte Weberdorf im Oberamt Geislingen, und beide Süßen hatten 1831 zusammen 60 Lein-

Blick in den Websaal der Staub'schen Fabrik

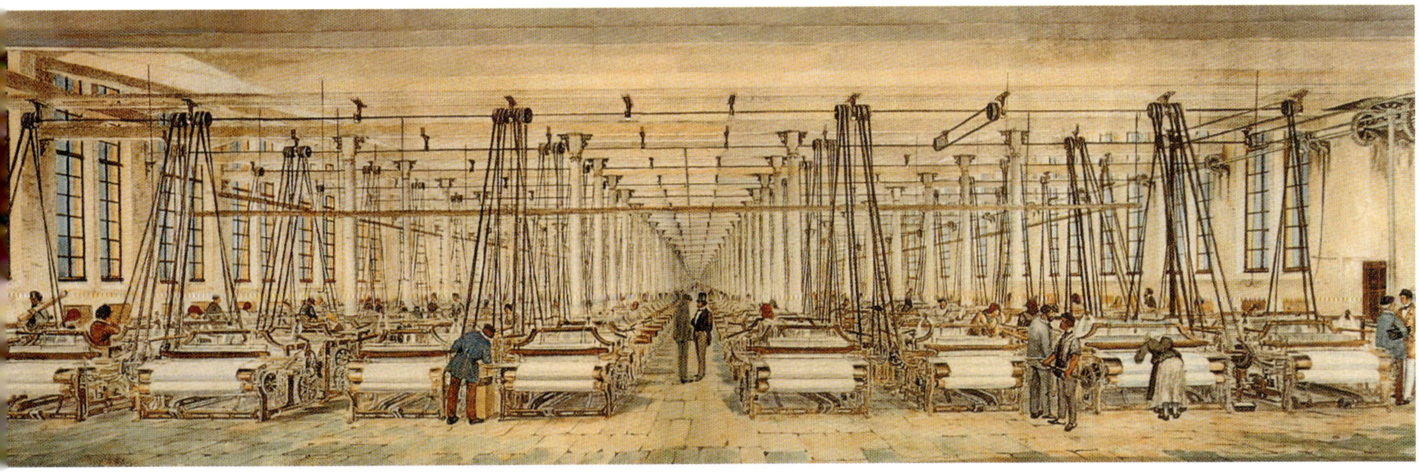

weber und Wollspinner. Die einheimischen Weber blieben jedoch zunächst lieber selbstständig und lehnten die Arbeit in der Fabrik ab, weil sie ihnen ihre Freiheit nahm. Sie ließen aber ihre Kinder dorthin gehen, denn Kinderarbeit war in der Fabrik durchaus üblich. Erst in den 1870er-Jahren, als sich ihre Lage verschlechterte, waren auch die Weber zur Fabrikarbeit bereit.

Blick über Göppingen filsaufwärts. Die Orte sind weitgehend zu einem geschlossenen Siedlungsband zusammengewachsen.

Wichtige Standortfaktoren waren die Wasserkraft, die anfangs die Energie liefern konnte, und die Bahn, die Kuchen mit anderen Wirtschaftsräumen verband. Zunächst musste Staub die Wässerungsrechte zahlreicher Grundeigentümer ablösen, ehe er vom Mühlkanal aus einen Kanal – teilweise auf einem Damm – zum Werk bauen konnte, um dort mittels Turbine aus der Wasserkraft 100, später 473 PS zu gewinnen. Das bald von Altenstadt unabhängig gemachte Werk besaß mit anfangs 400 Webstühlen den größten Websaal Europas; 1881 waren es sogar 542 Stühle. 1861 kam eine Spinnerei mit 28 000 Spindeln hinzu, so dass hier 1867 bereits 800 Personen beschäftigt waren. Nach dem Konkurs 1881 in Kuchen und 1882 in Altenstadt wurden beide Staub'schen Werke mit der Firma Waibel & Co (Günzburg und Waltenhofen bei Kempten) zur Süddeutschen Baumwoll-Industrie AG (SBI) vereinigt.

Beachtung fanden weithin die sozialen Leistungen des Firmengründers, bei denen allerdings auch philanthropische Ideen und Anregungen aus einer Arbeitersiedlung in Mühlhausen im Elsass eine Rolle spielten.

Weil es schwierig war, auswärtige Arbeitskräfte an den Ort zu holen, baute Staub für sie eine Siedlung, die Peter Kirsch (1982) wegen ihrer Struktur und Ausstattung »die interessanteste Werksiedlung in Süddeutschland aus der Frühphase der Hochindustrialisierung« nennt. Schon ein Jahrzehnt nach der Gründung umfasste sie über 40 Wohnungen, die jeweils über einen eigenen Eingang verfügten. Vor den Wohnhäusern lagen Gärten. Die Erweiterung von 1905 bis 1908 vergrößerte sie erheblich, so dass es 1914 hier 40 Wohnhäuser gab. Zusammen mit den Häusern in Altenstadt verfügte die SBI nun über rund 150 Werkswohnungen. In Kuchen wurde jeder Winkel ausgenutzt. So waren, um Platz zu sparen, Wandschränke eingebaut, was den Benutzern die Möblierung erleichterte. Die Miete war mit drei Gulden 28 Kreuzer (60 Kreuzer entsprechen einem Gulden) bei einem Monatsverdienst von etwa 30 Gulden relativ günstig, erschien den Arbeitern meistens jedoch zu hoch, so dass hier vorwiegend Meister wohnten. Die Siedlung verfügte auch über einen Speisesaal, in dem die Mitarbeiter ihr mitgebrachtes Essen aufwärmen konnten. Über ihm befanden sich möblierte Ein- und Zweibettzimmer für ledige Arbeiter. Es ist klar, dass solche Werkswohnungen die Bindung der Arbeiter an die Firma verstärkten, denn wer den Betrieb verließ, musste auch die Wohnung aufgeben.

Weil die Siedlung am Rand der Gemarkung lag, musste sie zumindest mit den wichtigsten Versorgungseinrichtungen versehen sein. Deshalb lagen an den Langseiten des zentralen Platzes ein Mehrzweckgebäude im englischen Laubenhaus-Stil mit Laden, Schule, Bibliothek, Lesezimmer, Krankenzimmer und Apotheke sowie mit einigen Wohnungen auf der einen und die Wasch- und Bade-Anstalt auf der anderen Seite. Hinzu kamen Bäckerei und Metzgerei. Die Villa des Firmen-Inhabers stand – so war es üblich – abseits in einem Park mit seltenem Baumbestand.

Die abseitige Lage bewirkte allerdings ein Eigenleben in dieser Siedlung, weshalb sogar ein Musikverein und ein Gesangverein bestehen konnten. Eine Werksfeuerwehr wurde 1867 gegründet, eine Turngemeinde 1882. Dennoch kam es schon 1872 zu einem Streik.

Dieses Arbeiterdorf war in Deutschland ohne Beispiel. Deshalb erhielt Arnold Staub 1867 auf der Weltausstellung in Paris »als Anerkennung der Verdienste um die sittliche und geistige Hebung des Arbeiterstandes« eine Goldmedaille und einen Geldpreis von 10 000 Francs, das Ritterkreuz des württembergischen Friedrichsordens und von Kaiser Napoleon III. das Ritterkreuz der Ehrenlegion. Die Gemeinde allerdings sah sich in ihrem Sozialprestige bedroht und ging gegenüber den fremden Unternehmern in der ersten Zeit in Opposition.

Die Krise der Textilindustrie nach dem Zweiten Weltkrieg erfasste auch Kuchen, wo 1950 noch 2000 Personen beschäftigt wurden. Im Jahr 1972 ging das Unternehmen, das in Kuchen, Günzburg und Hechingen jetzt zusammen nur noch 1250 Mitarbeiter zählte, in andere Hände über. Bei der »Umstrukturierung« wurde die Zahl der Mitarbeiter auf 600 reduziert. Die Spinnerei schloss 1979 ihre Pforten, ihre Maschinen wurden verkauft und auch einige Flächen veräußert. Für den Rest kam 1983 der Konkurs. Damit fielen nicht nur die restlichen Arbeitsplätze weg, die Gemeinde verlor auch eine wichtige Steuerquelle.

Die Wohnsiedlung begann schon vorher zu ver-

Besorgt um das Wohl der Arbeiter

Firmengründer Alfred Staub schrieb über seine Siedlung:

»Durch dieses Etablissement hofften wir sowohl für uns wie für die Arbeiter ersprießliche Resultate zu erzielen, denn so konnten wir viel leichter für die gedeihliche Entwicklung ihres Wohlstands, ihrer sittlichen Hebung und geistigen Ausbildung besorgt sein, ihnen Ordnungssinn und gute Sitten einflößen und sie mit einem Wort zu sparsamen, fleißigen und intelligenten Arbeitern heranbilden.«

»Wir hatten also mit einer Anzahl aus der Ferne herbeigezogener Individuen und Familien zu schaffen, denen der Begriff der Gesittung ein ziemlich unbekannter war; denn in ihrer Rohheit fanden sie Erholung nur in wüstem Vergnügen. Das Nöthigste, einem rohen Menschen Gesittung beizubringen, ist aber eine gesunde, bis zu einem gewissen Grade bequeme Wohnung, sodann Wasser und Seife.«

Das Bild zeigt das ehemalige Badhaus der Arbeitersiedlung in Kuchen, das heute von einem Kindergarten genutzt wird.

kommen. Weil die Gemeinde 1985 das gesamte Areal kaufte, konnte der Plan, die Siedlung abzureißen und neue Wohngebäude zu errichten, verhindert werden. 1987 kam sie als Sachgesamtheit unter Denkmalschutz. Jetzt ist die Siedlung saniert, an die heutigen Bedürfnisse angepasst und eine Oase der Ruhe um den als Spielfläche genutzten zentralen Platz. Das Bad- und Waschhaus dient heute als Kindergarten, das Mehrzweckgebäude als Wohngebäude für ältere Bürger. Die Fabrik wurde großenteils verkauft, die Gebäude wurden abgerissen, nur Villa, Spinnerei, Verwaltungsgebäude und neues Labor blieben stehen, Einfamilienhäuser und ein neues Gewerbegebiet entstanden.

Schon seit dem 19. Jahrhundert ließen sich außer Textilbetrieben – der erste war die 1842 am Mühlbach eingerichtete mechanische Wollspinnerei – auch Firmen anderer Branchen in Kuchen nieder. Besonders bekannt dürfte die vor dem Zweiten Weltkrieg von den Vettern Ernst und Alfred Heinkel gegründete Metallwarenfabrik sein, die sich dem Apparatebau widmet.

In der vorindustriellen Spezialisierung, die in der Mitte des 19. Jahrhunderts in vielen Dörfern bestand, nahmen Kuchen und Gingen eine besondere Stellung ein. Dort wurden nämlich jährlich 30 000 bis 33 000 Schnecken gezüchtet und an Feinschmecker verkauft, meist nach Ulm und von dort weiter nach Bayern, ja sogar bis nach Wien. Um 1880 aber war das vorbei. In Kuchen, Gingen, Süßen und Donzdorf erzeugte man in der Mitte des 19. Jahrhunderts Käse nach Schweizer und Limburger Art. Um 1840 gab es im Raum Geislingen/Göppingen mehr Käsereien als im Oberamt Leutkirch (Allgäu). Die größte Käserei der Region stand in Groß-Süßen.

Der Hauptort des Lautertales ist Donzdorf, der nach den Eingemeindungen von Reichenbach unter Rechberg (1975) und Winzingen (1975) im Jahr 1976 das Stadtrecht erhielt. Beide Gemeinden waren übrigens 1940 bis 1950 schon einmal nach Donzdorf eingemeindet. Auch hier begann die Industrialisierung seinerzeit mit der Textilindustrie. Heute sind kleine und mittlere Betriebe der Metall verarbeitenden Branche vorherrschend. Donzdorf ist mit seinen weiterführenden Schulen (Hauptschule, Gymnasium) Bildungszentrum an der Lauter.

Am Oberlauf der Lauter bietet das vor 1257 erbaute, aber im 15. Jahrhundert veränderte Schloss Weißenstein einen reizvollen Anblick. Das alte und das neue Amtshaus künden von der einstigen Funktion als Residenzstadt. Vor 1391 zur Stadt ernannt, besaß Weißenstein diese Stellung bis 1478. Auch diese Stadt war zunächst kirchlich nicht selbständig, sondern blieb bis 1478, als die Marienkapelle zur Pfarrkirche erhoben wurde, nach Treffelhausen eingepfarrt. Im Winter ist die Sonne in Weißenstein nicht zu sehen, im Sommer nur bis zu acht Stunden. In seinen Gewerben wies Weißenstein früher eine Spezialisierung auf. Zum einen war hier die Weißgerberei zu Hause, zum anderen gab es 1835 in der Stadt neben vielen Handwerkern 32 Strumpfwirker. 1806 lebten hier nur 587 Einwohner. Das Schloss ging 1971 an Manfred Kage über, der darin das Institut für wissenschaftliche Fotografie einrichtete.

Berühmt war einst das Weißensteiner Bier. 1620 hatten die Grafen von Rechberg vom Herzog von Bayern die Brauerei-Gerechtigkeit erhalten, 1625 ein erstes Brauhaus errichtet und dieses 1750/51 an die heutige Stelle verlegt. Schon 1853 begann hier eine Dampfmaschine mit ihrer Arbeit. Ständig waren Fuhrwerke unterwegs, um das Bier bis nach Stuttgart auszuliefern, ja das Bier von Weißenstein und auch das von Eybach wurde sogar nach Pforzheim, Karlsruhe und Rastatt geliefert. 1929 hörte das Brauen in Weißenstein allerdings auf.

Das einstige Mehrzweckgebäude enthält heute Wohnungen für ältere Leute.

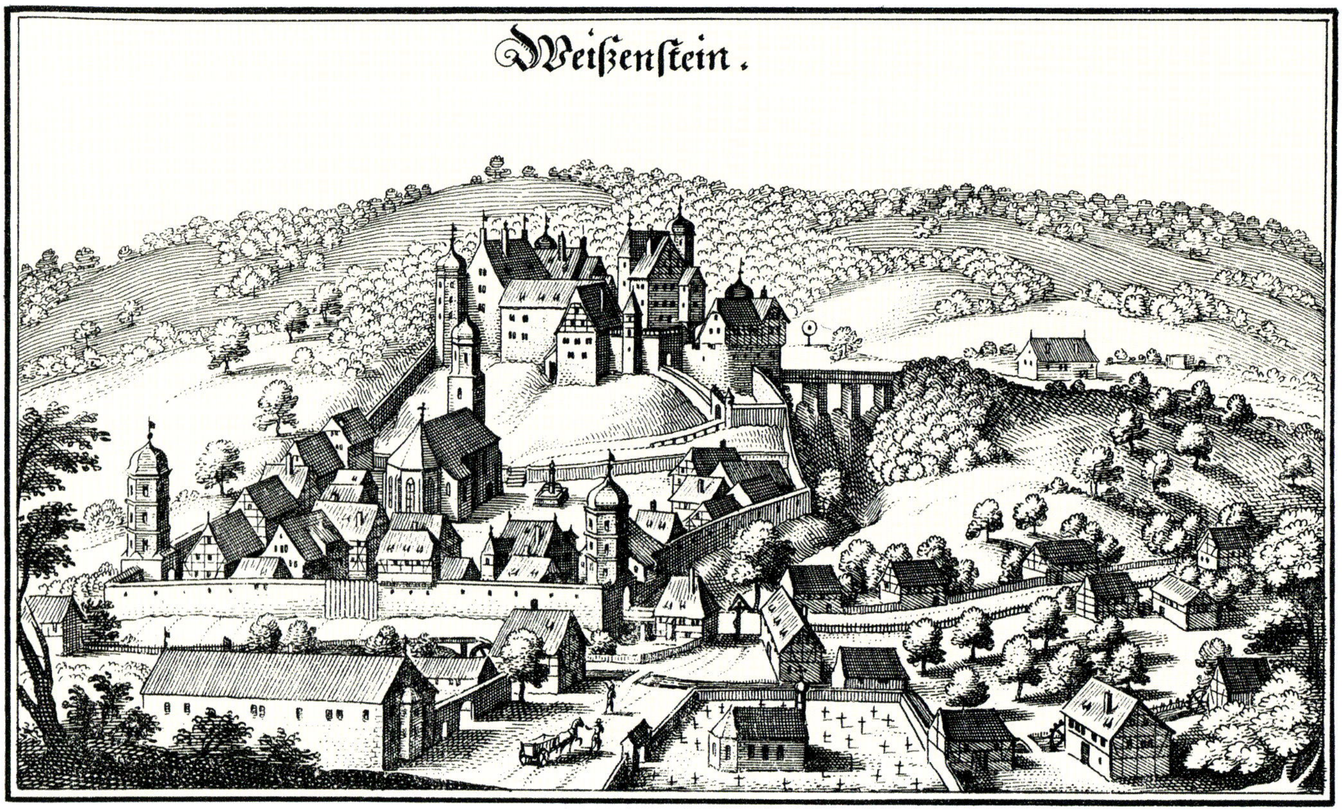

Weißenstein, wie Matthäus Merian es sah.

Salach entstand wahrscheinlich im 13. Jahrhundert als Siedlung zur Burg Staufeneck, deren imposanter Turm eine wichtige sichtbare Landmarke ist. Die Industrialisierung des Dorfes, die auf die Wasserkraft zurückgriff, wurde im wesentlichen von Auswärtigen getragen. Hervorzuheben ist die Kammgarnspinnerei Schachenmayr, Mann & Cie GmbH, die eine der größten in Deutschland war. Sie ging hervor aus der 1768 gegründeten Tabakspinnerei von Johann Christoph Duncker (Herstellung von Schnupftabak) und wurde 1813 auf Baumwollspinnerei umgestellt. Schon um die Wende zum 20. Jahrhundert fanden hier über 1000, im Jahr 1938 sogar 2500 Beschäftigte einen Arbeitsplatz. Besonders bekannt geworden ist die Fabrik durch das 1926 entwickelte Handstrickgarn »Nomotta«, das Motten meiden, und nach dem Zweiten Weltkrieg durch waschmaschinenfeste Wollgarne. Auch eine Werksiedlung fehlt nicht. 1988 wurde das Unternehmen verkauft, die Produktion in Salach wurde eingestellt, Hunderte von Mitarbeitern entlassen, lediglich der Handel wird von hier aus noch weitergeführt.

Eislingen gehört zu den größten Kommunen im Filstal und ist heute von Industrie und Handel geprägt. Das frühere, im Landhausstil erbaute Schloss in der Stadt ist mittlerweile öffentliche Bücherei. Im Süden der Stadt sprudelt noch ein Mineralbrunnen, an dem sich die Bürger und auch mancher Passant die Wasserflaschen füllen kann. Hier in Eislingen gab es im 19. Jahrhundert eine Besonderheit: die Herstellung von Körben und Bäusten (ringförmige Tragekörbe für Kopflasten). Die Industrialisierung begann mit der Maschinen-,

Vom Salacher Mühlkanal

Weil der Salacher Mühlkanal zu wenig Wasser fasste, erweiterten die Firmen Schachenmayr, Neuburger und Hallberger (Papierfabrik) ihn. Zusätzlich erbauten sie 1874, nachdem ein einfaches, aus Reisern erbautes Wehr gebrochen war, auch ein neues Wehr. Als es fertiggestellt war, sollte es feierlich eingeweiht werden. Die Musikkapelle hatte sich eingefunden, das Festessen war bestellt, doch als die Gäste am Wehr erschienen, gab das Bauwerk dem Druck des gestauten Wassers nach, und mit Wucht wälzte sich das Wasser zu Tal und riss die alte hölzerne Filsbrücke hinweg. Die ganze Arbeit war umsonst gewesen, das Festessen wurde abgesagt, und Pioniere aus Ulm mussten eine Notbrücke erstellen, die im Folgejahr durch eine eiserne Brücke ersetzt werden konnte.

Papier- und Textilindustrie, wobei die Wasserkraft gleichfalls eine Rolle spielte. Aus einem der Unternehmen sind die Kaliko- und Kunstlederwerke Beneke-Kaliko AG hervorgegangen, die heute der größte Arbeitgeber der Stadt sind. 1999 bot die Firma in Eislingen 450 Arbeitsplätze. Zu erwähnen ist auch die Firma Dr. Scheller Cosmetics AG, die Kosmetika und die bekannte Zahncreme Durodont herstellt. Als Zulieferer für die Automobilindustrie ließ sich nach dem Zweiten Weltkrieg die Firma Ex-Cell-O hier nieder. Vom Chemie- und Mineralölunternehmen Zeller & Gmelin war schon in anderen Kapiteln die Rede.

Wie wechselhaft die Geschichte einzelner Betriebe verlaufen kann, mag das Beispiel der Firma Ventzki zeigen. August Ventzki errichtete 1882 in Graudenz an der Weichsel (heute Grudziadz) eine Fabrik für Pflüge und nahm 1898 den Bau von Dampfpflug-Lokomotiven auf. Um den Markt in Süddeutschland besser bedienen zu können, übernahm er 1907 die Göppinger Eggenfabrik Straub & Cie, verlegte sie wegen Platzmangels nach Groß-Eislingen und baute hier vor allem Eggen. Da Graudenz nach dem Ersten Weltkrieg an Polen fiel, verkaufte Ventzki einen Teil des dortigen Werks und baute in Stolp/Pommern (heute Slupsk) einen neuen Betrieb auf. Die Lizenzen für Dampfpflüge wurden 1928 an Borsig in Tegel abgegeben. Nun wurden in Eislingen auch andere landwirtschaftliche Geräte und seit 1922 zudem Lufthämmer hergestellt.

Im Zweiten Weltkrieg produzierte Ventzki erneut in Graudenz. 1945 blieb allein das Werk in Eislingen. Der Bau von Landmaschinen erwies sich jedoch bald als zu risikoreich. Deshalb ging Ventzki 1970 mit MTD in Cleveland/Ohio zusammen. Seitdem standen Motorgeräte für den Garten im Vordergrund. Der Bau von Landmaschinen wurde 1982/83 beendet, der inzwischen aufgenommene Bereich »Handhabungstechnik« 1986 an Würtex in Uhingen abgegeben. Lediglich für den Vertrieb blieb in Eislingen die Ventzki MTD erhalten, doch als Würtex 1991 aufgelöst wurde, ging die Ventzki Handhabungstechnik nach Eislingen zurück, allerdings unter das Dach der WEKU Hofmann. Das frühere Werk wurde teilweise abgerissen; an seiner Stelle entstand der Neubau der Papierfabrik Finess (zuvor Akerlund & Rausig, früher Fleischer), die ihrerseits 1991 ihre Tore schloss. Heute nutzen das Gelände zum einen die Papierfabrik Salach, zum anderen die norwegische Firma Raufoss, die hier als Nachfolger der ursprünglich in Geislingen an der Steige beheimateten Firma Scheible Metalltechnik Teile für Schwerfahrzeuge baut. So schnell-lebig ist heute die Zeit! Manchmal bleibt allerdings nur eine »Industriebrache« übrig.

Skulpturen-Kreisverkehr im neuen Stadtzentrum von Eislingen

Zentrum im Filstal: Göppingen

Die älteste Darstellung der Stadt Göppingen findet sich in dem Panorama von etwa 1535. Die herausragenden Gebäude sind von rechts nach links: Oberhofenkirche und Heiligkreuz-Kapelle, Pfaffentor, Adelberger Pfleghaus, Rathaus (mit Treppengiebel), Unterer Torturm, Liebensteinisches Stadtschloss (»Storchen«), Fischtor und Wendelinskapelle (Turm nahe dem Fluss). Links der Fils das Sauerbrunnenbad. Die Fußgängerbrücke reicht wegen der Hochwassergefahr weit über den Fluss hinaus.

Mit seinen jetzt rund 58 000 Einwohnern (einschließlich der eingemeindeten Orte) ist Göppingen das unbestrittene Zentrum im Filstal, ist es doch auch die Hauptstadt des Staufer-Kreises Göppingen. An welchem Platz sich Geppo, der dieser Siedlung den Namen gab, wohl im 5./6. Jahrhundert niederließ, ist bis heute nicht bekannt. War es dort, wo später der Freihof stand, also etwa beim heutigen Schloss, oder war es an einer anderen Stelle der Stadt? Nachgewiesen sind Siedlungen bei der Schulerburg und bei Bartenbach sowie die sicherlich später als Göppingen gegründeten Niederlassungen Niederhofen (beim Christophsbad) und Oberhofen. Der Bau der dortigen hölzernen Martinskirche, einer der ältesten im Filstal, begann im 7. Jahrhundert (siehe Kapitel Kunst).

Wie die Sage weiß, soll 1098 mit der Ummauerung der Siedlung begonnen worden sein, doch ist das nicht beweisbar. Wahrscheinlich wurde die Stadt 1129 unter Herzog Friedrich II. von Schwaben beim alten Dorf angelegt, und vermutlich wurden dabei die Einwohner von Oberhofen und Niederhofen nach Göppingen umgesiedelt, um die Stadt zu füllen. Bemerkenswert dabei ist, dass die bedeutende Kirche in Oberhofen bei der Gründung der Stadt »extra muros« (außerhalb der Mauer) blieb, dass Göppingen seine Pfarrkirche also nicht innerhalb der Stadt hatte. Jedenfalls dürfte Göppingen 1154, als König Friedrich Barbarossa hier weilte, bereits Stadt gewesen sein. Hier gab es 1206 nachweislich einen Vogt, einen Graben und den Adelberger Klosterhof. Wohl 1273 eroberte Graf Ulrich II. von Württemberg den Ort, doch erst 1319 erhielt Graf Eberhard I. den Besitz bestätigt. 1347 übergab König Karl IV. auch den hiesigen Zoll an die Württemberger Grafen, ja 1396 erhielt Göppingen durch Graf Eberhard III. sogar eine Münzwerkstatt, die allerdings nur bis 1404 den »Göppinger Heller« prägte.

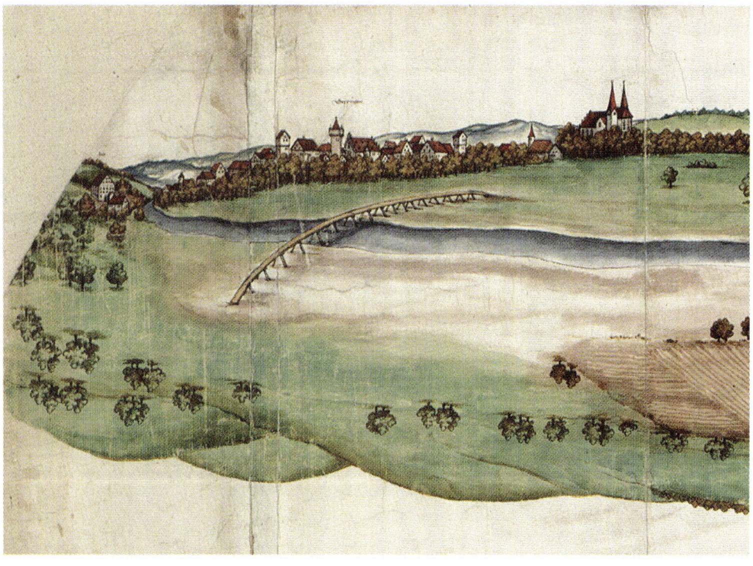

In einer interessanten Studie konnte Werner Lipp zeigen, wie Göppingen im Mittelalter aussah. Zur Stauferzeit kam die breite Hauptverkehrsstraße von Westen beim Oberen Tor – das etwa auf der Höhe der heutigen Schlossstraße stand – herein, verbreiterte sich in der Mitte und endete etwa bei der heutigen Schulstraße am östlichen Tor, an das sich bogenförmig nach beiden Seiten die Stadtmauer anschloss. Weitere Tore gab es nicht, Göppingen war nur eine kleine Stadt. Die Nord-Süd-Straße Lorch–Kirchheim musste in der Stadt dem Verlauf der West-Ost-Straße folgen. Östlich der Mauer (wo heute das Neue Rathaus steht und darüber hinaus) lag ein See, der vom Brühlbach gefüllt wurde, als Fisch- und Löschteich diente und den Stadtgraben speiste. Die Fachwerkhäuser reihten sich giebelständig an den Straßen, jedoch nicht in einer geraden Linie, sondern gegeneinander versetzt, und je weiter östlich sie lagen, desto stärker waren die Nebenstraßen gekrümmt. Mehrere Schöpfbrunnen sicherten die Versorgung mit Wasser.

1315 wird eine »neue Mauer« erwähnt. Die Stadt war also erweitert worden. Wo der neue Teil ansetzte, bog die Hauptstraße nach Südosten zum Unteren Tor um. Der See wurde aufgefüllt und mit Pfahlgründungen überbaut, was später übrigens einige Probleme bescherte. Ein großer Brand verheerte die Stadt im Jahr 1425. Offenbar mangelte es an Wasser, denn nach dem Ereignis leitete man von Eislingen her Wasser aus der Fils durch den Stadtbach zum relativ hoch gelegenen Nordwestteil und von dort in kunstvoll dem Gefälle folgenden Kandeln (offenen Kanälchen) durch die Stadt. Damit war nicht nur Löschwasser verfügbar, sondern man hatte auch an warmen Tagen erfrischende Luft, wenngleich die Kandeln zugleich als Kanalisation dienten.

Am 25. August 1782 wurde die Stadt Göppingen in Schutt und Asche gelegt.

Der Brand von 1782

Es geschah am Sonntag, dem 25. August 1782, zwischen 19 und 20 Uhr: Ein Blitz schlug in das Haus eines Rotgerbers im Zentrum der Stadt und setzte es sofort in Brand. Rasch griff das Feuer um sich, der starke Wind breitete es weiter aus, aber es fehlte wegen großer Hitze und Dürre des Sommers an Wasser zum Löschen. Schließlich lagen 347 Gebäude in Asche, 495 Familien waren obdachlos. Fast alle hatten auch Hab und Gut verloren, und wer etwas vor die Tore retten konnte, wurde vielfach noch bestohlen. Eine Frau starb an den Folgen des Blitzschlags, sonst gab es keine Opfer. Die Theologen sprachen von einem Strafgericht Gottes.

Herzog Carl Eugen und Franziska von Hohenheim waren in Hohenheim kaum ins Bett gegangen, als der Alarmruf erscholl. Vom Garten aus sahen sie einen großen Lichtschein. Sogleich fuhren sie in dessen Richtung, doch als sie gegen 0.30 Uhr in Göppingen eintrafen, war nichts mehr zu retten. Der Herzog beorderte Soldaten zu den Aufräumungen und ordnete an, die hundert ärmsten Familien mit Brot und Fleisch zu versorgen, was (mit Unterbrechungen) bis zum 20. Februar 1783 erfolgte. Von den betroffenen Familien legte er 45 und ebenso die Schulen in das verschont gebliebene Schloss, die anderen fanden in den unversehrt gebliebenen Gebäuden und in 27 Orten der Umgebung ein Unterkommen, einige leider nur in Hütten auf dem Feld. Die Bewohner der Nachbarorte spendeten Brot, Mehl, Wein und Geld und mussten Hilfskräfte zum Aufräumen senden, einige Oberämter schickten 52 verbilligte (gebrauchte) Zeugmacherstühle, da 200 Stühle vernichtet waren. Eine Sammlung im ganzen Land, vom Herzog überlassenes Holz und Zollfreiheit bis 1799 waren den Menschen beim Wiederaufbau eine große Hilfe. Mit der Fertigstellung des Rathauses 1785 war die Erneuerung der Stadt vollendet.

Bei den Streitfällen, die im Laufe der Zeit wiederholt um die Entnahme von 170 bis 250 Liter pro Sekunde bei Eislingen entbrannten, erhielt Göppingen auf Grund des Vertrages von 1425 stets Recht. Der Stadtbach speiste auch den Stadtgraben vor der Mauer, den man zugleich zur Fischzucht nutzte, vor allem für Karpfen; er wurde 1753 aufgehoben, ein verbliebener Rest 1779. Außerdem mussten die Häuser nach dem Brand im Erdgeschoss (wo der Herd stand) in Stein erbaut werden, Keller-Falltüren wurden (als hinderlich) verboten, die Kloakenkästen der Häuser waren in den Winkeln (den Abständen zwischen den Häusern) einzurichten, der Hausabstand wurde auf eineinhalb Schuh (etwa 43 cm) festgelegt.

Der Bau des Schlosses und des Marstalls durch Herzog Christoph stärkte die Funktion der Stadt (siehe Kapitel Kunst). Nachdem 1619 die Stadtkirche fertiggestellt worden war, verlor die Oberhofenkirche ihre Bedeutung. Ihr Schicksal ist im Ka-

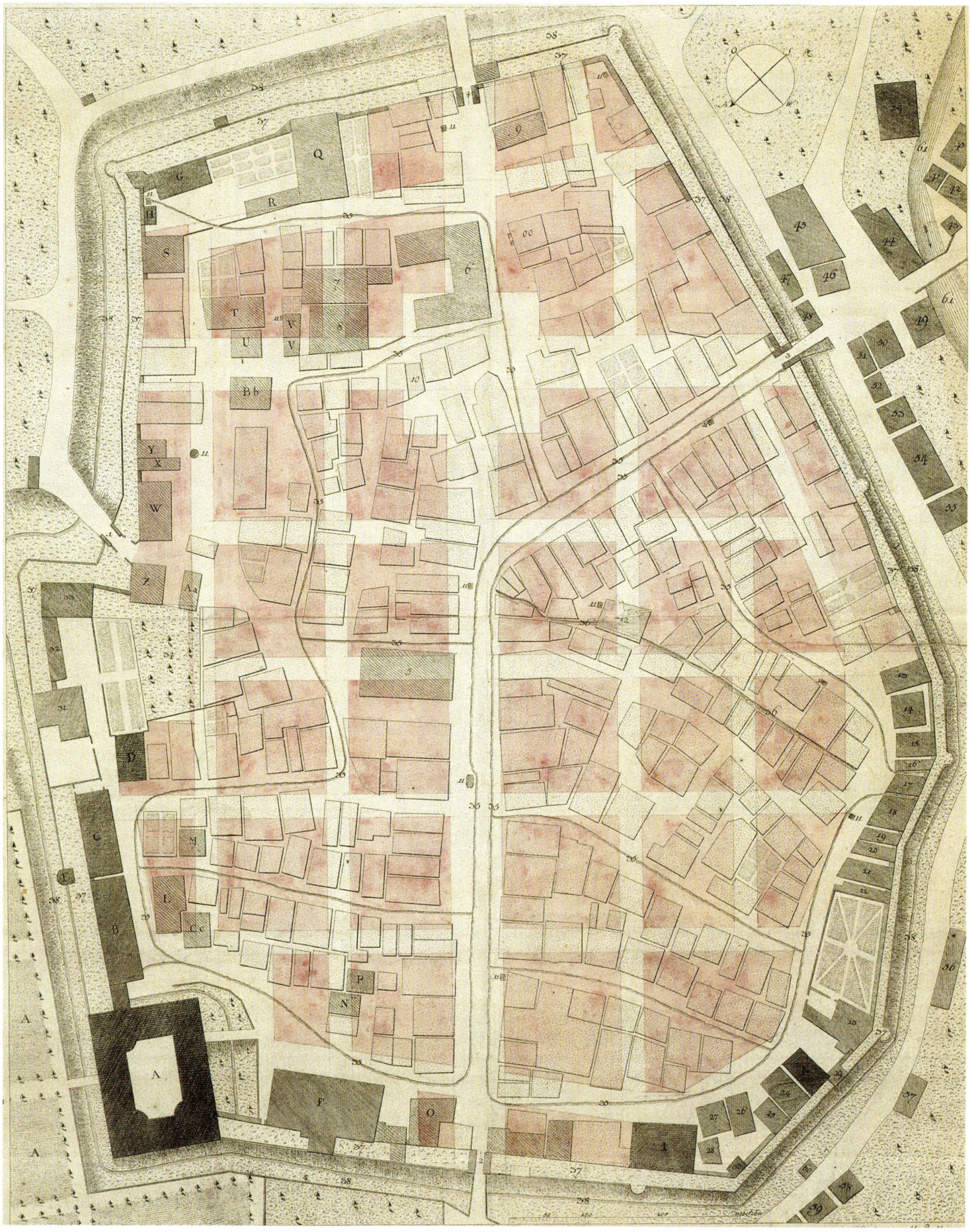

»Generalplan von der abgebrannten Stadt Göppingen«, aufgenommen von Landesoberbauinspektor Gross, gestochen von Balleis in der Hohen Carls-Schule 1783. Der Plan zeigt in dunkler Farbe den alten Grundriss der Stadt mit dem Verlauf der Kandeln und in roter Farbe den für den Wiederaufbau geplanten neuen Grundriss. Links unten das Schloss, die Oberkante der Karte weist nach Südost.

pitel Kunst beschrieben. Große Not und Last plagten Göppingen – gleich den anderen Orten – im Dreißigjährigen Krieg, zumal 1625 Lungenfäule den Viehbestand dezimierte und die Pest 1625 und 1635 viele Einwohner hinwegraffte. Im Jahr 1635 kamen Stadt und Amt Göppingen an Erzherzogin Claudia von Tirol. Das änderte das schwere Los der Stadt aber nicht, nur regierten hier jetzt österreichische Vögte. Im Gegenteil: Göppingen sollte katholisch werden, doch die Einwohner wehrten sich mit allen Mitteln.

Noch ein zweites Mal erlebte Göppingen ein verheerendes Feuer: 1782 brannte nahezu die gesamte Altstadt nieder. Deshalb gibt es in ihr fast keine älteren Bauten, lediglich einige Gebäude am Rand blieben erhalten: Oberhofenkirche, Schloss und Marstall, Stadtkirche, Alter Kasten, Storchen, Adelberger Fruchtkasten. Nach diesem Brand befahl Herzog Carl Eugen, die Stadt in moderner Form wieder aufzubauen. Landesoberbauinspektor Johann Adam Groß plante den Neubau im klassizistischen, rechtwinkligen Grundriss mit einer breiten Hauptstraße als Achse. Der Herzog genehmigte den Plan mit seiner Unterschrift und kam später selbst zur Besichtigung. Die Mitte der 36 Häuserblöcke sollten große Höfe einnehmen. Für die Tagelöhner und Handwerker, die angesichts der nun geringeren Zahl von Wohnungen kein Unterkommen mehr fanden, entstand im Osten als eine Vorstadtsiedlung die Karlstraße. Hier wurden die vielen Häuser traufständig angeordnet, während sie innerhalb der Mauern wieder giebelständig erstellt wurden. Das Rathaus wurde wiederum als Kaufhaus errichtet, in dessen Erdgeschoss Salz-, Korn- und Tuchhändler ihre Stände hatten, es diente aber auch der Rechtspflege, als Staatsgefängnis und Schandbühne sowie der Post und als Spritzenmagazin. Die Stadtmauer wurde erst im 19. Jahrhundert abgerissen; die fünf Tore fielen 1835.

Welche Bedeutung in Göppingen das Gewerbe der Tuch- und Zeugmacher im Mittelalter besaß, wird daran deutlich, dass einer der Tucher Bürgermeister oder gar Vogt war. Am Ende des 16. Jahrhunderts gab es in Württemberg nur zwei Städte, die eine eigene Zeugmacherordnung besaßen, nämlich Calw (1589) und Göppingen (1598). Im Jahr 1718 lebten in der Stadt 35 Tuch- und 49 Zeugmachermeister. Sie verarbeiteten Wolle und heimische Pflanzenfasern. Das Handwerk war mit so vielen Meistern jedoch überbesetzt und folglich arm. Man gründete deshalb 1729 die Societät des Zeugmacher-Handwerks, die tatsächlich einige Besserung erreichte, indem sie die Waren über große Messen und auf Reisen vertrieb. Für 1820 werden noch 197 Webstühle genannt: 21 für Leinwand-, zwölf für Wollentuch-, 44 für Strumpf- und 120 für Zeugmacherweberei. Nachdem 1738 in England die Spinnmaschine und 1786 der mechanische Webstuhl erfunden worden waren und als ab dem Ende des 18. Jahrhunderts die Baumwolle ihren Einzug hielt, ging die Zahl der Tuch- und Zeugmacher stark zurück, sie konnten mit den sich nun entwickelnden Fabriken nicht konkurrieren.

Die erste mechanische Baumwollspinnerei in Göppingen richtete 1764 Lorenz Kielmann ein, doch hörte der Betrieb mit seinem Tod auf. 1773 folgte die Bandmanufaktur von Gottlieb Beck; sie arbeitete bis 1821. Im Jahr 1820 entstand die erste mechanische Baumwollweberei, 1824 ferner eine Bandweberei. Die Anfänge der Industrie vollzogen sich also nur schrittweise und es gab noch viele Gegner. Doch dann beschleunigte sich das Tempo, begünstigt durch die Wasserkraft. Die Mühlen wurden nach und nach in Fabriken umgewandelt und mit neuen Triebwerken versehen. 1861 lieferte die Wasserkraft 1456 PS, doch das reichte schon längst nicht mehr aus. Der Bezug an Steinkohle zeigt den Wandel an: 1866/67 erhielt Göppingen 4016 Tonnen, 1897 aber 32 370 Tonnen.

Vor allem die Textilindustrie entwickelte sich stark, nicht zuletzt durch die Juden aus Jebenhausen. Herstellung von Seidenbändern, Korsettweberei, Barchentweberei, mechanische Spinnereien – die Produktion war durchaus nicht einseitig. Mit 281 Korsettstühlen in Göppingen und drei weiteren in Klein-Eislingen lieferte dieser Standort 1858 ein Drittel der Korsett-Produktion von Württemberg. Ein Teil der Arbeit wurde im Verlagssystem vergeben, das heißt in Heimarbeit, wobei der Unternehmer das Material lieferte und fertige Ware bestellte. So beschäftigte die Textilfabrik A. Rosenheim & Co 1844 in Jebenhausen nur zwölf Arbeiter, auswärts aber 600 bis 700 Webstühle. Schon 1741 wurde übrigens eine Fayencefabrik gegründet, doch sie arbeitete nur wenige Jahre.

An dem »Mühl-Fils« genannten Kanal, der schon für 1584 belegt ist, aber viel älter sein dürfte, nutzten mehrere Mahl- und Schleifmühlen sowie eine Walkmühle die Wasserkraft. Eine der Mahlmühlen wurde 1727 in eine Papiermühle umgewandelt. Der Einsatz der Dampfmaschine begann 1844 in der Papierfabrik Beckh in Faurndau. Andererseits entstanden aus Gerbereien jetzt Lederfabriken und sogar eine Schuhfabrik (die 1912 nach Faurndau übersiedelte). Den Kanal nutzten übrigens auch die Gerber, deren Zunft im 15. Jahrhundert ebenfalls einen Bürgermeister stellte. 1969 bis 1979 ließ die Stadtverwaltung den Kanal zuschütten.

Um 1820 lebten in der Stadt noch 23 Ackerbauern sowie zwölf Hirten, und es standen hier

160 Pferde, 330 Rinder, 1450 Schafe, 104 Schweine und 18 Ziegen in den Ställen sowie zwölf Bienenstände und 40 620 tragende Obstbäume in der Flur. Das infolge der Erbteilung stark zersplitterte Ackerland bedeckte mit 1531 Morgen (gut 482 Hektar) den weitaus größten Teil der Flur. Wiesen nahmen 298 Hektar ein, die Allmende 150 Hektar. Auch Kaufleute, Geistliche, Handwerker und Beamte besaßen Felder und Gärten, die sie durch Tagelöhner, deren es 60 gab, bewirtschaften ließen. Umgekehrt mussten auch die Bauern einem Nebenerwerb nachgehen, und das war vielfach die Handweberei und -spinnerei. Nach und nach gaben sie ihren Beruf auf. Gehandelt wurde mit Barchent, Zeug, Strümpfen, mit Dreher- und Sattlerarbeiten sowie mit Rindern und Schafen; Handel mit Herren- und Damenhüten wurde in einer Beschreibung besonders hervorgehoben.

Angeregt durch Reparaturen an den importierten Maschinen der Textilfabriken, wandelten sich im 19. Jahrhundert einige mechanische Werkstätten zu Maschinenfabriken. So kaufte Schlossermeister Ludwig Schuler 1839 eine Schlosserei und nahm mit einem Lehrling die Arbeit auf. Angeregt durch Produkte, die 1851 auf der Weltausstellung in London gezeigt worden waren, begann er mit der Herstellung von Maschinenteilen und Maschinen zur Blech-Bearbeitung. Heute ist die Maschinenfabrik L. Schuler GmbH einer der bekanntesten Hersteller von Pressmaschinen und mit insgesamt etwa 4000 Beschäftigten Ende 2002, davon gut 1300 in Göppingen (1966 waren es hier noch etwa 2400), eines der bedeutendsten Unternehmen der Stadt. Ungefähr um dieselbe Zeit, nämlich 1844, gründete Johannes Boehringer eine mechanische Reparaturwerkstatt, in der er bald Spinnerei- und Färbereimaschinen herstellte. 1855 baute er in der Werkstatt seines Bruders Johann Georg die erste Göppinger Dampfmaschine mit fünf PS. Dann kamen Werkzeugmaschinen hinzu. Daraus ging die Maschinenfabrik Gebr. Böhringer GmbH hervor, die heute Drehmaschinen, hydraulische Antriebe und Textilmaschinen baut. Sie hatte 1966 rund 2200 Mitarbeiter, Ende 2002 infolge der Rationalisierung 537.

1856 machte sich der Flaschnermeister Wilhelm Märklin selbständig und begann, Kochgeschirre und Herde für Kinder herzustellen, die seine Frau Karoline in Süddeutschland und der Schweiz vertrieb. Daraus erwuchs die Metallspielwarenfabrik Gebr. Märklin, die – vor allem mit Spielzeug-Eisenbahnen und Baukästen – Göppingens Namen in alle Welt trägt. In Göppingen und Nürnberg beschäftigte die Firma Märklin Ende 2002 über 1700 Mitarbeiter, in Ungarn weitere 400. Noch immer spielt die Handarbeit eine große Rolle, so dass etwa 50 Prozent der Unkosten auf Personalkosten entfallen.

Fabrikation von Modellbahnwagen bei Märklin

Die Wohn-, Verwaltungs- und Fabrikationsgebäude der Firma Schuler im 19. Jahrhundert

Von der Modellbahn zur großen Eisenbahn: Im Jahr 1900 wurde in Göppingen die Gleisbaufirma Leonhard Weiss gegründet. Das Unternehmen hat sich jeodch mittlerweile vom reinen Gleisbaubetrieb zu einem modernen Unternehmen entwickelt, das auf nahezu allen Gebieten des Bauens bundesweit tätig ist. Leonhard Weiss beschäftigt heute insgesamt 2600 Mitarbeiter; am Standort Göppingen sind die großen Gleisbauzüge beheimatet.

Die Einwohnerzahlen Göppingens

Jahr	*Zahl*
1720	etwa 2800
1790	etwa 3600
1839	etwa 5000
1869	6762
1900	19 384
1939	30 322
1961	48 957
31. Dezember 2002	56 306

In der Metallbranche entwickelten sich in Göppingen noch weitere Firmen, und auch Betriebe anderer Branchen nahmen ihre Produktion auf. Heute bietet die Stadt einen breiten Fächer der Produktion. Um die Wende zum 20. Jahrhundert überflügelte der Maschinenbau nicht nur die anderen Branchen, sondern er löste sich auch von der Textilindustrie: Im Jahr 1966 waren in 17 Maschinenfabriken 40 Prozent der Beschäftigten in Göppingen tätig, in 25 Fabriken des Textil-Sektors dagegen nur 16 Prozent. Seither hat die Textilindustrie weiter an Bedeutung verloren.

Mit der Industrie wuchsen zum einen die Pendlerströme, zum anderen die Bevölkerung der Stadt und damit die Wohnungsnot. Als man ab 1820 neue Baugebiete erschloss, geschah dies noch ohne einen Gesamtplan. Ein »Stadterweiterungsplan« liegt erst seit den 1870er-Jahren vor. Schon 1865 gründeten Arbeitnehmer und Arbeitgeber die erste württembergische Genossenschaft zur Erbauung von Arbeiterwohnungen. Auch die Bevölkerungsstruktur veränderte sich: Gab es 1844 in Göppingen nur zwölf Katholiken, so waren es 1866 bereits 500. Im Jahr 1871 wurde die erste katholische Kirche erbaut, 1881 die Synagoge für die Juden, die vor allem aus Jebenhausen hierher übergesiedelt waren. Als 1865 die Gewerbebank gegründet wurde, verbesserte sich die Möglichkeit, die Gründung

Göppingen aus der Luft, im Hintergrund die drei »Kaiserberge« Hohenstaufen (links), Rechberg und Stuifen

neuer Unternehmen zu finanzieren. Um genug Trinkwasser zu haben, führte man ab 1904 Wasser aus dem Nassachtal heran; 1917 erfolgte der Anschluss an die aus dem Donautal gespeiste Landeswasserversorgung.

Der Erste Weltkrieg hinterließ auch in Göppingen Spuren. Das Rote Kreuz richtete 1914 zwei Reservelazarette ein, in einer Verwundeten-Schule konnten Kriegsinvaliden sich weiterbilden. Die Stadtverwaltung begegnete der Not, indem sie 1915 Land für 200 Kleingärten bereitstellte. Der Umbruch am 9. November 1918 verlief in Göppingen ruhig.

Ein wichtiges Ereignis war die Einrichtung des Flugplatzes von Göppingen auf der großen Viehweide. Das Omnibus-Unternehmen Hommel legte ihn 1930 als privaten Start- und Landeplatz an, unterstützt von der Stadt, die sich dadurch eine Stärkung der Wirtschaft erhoffte. Am 29. Juni 1930 gab es den ersten Flugtag. Im Herbst 1933 begann der Ausbau zu einem Flugplatz der Luftwaffe, die am 28. September 1935 mit einer Parade in Göppingen einrückte. Nahaufklärer wurden hier stationiert. Nun war Göppingen auch Garnison. Ein Jahr später zog eine Einheit der Flugzeugabwehr (Flak) in Holzheim ein. Sie kämpfte schon bald mit der »Legion Condor« im Spanischen Bürgerkrieg und war auch 1938 beim Einmarsch in die Tschechoslowakei dabei. Die leichte Flak-Abteilung 851 ging in Stalingrad unter, die Abteilung 85 fand ihr Ende 1945 in Posen.

Während des Krieges diente der Flugplatz als Flugzeugführerschule. Um feindliche Bomber zu täuschen, baute man 1940 bei Bezgenriet einen Scheinflugplatz mitsamt seiner Beleuchtung auf. Das weckte in der Bevölkerung um Bezgenriet eine besondere Angst. Nach der Einführung des Radars verlor die Anlage ihren Sinn und wurde deshalb 1944 abgebaut.

Bei der rücksichtslosen Verfolgung der Juden kamen, der Darstellung von Aron Tänzer zufolge, 77 Göppinger in Konzentrationslager – von denen nur sieben überlebten –, 24 wurden an andere Orte verbracht, 133 wanderten aus, die meisten in die USA.

Obwohl das Ende des Zweiten Weltkrieges schon abzusehen war, sollten am 1. März 1945 zwei Staffeln amerikanischer Flugzeuge mit je 36 »Fliegenden Festungen« von England aus den Verschiebebahnhof in Göppingen angreifen. Wegen der Bewölkung war ein Flug nach Sicht nicht möglich. Die 351. Gruppe, bei der das Navigationsflugzeug technische Mängel hatte, drehte deshalb ab und ließ ihre tödliche Last über Heilbronn-

Göppingen nach dem Bombenangriff vom 1. März 1945

Der Spielplatz knüpft mit seinem Kletterbaum an die einstige Funktion des Geländes an.

Oben: Ein Teil des einstigen Flugplatzes ist heute ein Golfplatz, von dem aus sich ein reizvoller Ausblick auf den Rand der Schwäbischen Alb und ins Filstal bietet.

Die Klinik am Eichert wurde 1979 fertig gestellt.

Böckingen fallen. Die zweite Gruppe aber warf um 14.28 Uhr ihre Bomben aus 7000 Metern Höhe über Göppingen ab. Sie verfehlte jedoch das Ziel; die 269 Fünfzentner-Spreng- und 136 Fünfzentner-Brandbomben gingen im Norden und Osten der Stadt in Wohn- und Gewerbegebieten nieder. 293 Menschen, fast vier Fünftel davon Frauen und Kinder, kamen ums Leben, 182 Gebäude wurden total zerstört, darunter alle der Gabelsbergstraße, 288 beschädigt. Die Amerikaner selbst beurteilten den ohne eigene Verluste erfolgten Angriff als wenig wirkungsvoll. Bei weiteren Angriffen wurden der Bahnhof, die Jebenhausener Brücke und mehrere Gebäude erheblich beschädigt. Insgesamt kamen bei allen Angriffen in Göppingen 334 Personen ums Leben, 292 Häuser wurden total zerstört, 741 Häuser mehr oder weniger stark beschädigt.

Am Ende des Zweiten Weltkrieges fanden zahlreiche Flüchtlinge aus dem Schönhengstgau und dem Banat in Göppingen eine neue Heimat, weitere Personen aus Trautenau (Sudetenland) sowie aus Rumänien, Ungarn und Schlesien kamen in Faurndau unter. Das Museum und das Archiv im Alten Kasten bewahren die Überlieferung, die auch durch Patenschaften der Stadt gepflegt wird. Hatte Göppingen 1939 rund 28 000 Einwohner in mehr als 8900 Wohnungen, so waren es 1949 rund 40 000 Personen bei einem geringeren Wohnungsbestand. Alle mussten eng zusammenrücken. Um Abhilfe zu schaffen, gründete die Stadt 1949 die Gemeinnützige Wohnungshilfe, die mit zinslosen Spareinzahlungen Neubauten finanzierte.

Der Flugplatz diente zunächst als Sammelplatz für Displaced Persons. 6000 Ausländer lebten hier im Mai 1945. Ein Jahr später übernahmen den Platz amerikanische Truppen, für deren Familien die Bundesrepublik Deutschland 1950 bis 1957 im Bürgerhölzle mehrere Wohnkomplexe erbaute. Göppingen blieb also Garnison. 1972 waren hier immerhin 1500 US-Soldaten stationiert. Die Amerikaner verließen Deutschland 1992. Fünf Jahre später erwarb die Wohnbaugesellschaft Göppingen das 125 Hektar große Areal und gestaltete es zum Wohn- und Gewerbegebiet »Staufenpark« um. Die Abschwächung der Konjunktur ab etwa 2000 verlangsamte allerdings die »Konversion«, die Umwandlung einer militärischen Einrichtung in eine zivile.

Hinzu kamen für die Stadt neue Funktionen. So zog 1952/53 die neu gegründete Bereitschaftspolizei in die ehemalige Flak-Kaserne in Holzheim ein, die zwischenzeitlich (ab 1945) als Lazarett beziehungsweise als Krankenhaus genutzt worden war. 1979 wurde die große Kreisklinik fertiggestellt, ein 1000-Betten-Haus, das weithin sichtbar auf dem Hügel Eichert thront. Im Jahr 1988 wurde die Fili-

Vereinigungen mit Göppingen

Jahr	Ortschaft
1939	Holzheim
1939	Jebenhausen
1956	Bartenbach
1957	Bezgenriet
1971	Hohenstaufen
1972	Maitis
1973	Lenglingen
1975	Faurndau

Die Gebäude um das Haus Grabenstraße 22a zeigen das Nebeneinander von reizvollem alemannischem Fachwerk, wilhelminischer Backstein-Bauweise und langweilig »modernisierter« Fassade des 20. Jahrhunderts.

ale der Fachhochschule für Technik Esslingen aufgebaut, neben der in Göppingen noch viele Gymnasien und mehrere berufliche Fachschulen stehen. Die Stadt ist somit ein wichtiges Schulzentrum. Insgesamt nahm die Zahl der im Dienstleistungssektor beschäftigten Personen stark zu, während die im produzierenden Sektor sank.

Das Wirtschafts- und Bevölkerungswachstum nach dem Zweiten Weltkrieg führte zu einer starken Erweiterung der Stadt. So wurde 1950 mit Schopflenberg (Bezgenriet) an der Stelle einer abgegangenen Siedlung ein Wohngebiet für Flüchtlinge erstellt, das später noch weiter wuchs. Manzen erhielt gleichfalls eine Siedlung für Flüchtlinge und Vertriebene, sie wurde später für andere Häuslebauer erweitert; und die in den 1960er-Jahren in Ursenwang erbaute Satelliten-Siedlung wurde später durch ein Gewerbegebiet vergrößert. Zudem wurden schon vor der Verwaltungsreform der 1970er-Jahre mehrere Nachbarorte mit der Kreisstadt vereinigt. So stieg die Zahl der Einwohner bis 1979 auf immerhin 54 000 an.

Die Stadtsanierung, die in der Zeit um 1970 begann, gab Göppingen in mehreren Teilen ein neues Gesicht. Man findet zwar noch viele alte Gebäude, doch im Zentrum der Altstadt haben sie Nachbarn mit modernen, aber nicht immer hübschen Fassaden erhalten, und an mehreren Stellen ragen heute Hochhäuser und Betonburgen empor. Industriebrachen in der Innenstadt wurden vor allem in Dienstleistungsgebiete umgewandelt. Mehrere Straßen gestaltete man um zu Fußgängerzonen, die vom lärmenden Verkehr verschont bleiben und das Einkaufen in Ruhe ermöglichen. Passagen von einer Straße zur anderen bieten neue Handelsstandorte und ersparen Umwege. Neue Groß-Läden zwangen allerdings so manchen »Tante-Emma-Laden« zum Aufgeben. Der ruhende Verkehr ist in große Garagen wie unter der Marktstraße verbannt.

Den sportbegeisterten Zeitgenossen kommt beim Namen Göppingen sofort ein Begriff in den Sinn: Frisch Auf! Die Handballmannschaft dieses Göppinger Sportvereins zählte seit Mitte der 1950er- bis zu Beginn der 1970er-Jahre zur absoluten Spitze in Deutschland. Auch international waren die Handballer aus der Stauferstadt in dieser Zeit sehr erfolgreich. Nach einer Phase des sportlichen, aber auch wirtschaftlichen Niedergangs in den nachfolgenden zweieinhalb Jahrzehnten hat sich der Verein wieder erholt und spielt seit der Saison 2000/2001 wieder um die Deutsche Meisterschaft mit.

Eine gesonderte Darstellung verdient Jebenhausen, der Ort des Bades – darauf wurde bereits eingegangen – und der Juden. Im 14. Jahrhundert war das Dorf unter verschiedenen Herrschaften aufgeteilt, wobei es so manchen Wechsel gab. 1467/68 erwarb Konrad von Liebenstein alle Rechte. Seine Nachkommen führten hier 1559 die Reformation ein und erbauten 1686 das schlicht gehaltene Schloss am Rande des Ortes, das noch heute von der Familie bewohnt wird. Bis 1806 war die Herrschaft reichsunmittelbar. 1777 erlaubte Freiherr Philipp von Liebenstein jüdischen Familien, sich in Jebenhausen niederzulassen. Damit begann eine besondere Entwicklung, die später auch Göppingen erfasste.

Die Zahl der Juden wuchs allmählich an, so dass 1806 von den 650 Einwohnern, die in Jebenhausen lebten, 238 Juden waren. Im Jahr 1807 konnte sich die jüdische Gemeinde eine Synagoge erbauen. Um 1842 lebten hier 550 Juden und 700 Christen. Die Juden verdienten ihr Brot als Vieh-, Klein- und

Moderne Architektur in Göppingen: Die Hochhausgruppe »Staufen Center«

Wie die Juden nach Jebenhausen kamen

Graf Maximilian Wilhelm von Limpurg-Styrum fertigte im Jahr 1719 aus Tannhausen vertriebenen Juden einen Schutzbrief aus, wonach sie sich in Illereichen ansiedeln durften. Der von ihnen in Memmingen betriebene Handel wurde dort allerdings erheblich behindert, ja 1767 wurde einigen sogar das Betreten der Stadt verboten. Elias Gutmann wandte sich daraufhin 1777 an den Freiherrn Philipp von Liebenstein, der 20 Familien erlaubte, sich in Jebenhausen anzusiedeln. Er versprach ihnen den Schutz. Zuzug weiterer Juden war nur infolge einer Heirat erlaubt. Jede Familie musste der Herrschaft jährlich ein Schutzgeld von zwölf Gulden und der Gemeinde einen Gulden bezahlen, Witwen die Hälfte, von den üblichen Diensten waren sie befreit. Sie durften zunächst keine Häuser und Güter besitzen, die vorher Christen gehörten, und bauten deshalb ihre Häuser rechts des Tintenbachs (Boller Straße und Vorderer Berg). 1798 wurde die Zuzugsbegrenzung aufgehoben.

Gemischtwarenhändler, aber auch als Weber, Metzger und Hausierer, einzelne als Landwirte. Trotzdem waren viele von ihnen arme Schlucker, rechtlich benachteiligt und von den meisten Christen verachtet. Nachdem 1828 die Gewerbebeschränkungen für Juden aufgehoben und sie weitgehend gleichgestellt worden waren, gründeten etliche von ihnen hier Fabriken für Baumwoll- und Leinenwaren. Als erste entstand 1835 die Firma A. Rosenheim & Co. 1840 folgte Gutmann & Co, für die auswärts zwei- bis dreihundert Webstühle arbeiteten.

Das 1686 im Stil der Spätrenaissance erbaute Schloss in Jebenhausen

Als 1848 die Freizügigkeit gewährt wurde, wanderten viele an die Fils oder in den Stuttgarter Raum ab und gründeten dort neue Betriebe, vor allem in der Baumwollweberei und der Korsettfabrikation. 1862 waren in Göppingen elf jüdische Fabrikanten geprüfte Webmeister. Die jüdische Gemeinde in Jebenhausen schrumpfte infolge dieser Abwanderung und wurde Ende 1899 aufgelöst, die Synagoge wurde verkauft und an ihrer Stelle das Rathaus errichtet, während die Gemeinde in Göppingen wuchs. Lebten um 1842 in Jebenhausen rund 550 Juden, so waren es 1910 nur noch vier. Geblieben ist der jüdische Friedhof mit seinen rund 350 Grabsteinen, hinzu gekommen das 1992 in der ehemaligen Dorfkirche eingerichtete jüdische Museum. Zu den aus Jebenhausen ausgewanderten Juden gehörte übrigens auch Julius Koch, der sich 1832 in Cannstatt als Fruchthändler niederließ. Seine Tochter Pauline wurde die Mutter des 1879 in Ulm geborenen Physikers Albert Einstein.

Auch Faurndau verdient eine gesonderte Betrachtung. Es war im Jahr 875, als König Ludwig der Deutsche dem Hofkaplan Liutbrand ein Klösterlein mit dem Namen Furentoua mitsamt allem Zubehör, auch Leibeigenen und Weinbergen überließ, damit der Kaplan für ihn und seine Gattin beten möge. König Arnulf bestätigte diese Schenkung im Jahr 888. Nur wenig später, nämlich 895, wurde das Klösterlein dem Kloster Sankt Gallen überlassen. Dies also sind die ältesten urkundlichen Erwähnungen des Ortes, der zuvor vermutlich fränkisches Königsgut gewesen war, nämlich ein Meierhof (der später als Freihof bekannt wurde), gelegen auf dem Gelände eines römischen Gutshofs beim Lengenbad. Die erwähnten Weinberge dürften in Richtung Uhigen in der Weingarthalde gelegen haben; sie gingen im Dreißigjährigen Krieg ein. Der Freihof wurde 1737 bei einer Versteigerung in mehrere Besitzeinheiten aufgeteilt.

In den Wirren des 11. und 12. Jahrhunderts sank das Kloster in Asche. Als es im 13. Jahrhundert erneut erwähnt wurde, war es bereits in ein Chorherrenstift umgewandelt, das jedoch keine große Bedeutung erlangte.

Blick auf den Judenfriedhof von Jebenhausen

Das Albvorland – Zwischen Alb und unterer Fils

Die Orte vor dem Albrand prägte früher und vor allem im 19. Jahrhhundert die Schafhaltung. Sei es, dass Schäfer und Herden hier den Winter verbrachten, sei es dass sie von hier weiter zogen ins Unterland und in die Pfalz. Im Sommer dagegen weideten sie die Herden auf der Alb oder in Bayerisch- und Oberschwaben. In Schlat überwinterten um 1840 etwa 1500 einheimische und 1500 fremde Tiere, etwa 5500 nächtigten hier auf dem Durchzug. Von Zell wird berichtet, im Winter hätten die Herden dort fünf- bis sechstausend Tiere gezählt. Noch um 1900 hielten sich in Heiningen während der Wintermonate mehr als 20 »Stallungsschäfer« auf, die bei einem Bauern für sich, ihre Herde und ihren Hund fanden, was sie brauchten. Das kleine Roßwälden hatte 1835 neun, Zell 39 und Boll um 1844 sogar 65 Schäfer. Viele waren kleine Eigentümer, die als Knechte anderen Schäfern dienten, aber zugleich einige eigene Tiere mitlaufen ließen. Unter diesen Verhältnissen konnte sich auch der Viehhandel entwickeln wie in Schlat und Schlierbach.

In den Orten zwischen der Alb und der mittleren bis unteren Fils war im 19. Jahrhundert auch die Weberei zu Hause. Nach der Beschreibung des Oberamts Kirchheim besaßen 1835 allein in Roßwälden (mit Sulpach und Weiler) 20 Leinen- und 14 Baumwollweber zusammen 44 Webstühle. In Zell arbeiteten 30 Leinen- und zwei Baumwollweber. In Schlierbach betrieb man Spinnerei, in Gammelshausen außer Leinwand- auch Strumpfweberei. Die in den voraufgegangenen Jahrzehnten gegründeten Manufakturen in Kirchheim und Göppingen hatte diesen Erwerbszweig nämlich durch ihre Aufträge stark anwachsen lassen. Dementsprechend baute man auch Flachs und Hanf an.

Bei der Industrialisierung spielte die Textilindustrie hier ebenfalls eine Rolle, wenngleich die Betriebe nicht so zahlreich waren und zudem kleiner blieben als an der Fils. So war in Hochdorf, wo schon im 19. Jahrhundert viele Weber für auswärtige Fabriken arbeiten, die um die Wende zum 19. Jahrhundert erbaute Miederfabrik noch um 1970 in Betrieb. Jetzt wird das unter Denkmalschutz stehende Gebäude anderweitig genutzt.

Bad Boll gewann in der württembergischen Politik an Bedeutung, als bei der Landtagswahl im Dezember 1831 viele Oppositionelle in das Stuttgarter Parlament kamen. Das gefiel nämlich König Wilhelm I. nicht und er verschob die Einberufung des Landtags ins nächste Jahr. Die Opposition war aber nicht damit einverstanden und versammelte sich unter der Leitung von Albert Schott am 30. April 1832 in Bad Boll. Der Historiker Walter Grube nannte das gewissermaßen den ersten Landesparteitag der Liberalen, die für Presse-, Meinungs- und Versammlungsfreiheit eintraten. (Der Landtag kam erst am 15. Januar 1833 in Stuttgart zusammen.)

Boll machte sich früher durch hohe Spezialisierung einen Namen. Zu Beginn des 19. Jahrhunderts hatte die Strumpfwirkerei hier mit 92 Meistern eine führende Stellung. Doch das ist vorbei. Heute ist Boll außer durch das Bad durch die Evangelische Akademie weit über Südwestdeutschland hinaus bekannt. Schon vor dem Zweiten Weltkrieg wurde in Kirchenkreisen über einen Plan gesprochen, eine solche Einrichtung zu schaffen. 1945 war es so weit: Die Gründung wurde vollzogen. Zunächst bot das Badhaus die nötigen Räume, bis 1950 die württembergische Landeskirche die 1891 für Eleonore Vopelius erbaute, anfangs als Gästehaus genutzte

Max Reger heiratete in Boll

Max Reger wollte, obwohl Katholik, die evangelische und zudem geschiedene Elsa von Bercken heiraten. Die standesamtliche Trauung fand am 25. Oktober 1902 in München statt, wo der Komponist lebte, doch eine kirchliche Trauung wurde dem Paar dort verwehrt. Die evangelische Kirche durfte jedoch trauen, wenn das Paar mit notarieller Beglaubigung versprach, die Kinder evangelisch taufen zu lassen. So wandte sich Reger an den Theologen Christoph Blumhardt, der in Boll das Bad übernommen hatte. Dieser vermittelte das Paar an den Boller Pfarrer Friedrich Wall. Der sagte zu und segnete es am 7. Dezember 1902. Regers katholische Familie blieb der Trauung fern, die katholische Kirche schloss ihn aus.

und später von der AEG übernommene Villa Vopelius erwerben konnte. Mehrmals durch moderne Gebäude erweitert, bildet die Akademie heute einen großen Komplex für sich. Sie soll Menschen unterschiedlicher Herkunft, Stellung und Überzeugung an einen Tisch bringen und Denkanstöße geben. Etwa 380 Veranstaltungen werden jährlich organisiert. Die Villa dient seit 1967 als Jugendzentrum. Im nach Boll eingemeindeten Eckwälden befinden sich ein Seminar für Heilpädagogik und ein Heim für seelenpflegebedürftige Kinder.

Seit 1920 gehört das Bad Boll der Herrnhuter Brüdergemeine. So kam es, dass die Unitätsdirektion wegen der Teilung Deutschlands beschloss, die zwei Distrikte Herrnhut und Bad Boll zu bilden. Damit wurde Bad Boll zum Zentrum für die Arbeit der Brüdergemeine im Westen. Nicht nur bildete sich eine Herrnhuter Ortsgemeinde, es wurde auch ein eigener Gottesacker geschaffen, auf dem die Grabsteine, alle gleich groß und schräg liegend, in gleicher Weise gestaltet sind, um zu sagen, dass die hier Ruhenden in gleicher Weise vor Gott stehen.

Obwohl Boll mit Bad und Akademie viele Arbeitsplätze bietet, ist es doch eine Auspendler-Gemeinde. Die letzte Volkszählung (1987) ergab, dass hier damals etwa 1300 Arbeitsplätze vorhanden waren, zu denen etwa 850 Arbeitnehmer einpendelten, doch gleichzeitig pendelten etwa 1300 Personen an andere Orte aus.

Aus wirtschaftlicher Sicht eine Besonderheit

Sommerlicher Alltag in Boll um die Jahrhundertwende

Die Evangelische Akademie in Bad Boll im Luftbild. Die Komplexe verschiedenen Alters gruppieren sich um die im wilhelminischen Stil gehaltene Villa Vopelius.

stellte die Gral Glashütte in Dürnau dar. Der Betrieb wurde 1930 in Göppingen gegründet, um Hohlglaswaren aus dem Böhmerwald zu schleifen und zu polieren. Als nach dem letzten Krieg die Lieferungen von Rohglas ausblieben, richtete man 1946 in Göppingen eine eigene Glashütte ein. 1950/51 zog der Betrieb nach Dürnau um und bot 1955 rund 400 Menschen einen Arbeitsplatz. 74 Prozent von ihnen waren Heimatvertriebene. Täglich erzeugte die Hütte 12 000 bis 15 000 Gläser. 1995 musste sie endgültig schließen, andere Betriebe zogen in den Komplex ein (soweit er nicht abgebrochen wurde), doch das 1995 eröffnete Glasmuseum im ehemaligen Torhaus des Schlosses vermittelt eine Vorstellung von der Arbeit der Glasmacher.

Heute sieht man es dem Ort Heiningen nicht mehr an, dass er einmal Stadtrecht besaß, zumal er nur von einem Wallgraben mit zwei Toren umgeben war. Wie unsinnig auch hier die Befehle zum Ende des Zweiten Weltkrieges oft waren, zeigt ein Beispiel. Drei Panzersperren waren in Heiningen angelegt worden, doch die »Verteidiger« verfügten nur über ganze vier Panzerfäuste und nicht einmal über Gewehre. So taten sie denn das Vernünftigste und öffneten die Sperren, als die anrückenden Amerikaner es ihnen befahlen.

Der Schurwald und das Rehgebirge

Das Gebiet von der Lauter bis in den Schurwald wurde nicht nur später besiedelt – die Ortsnamen zeigen es an –, es ist auch heute weniger dicht bewohnt als die anderen Teile im Einzugsgebiet der Fils. Dabei weisen Schurwald und Rehgebirge deutliche Unterschiede auf: Der Schurwald trägt auf dem Keuper flächenhaft viel Wald und ist auf der Höhe, wo der Lias eine Landwirtschaft ermöglicht, vorwiegend mit Dörfern besetzt, wogegen sich der Wald im weniger geschlossen wirkenden Rehgebirge vorwiegend auf Hänge beschränkt und in der Flur viele Einzelhöfe verstreut sind. Für den Schurwald charakteristisch sind die tiefen Klingen (Bach-Schluchten) in den Mergeln mit einer artenreichen Flora und Fauna.

Weide-, Wald- und Obstwirtschaft bildeten lange Zeit das Rückgrat der Wirtschaft, der Getreideanbau trat dagegen zurück. Wo der tonige Boden zu feucht war, legte man die meist acht bis zehn Meter breiten und 20 bis 50 Zentimeter hohen Wölbäcker an. In den Gräben sollte sich das Wasser sammeln. Mit der Einführung der Drainageröhren im 19. Jahrhundert verloren sie ihre Bedeutung, blieben jedoch stellenweise erhalten. Wo man Obst erzeugte, setzte man die Bäume auf die Mitte der leicht gewölbten Rücken.

Obwohl die Landwirtschaft an Bedeutung verliert und die Siedlungen wachsen, weisen Rehgebirge und Schurwald im Kreis Göppingen den geringsten Industrieanteil auf, denn die Bevölkerung findet ihre Arbeit großenteils in den großen Tälern und pendelt dorthin. Andererseits lädt diese waldreiche Landschaft nicht nur zum Wandern ein, sie kann auch mit einer Vielzahl interessanter Punkte aufwarten. Ja, gerade hier liegen historisch bedeutsame Orte nahe beieinander, darunter – auf der Wasserscheide zur Rems und allen voran – die drei Kaiserberge. Damit bietet dieser Raum für Ausflüge und Erholung gute Möglichkeiten, zumal dann, wenn Einrichtungen wie Wellenbad und Eislauf-/Inliner-Bahn wie in Adelberg locken.

Der Ort Hohenstaufen bildete mit der Burg eine Einheit, denn die wohl um 1150 erbaute Jakobskirche, an deren Stelle um 1400 die heutige Barbarossakirche trat, diente einst als Kirche der Burg. Allerdings stand im Bergbereich noch eine Kapelle. Das Brennholz auf die Burg zu schaffen und die zur Burg gehörenden Äcker (2,5 Hektar) und Wiesen (7,5 Hektar) zu bewirtschaften, oblag den Dörfern des einstigen Amtes Staufen. Außerdem gehörten zur Burg einige Waldstücke sowie das Fischwasser der Krumm.

Das Dorf Hohenstaufen besaß früher besondere Rechte: Jeder Einwohner durfte ohne besondere Erlaubnis Wein ausschenken und eine Gastwirtschaft betreiben, das heißt, die Getränkesteuer entfiel. Auch war die Steuer besonders niedrig, der Ort hatte seit dem 12. Jahrhundert das Marktrecht – bis gegen 1900 wurden zweimal jährlich Vieh- und Krämermarkt abgehalten –, es bestand keine Leibeigenschaft, sondern Freiheit von Grundherrschaft. Dafür hatten die Einwohner besondere Pflichten: Sie mussten die Wege zur Burg herstellen und unterhalten, auch Schnee räumen, mussten Getreide, Mehl und Baumaterial transportieren sowie bei Gefahr Wachdienst übernehmen. Infolge

Wie der Hohenstaufen entstand

Die Form der Berge abseits der Alb gab den Menschen früher hinsichtlich ihrer Entstehung ein Rätsel auf. Sie erklärten sich das so:

Die dortige Gegend war auch früher schon schön und lieblich wie ein Garten Gottes. Es wohnten dort jedoch zwei wilde Riesenvölker, die immer Streit hatten. Einmal kämpften sie derart erbittert miteinander, dass sie sich bis auf den letzten Mann umbrachten. Dabei zerstörten sie die ganze Gegend, sodass der Herrgott sagte: »Nun haben mir diese wilden Riesen meinen schönen Gottesgarten zerstört. Ich will aber einen neuen pflanzen.« Er nahm die Felsstücke, welche die Riesen gegeneinander geworfen hatten, und schleuderte sie von sich, und das gab die Berge der Alb. Dann nahm er die Rasenstücke, welche die Riesen losgerissen hatten, und warf sie hinter sich, und das gab den Schur- und den Welzheimer Wald. Auf dem Platz aber, auf dem er stand und die gute Erde siebte, entstand der Bergkegel des Hohenstaufen.

Die drei »Kaiserberge«: Hohenstaufen (vorne), Rechberg und Stuifen. Im Hintergrund die Schwäbische Alb.

dieser Rechtsverhältnisse gab es in Hohenstaufen viele Gewerbetreibende. Wenn noch um 1400 in Hohenstaufen Weinbau betrieben wurde, bezeugt das ein bis dahin günstigeres Klima.

Mit der Zerstörung der Burg 1525 verlor auch der Ort an Bedeutung, die Bewohner verarmten. Zudem wurde er 1635 geplündert und niedergebrannt, und 1796 forderten die Franzosen hohen Tribut. Als die verarmte Bevölkerung im 18./19. Jahrhundert zunahm – 1769 wurden 562 Einwohner gezählt, 1837 dagegen 1200 –, wurde die Not nicht geringer, so dass die Menschen zu betteln begannen. Einige Bandwebereien des 19. Jahrhunderts boten keine ausreichende Basis für die wirtschaftliche Entwicklung, die Erwerbstätigen begannen ins Filstal zu pendeln oder abzuwandern, so dass 1905 mit 1203 Einwohnern hier eben so viele Personen lebten wie 1837. Nach der Vereinigung mit Göppingen (1971) ist Hohenstaufen der höchstgelegene Stadtteil der Kreisstadt.

Die Steine der Burg ließ Herzog Christoph nach deren Zerstörung in belastenden Fronfuhren wegholen, um sie beim Neubau des Schlosses in Göppingen zu verbauen. Im Jahr 1705 stand nur noch ein Turm, weshalb die Rentkammer es der Gemeinde erlaubte, ihn abzubauen. Die von Herzogs Carl Alexander 1736 eingeleiteten Arbeiten, den Berg zu einer Festung auszubauen – bei denen sich die eingesetzten Soldaten wie Besatzer benahmen –, endeten mit seinem Tod 1737. In den Jahren 1935 bis 1938 wurden die Reste der Burg freigelegt und zum Teil restauriert, so dass der Besucher eine Vorstellung von der einstigen Anlage erhält.

Rechberghausen bestand einstmals aus drei Ortsteilen. Der Stadtgraben trennte das unten liegende Dorf von der sich bergan ziehenden Stadt, die einst drei Tore hatte. Nördlich der Stadt erhob sich hoch über der anderen Seite des Tales die 1360 bis 1370 neu erbaute Burg. Stadt und Burg wurden 1525 von den Bauern zerstört, doch 1575 ließ Haug Erkinger von Rechberg anstelle der Burg ein dreiflügeliges Schloss errichten, das die übrigen rechbergischen Schlösser an Stattlichkeit übertroffen haben soll. Es war rundum durch Gebäude und eine Mauer abgeschlossen. Bereits in den 1680er-Jahren brannte es ab, nur ein achteckiger Chorturm mit zwei Geschossen, runden Fenstern und prachtvoller Stuckdecke und das anschließende Tor blieben erhalten. Ebenso der Wirtschaftshof, der jedoch 1785 niederbrannte, später aber wieder aufgebaut wurde. Das 1721 erbaute Stadtschloss, für das man die Steine vom alten Schloss holte, dient heute als Rathaus.

Schon die Größe des mit einer etwa 1100 Meter langen Mauer umgebenen Bereichs, der einst, wie es in der Oberamtsbeschreibung heißt, »einer kleinen Stadt glich«, zeigt die einstige Bedeutung des Klosters Adelberg an, auch wenn von den Gebäuden nur wenig geblieben ist. Volknand von Ebersberg (von Staufen-Toggenburg) war es, der hier an der Stelle einer Ulrichskapelle von 1054 im Jahr 1178 das Kloster gründete und es durch die Prämonstratenser des Klosters Roggenburg erbauen ließ. 1188 konnte die Einweihung erfolgen. Nun fanden auch Nonnen hier ein zu Hause. Die Mauer, die Nonnen- und Mönchs-Kloster trennte, soll allerdings nicht unübersteigbar gewesen sein. Allerdings mussten alle 17 Nonnen 1476 auf Betreiben des Grafen Ulrichs V. von Württemberg, der seine 16 Jahre alte Tochter hierher gegeben hatte, nach Lauffen am Neckar umziehen.

Im Jahr 1202 war die Klosterkirche fertiggestellt. Nach dem

Das Obertor in Rechberghausen ist das einzige noch erhaltene Stadttor im Landkreis Göppingen.

Brand von 1361 wurde das Kloster wieder aufgebaut und 1441 zur Abtei erhoben; es begann eine Blütezeit. Die erhalten gebliebenen Bauten zeigen, dass der Wirtschaftsbetrieb florierte. Als das Kloster in der Reformationszeit aufgehoben wurde, gehörten ihm zehn Dörfer, 19 Weiler, 37 Höfe und 22 Mühlen mit zusammen 3500 Einwohnern, dazu Einzelgüter in 114 Orten, die durch Tausch oder Kauf erworben waren. Zu den Letzteren gehörten der Adelberger Hof in Stuttgart (woran heute noch ein Straßenname erinnert) sowie sechs Höfe und der noch erhaltene Adelberger Hof in Göppingen. Für die Fastenspeise der Klosterbewohner sorgten künstlich angelegte Fischteiche.

Nach der Reformation brauchte man viele Gebäude nicht mehr. So wurden 1540 die Klosterkirche und das Dormitorium (Schlafhaus) abgetragen, um die Steine für den Bau der Festung Schorndorf zu verwenden. Weitere Gebäude gingen 1646 im Dreißigjährigen Krieg ab. Die restlichen Gebäude wurden im 19. Jahrhundert verkauft, so dass sich heute innerhalb der Klostermauern neben den wenigen erhaltenen Klosterbauten – Ulrichskapelle, Abteigebäude, Zehntscheuer, Forsthaus – auch etliche Privatgebäude befinden. Nach der Reformation beherbergte das Abteigebäude (bis 1629) eine der zwölf Klosterschulen Württembergs. Ihr wohl bedeutendster Schüler lernte hier von 1584 bis 1586: Johannes Kepler.

Das nahe gelegene Dorf Adelberg – es trug bis 1851 den Namen Hundsholz – profitierte zweifellos vom Kloster, sodass hier viele Handwerker ein Auskommen fanden. Immerhin gab es in dem Dorf noch 1721 neben den Bauern fünf Bäcker, einen Metzger, zwei Schmiede, drei Zimmerleute, fünf Maurer, drei Schreiner, einen Wagner, einen Barbier, zwei Schuhmacher, vier Schneider, 18 Weber, einen Grempler (Krämer), einen Viehhändler und drei Wirte, zusammen 50 Gewerbetreibende. Um 1850 aber hieß es, Adelberg habe viele Arme.

In Oberberken finden Waisenkinder im SOS-Kinderdorf eine Heimat. Im Tal unterhalb Adelberg verdienen die Herrenmühle und der Stausee einen Besuch. In Börtlingen waren 1844 etwa 15 der »ärmsten Einwohner« damit beschäftigt, Dachschindeln herzustellen. Man nannte die Börtlinger deshalb früher die »Schendelesmacher«.

In Baiereck und Nassach begannen bald nach 1400 Glasmacher mit ihrer Arbeit. Der Name Unterhütt weist noch heute darauf hin. Die »mittlere« Hütte ist mindestens seit 1466 bekannt. Im Jahr 1477 gab es in Nassach drei Glashütten, in denen zehn bis zwölf Gesellen Arbeit fanden. Die Arbeiter mussten jedoch nebenbei Landwirtschaft betreiben, um leben zu können. Bei den 1984/85 durchgeführten Ausgrabungen konnten bei Nassach Reste zweier Hütten freigelegt und weitere Hüttenplätze aufgefunden werden (die möglicherweise abwechselnd genutzt wurden). Die Fundstücke bezeugen, dass hier und bei Baiereck im 15. Jahrhundert sowohl farbloses Glas geschmolzen und zu Butzenscheiben verarbeitet als auch Grünglas hergestellt wurde.

Der gotische Altar in der Ulrichskapelle des Klosters Adelberg

Die dafür notwendige Pottasche gewann man durch Auslaugen von Asche, und das fraß mehr Holz als die Schmelzöfen. Das für das Weißglas benötigte Soda stammte aus Italien oder Südfrankreich, der Quarz aus verwittertem Stubensandstein der Umgebung. Die Hütten sind im Dreißigjährigen Krieg erloschen. Die Pottasche-Sieder stellten sich auf Köhlerei um und lieferten Holzkohle, die in den Schmieden gebraucht wurde. Gearbeitet wurde auf der Kohlplatte, woran östlich von Baiereck, wo es 1894 sechs Köhler gab, ein Flurname erinnert. In Unterhütt bot eine solche Platte Platz für 15 Meiler, in Nassach standen auf drei kleineren Platten zwölf Meiler. Die Meiler rauchen auch heute noch gelegentlich, um Holzkohle zum Grillen zu liefern.

Im Übrigen waren Baiereck und Thomashardt arme Orte. Das führte dazu, dass sie von 1855 bis 1866 als »verwahrloste« Gemeinden von einem Staatskommissar verwaltet wurden. Als »rohe und ungepflegte Leute« schilderte der Pfarrer noch 1892 die Bewohner von Baiereck, die angeblich nicht nach menschlicher Obrigkeit und nach Gott fragten, ja »heidnisch« lebten. Die Zahl der Bettler war folglich hoch und ebenso die Zahl der unehelichen Geburten. Allerdings betraf Letzteres hauptsächlich solche Frauen, die auswärts als Dienstmädchen arbeiteten und wegen Armut nicht heiraten konnten.

Die soziale Situation hatte zur Folge, dass die Einwohnerzahlen von Baiereck und Unterhütt im 19. Jahrhundert stetig abnahmen, wogegen sie in dem besser gestellten Nassach erheblich anstieg. Die Abgelegenheit verhinderte, dass man in die Industrie an der Fils gehen konnte. Erst mit dem Bau der Bahn Göppingen–Gmünd besserte sich die Situation. Aus dem Stubensandstein gewannen einige Leute Fegsand. Sie brachten ihn sogar bis nach Stuttgart oder lieferten ihn als Formsand an Gießereien. Noch um 1950 gab es im Nassachtal zehn »Sandbauern«, 1995 allerdings nur noch einen. Den Schilfsandstein konnte man als Baustein nutzen.

Zum Einzugsgebiet der Fils gehören auch die Schurwaldgemeinden Baltmannsweiler und Lichtenwald, Orte, die im 20. Jahrhundert durch starkes Wachstum zu ausgesprochenen Wohngemeinden geworden sind. In Lichtenwald (Hegenlohe und Thomashardt) hatten 1987 nahezu 80 Prozent der Erwerbspersonen ihre Arbeitsstätte außerhalb, aber es kamen nur gut 23 Prozent der Beschäftigten von auswärts herein. In Baltmannsweiler (mit Hohengehren) lagen die Verhältnisse mit gut 75 und 23 Prozent ähnlich. Die Nähe zum Ballungsraum am Neckar wird damit deutlich.

Noch heute rauchen im Schurwald die Meiler. Sie liefern Holzkohle zum Grillen.

Das Filstal unterhalb von Göppingen: Von Uhingen bis Reichenbach

Für die Industrialisierung des unteren Fils-Abschnitts war, eben so wie weiter oberhalb, die Textilindustrie entscheidend. Sie begann in Uhingen 1869, als August Blezinger hier die »Bleicherei, Färberei und Appretur-Anstalt Stuttgart« gründete. 1894 folgte die mechanische Weberei M. Rothschild & Söhne, die heutige Spinnweberei Uhingen GmbH. Bekannter aber ist wohl der Name Allgaier. Dieses 1918 von Hattenhofen hierher übergesiedelte Unternehmen der Agrartechnik ist heute ein bedeutender Zulieferer der Automobilindustrie, baut aber auch Siebmaschinen, Getriebe und Trockner. Ende 2002 beschäftigte der Betrieb, der Tochterunternehmen in vielen Ländern Europas betreibt, allein in Uhingen 1270 Mitarbeiter. Viele von ihnen pendeln aus Nachbarorten ein.

Als der Zweite Weltkrieg zu Ende ging, lebten in Uhingen 1400 Russen und 400 Polen als Kriegsgefangene oder Zwangsarbeiter. Nicht nur sie, sondern sogar Einheimische zogen plündernd durch den Ort. Die Gemeinde wurde als Sammelplatz für Polen bestimmt, die in ihre Heimat transportiert werden sollten.

Ebersbach ist seit dem 12. Jahrhundert als Sitz staufischer Ministerialen bezeugt, doch blieb von der Burg auf dem Kirchberg nichts erhalten. Anfangs lag die Hauptverkehrsstraße hochwassersicher am Fuß des Hanges, wurde aber etappenweise immer tiefer ins Tal hinab verlegt. Ebersbach war als Markt bedeutsam. 1837 erhielt der Ort das Recht, einen vierten Markt abzuhalten, und 1859 das Recht auf zwei weitere Märkte. Der Ebersbacher Pferdemarkt gehörte zu den bedeutendsten in Württemberg. Mastochsen wurden bis nach Frankreich, Pferde auch nach Baden und der Pfalz verkauft. Ihre Blütezeit erreichten die Viehmärkte nach dem Bau der Bahn. Im Jahr 1859 wurden aufgetrieben: am 5. Januar 2300 Stück Vieh, am 27. Januar 2900, am 3. Juni 900, am 22. September 1400 Stück. An einem der Markttage wurden 460 Stück Vieh in 45 Eisenbahn-Waggons verladen. 1866 sollen sogar 13 000 Rinder und 350 Pferde aufgetrieben worden sein. Dass Ebersbach später Sitz eines der vier Unterämter des damaligen Bezirks Göppingen wurde, entsprach dieser Bedeutung ebenso wie die Einrichtung einer Posthalterei. Auf den Krämermärkten wurden hauptsächlich Ellen-, Kurz- und Eisenwaren gehandelt, in Ebersbach an etwa 100 Ständen. Ihren Höhepunkt erlebten die Märkte dort um 1850 bis 1885, dann verloren sie an Bedeutung. Danach verkaufte man nämlich das Vieh ab Stall und kaufte die anderen Waren mehr und mehr in Kaufhäusern.

Als ein besonderer Beruf wurden bis 1965 die Sandler genannt. Sie lösten in den dortigen Stein-

Die »Alte Post« in Ebersbach beherbergt heute das Heimatmuseum.

brüchen im Stubensandstein Felsstücke von Hand mit Brecheisen, erst später benutzten sie Sprengstoff. Die so gewonnenen Steine zerkleinerten sie mit Schlegeln, und die dadurch entstandenen kleinen Brocken zermahlten sie mit eisernen Dreschflegeln. Sodann verkauften die Sandler den Fegsand von ihren Fuhrwerken aus weitum in der Gegend, damit die Hausfrauen mit ihm die Dielen säubern konnten.

Ebersbach ist einer jener Orte, die sich anfangs gegen die Industrialisierung wehrten. So scheiterte 1836 ein Versuch, eine Baumwollspinnerei zu erbauen. Erst 1862 konnte der Göppinger Tuchfabrikant Thomas Scheuffelen hier am Mühlkanal östlich des Ortes ein Zweigwerk errichten. Der nächste Anstoß erfolgte von außen: Die Gründer der 1887 errichteten Weberei Martin & Söhne kamen aus Chur (Schweiz). Schon 1889 beschäftigte der Betrieb rund 250 Personen. Wie die Tuchfabrik Scheuffelen war auch die 1890 eingerichtete Maschinenfabrik Louis Schuler eine Filiale des Göppinger Unternehmens. Bedeutsam wurde das 1898 von Eugen Zinser gegründete Acetylenwerk, aus dem 1950 eine Fabrik für Elektro-Schweißgeräte hervorging. Mit der Familie Zinser hängen auch die 1919 gegründeten Süddeutschen Spindelwerke zusammen, aus denen 1949 die Zinser Textilmaschinen GmbH hervorging. Heute herrscht in Ebersbach die Metallbranche vor. Überregional bekannt ist auch der Stahlräder- und Felgenhersteller Südrad. Das bekannte Senf- und Feinkostwerk Kauffmann, das 1905 von Denkendorf hierher übersiedelte, ist inzwischen stillgelegt, arbeitet aber in Schlierbach weiter.

Berühmtheit erlangte Friedrich Schwahn (geboren am 4. Juni 1729), der Sohn des Sonnenwirts, als einer der bekanntesten Räuber Südwestdeutschlands. Er wurde am 30. Juli 1760 wegen Mordes und Raubes gerädert und sein Kopf auf einen Spieß gesteckt. Friedrich Schiller und Hermann Kurz ließen ihn in die Literatur eingehen.

Reichenbach an der Fils, im Kreis Esslingen gelegen, besteht aus zwei alten Kernen: aus dem stark veränderten Straßendorf an der Landstraße und aus dem weniger veränderten Kirchdorf am Hangknick. Bemerkenswert ist die Kirche, die um 1910 von Martin Elsässer umgestaltet wurde und dabei einen ungewöhnlichen, schmalen Chorumgang erhielt.

Einen wichtigen Impuls erhielt Reichenbach 1877 durch Heinrich Otto aus Nürtingen, der hier eine Spinnerei mit 13 000 Spindeln erbaute, welche die Wasserkraft nutzte, und sie 1883 durch Weberei, Verwaltungsgebäude und Villa ergänzte. Die Firma besaß vor dem Ersten Weltkrieg eine eigene Baumwollplantage im damaligen Deutsch-Ostafrika. Die Gebäude, die als Bauten der Gründerzeit unter Denkmalschutz stehen, beherbergen jetzt etliche Betriebe des Dienstleistungssektors. Einige weitere Industriebetriebe wuchsen zu bedeutenden Unternehmen heran; genannt seien Robert Schöttles Staubsauger-Fabrik Electrostar, die Maschinenfabrik Hermann Straub und die Wellpappe-Fabrik von Werner Seyfert. Ab 1881/82 war auch die im Filstal eher seltene chemische Industrie vertreten.

Im Winter 1941/42 erstellte die Reichsbahn in Reichenbach vier große Holz-Baracken, um russi-

Linke Seite: Reichenbach an der Fils. In der Bildmitte am Fluss steht halbrechts der Gebäudekomplex der ehemaligen Spinnerei Otto.

Oberhalb von Plochingen erreicht die Fils den Neckar. Nicht immer sind beide Flüsse so friedlich wie auf diesem Bild.

sche Kriegsgefangene unterzubringen. Belegt wurden sie dann im Frühjahr 1942 mit russischen Männern und Frauen, die täglich zum Ausbesserungswerk in Esslingen gefahren wurden oder andernorts für die Bahn arbeiten mussten. Ganze Familien waren dort einquartiert, sogar mit Kindern. Schließlich umfasste das später erweiterte Lager 15 Baracken (einschließlich Speise-, Wach-, Arzt- und Wasch-, Krankenbaracke und Entlausungsanstalt), in denen im Mai 1944 rund 900, zeitweise wahrscheinlich aber viel mehr Personen lebten, 20 bis 24 Personen zusammen in jeweils einem Schlafraum. Ein Zweiglager in Hochdorf bot Platz für 300 »Ostarbeiter«. Außer den Sowjetbürgern arbeiteten, wie Joachim Scherrieble 1994 berichtete, in Reichenbach zwischen dem 1. Juli 1940 und dem 8. Mai 1945 182 Franzosen, 57 Holländer, 32 Belgier, 14 Kroaten, ein Däne, ein Norweger, elf Jugoslawen, sieben Letten, ein Litauer, 102 Polen, 81 Italiener, 28 Tschechen und vier Ungarn. Sie waren in kleinen Gruppen in Fabriken, Gastwirtschaften oder privat untergebracht.

Heute kann die Gemeinde mit einer vielseitigen Palette von Industrie-Betrieben aufwarten. Der bedeutendste Betrieb ist mit 1600 Mitarbeitern (1992) die Firma Traub, die Drehmaschinen produziert und weltweit vertreibt. 1989 erhielt das Unternehmen den Innovationspreis der deutschen Wirtschaft. Der Ort ist jedoch wenig eigenständig, denn nach der letzten Volkszählung (1987) pendelt mehr als die Hälfte der Beschäftigten von anderen Wohnorten nach Reichenbach herein. Ebenfalls mehr als die Hälfte der hier wohnenden Erwerbstätigen pendelt aus, vor allem talabwärts. Die Sanierung des Ortskerns und der Neubau der Bundesstraße 10 mit der Verlegung der Fils haben das Bild Reichenbachs stark verändert.

Auch Hochdorf, das ebenfalls im Kreis Esslingen liegt, ist eine typische Pendler-Gemeinde. 1987 waren die hier Beschäftigten zu einem Drittel Einpendler, und von den hier wohnenden Erwerbstätigen pendelten drei Viertel aus. Wegen des starken Wachstums wurden in Hochdorf seit 1950 acht Wohn- und zwei Gewerbe-Gebiete neu erbaut.

Am Ende ihrer Flussreise tangiert die Fils auch noch die Gemarkung der Hafen- und Industriestadt Plochingen. Sie fließt dabei kurz vor ihrer Mündung in den Neckar durch das Gelände der Landesgartenschau von 1998. Eigens zu diesem Zweck wurde ein Steg erbaut, von dem aus man den Mündungsbereich und auch Teile der Stadt Plochingen gut betrachten kann. Der von Friedensreich Hundertwasser entworfene Gebäudekomplex »Unterm Regenturm« fällt dabei wegen seiner goldenen Turmkugeln besonders ins Auge.

Aus der Luft betrachtet sieht der Mündungsbereich der Fils recht spektakulär aus.

Anhang

Literaturverzeichnis

Abkürzungen: KrA = Kreisarchiv, StA = Stadtarchiv

Weiterführende Literatur

Akermann, M.: Ein Grenzstreit im Filstal. Beschreibung und Entstehung der ältesten Darstellung der Landschaft zwischen Göppingen und Geislingen/Steige. Veröff. StA Göppingen 1. 1960

Akermann, M. u. H. Schmolz: Fußtapfen der Geschichte im Landkreis Göppingen. Schicksale aus elf Jahrhunderten. 1964

Bardua, H.: Göppingen, 1. März 1945, 14.28 Uhr. Veröff. StA Göppingen 20, 1985

Eisele, K., M. Köhle u. Chr. Schöllkopf: Geschichtliche Heimatkunde des Filsgaus. 1926

Goes, P. (Hg.): Der Kreis Göppingen. Veröff. KrA Göppingen 1. 1973

Gruber, H. u. a.: Die Geislinger Steige – ein Schwäbisches Jahrhundertbauwerk. Veröff. StA Geislingen 16, 2000

Heimatbuch des Kreises Göppingen. Hg. Landkr. Göppingen. 1956

Hohenstaufen Helfenstein. Historisches Jahrbuch für den Kreis Göppingen. Bd. 1ff., 1991ff.

Kettenmann, J.: Sagen im Kreis Göppingen. 1975.

Kirschmer, K.: Mühlen-Chronik des Filstales. 1960

Kümmel, R.: Erfahrungen des Nationalsozialismus einer Kleinstadt [Geislingen/Steige]. 1995

Sporhan-Krempel, L.: Papier aus dem Filstal einst und heute. 1956

Tänzer, A.: Die Geschichte der Juden in Jebenhausen und Göppingen. 1988

Orts-Chroniken

Aich, A.: Geschichte der Gemeinde ***Salach*** und der Burg Staufeneck. 1960

Akermann, M. u. R. Weiler: ***Eislingen***. Stadt an der Fils. 1968

Anshof, C. (Hg.): ***Gammelshausen***, Dorf am Albtrauf zwischen »Köpfle« und »Lotenberg«. 1976

Bauer, K.: Geschichte der Stadt ***Geislingen*** an der Steige. Bd. 2: Vom Jahre 1803 bis zur Gegenwart. 1975

Bauer, K. u. a.: Ein Staettlein Ulmer Gebieths ... 1396–1803: ***Geislingen*** unter Ulmer Herrschaft. Veröff. StA Geislingen 14. 1996

Brandauer, H. W.: Das Dorf an der großen Landstraße [***Gingen***]. 1990

Bürgermeisteramt Reichenbach an der Fils (Hg.): Heimatbuch ***Reichenbach an der Fils***. 1968

Burkhardt, G.: Geschichte der Stadt ***Geislingen*** an der Steige von der Vor- und Frühgeschichte bis zum Jahre 1803. 1963

Class, E. (Bearb.): ***Nassach*** – Uhingen/Nassach 1245–1995. 1995

Donner, H.: Geschichte der Gemeinde ***Ebersbach*** an der Fils. 1964

Fischer, I.: Heimatbuch für ***Weißenstein*** und Umgebung. 1927

Gemeinde Albershausen (Hg.): 700 Jahre ***Albershausen*** 1275–1975. 1975

Gemeinde Bad Ditzenbach (Hg.): ***Gosbach*** in Wort und Bild. 1994

Gemeinde Bad Überkingen u. B. Neidhart-Keitel (Hg.): ***Bad Überkingen*** mit Hausen, Unter- und Oberböhringen. 2 Bde. 2002

Gemeinde Boll (Hg.): ***Boll***. Dorf und Bad an der Schwäbischen Alb. 1988

Gemeinde Boll (Hg.): ***Bad Boll*** 1595 bis 1995. Vom herzoglichen Wunderbad zum Kurort. 1995

Gemeinde Gruibingen (Hg.): ***Gruibinger*** Heimatbuch. 1986

Gemeinde Heiningen: ***Heiningen***. Geschichte und Gegenwart. 1978

Gemeinde Kuchen (Hg.): Die Marktgemeinde ***Kuchen***. 1978

Gemeinde Salach (Hg.): 700 Jahre ***Salach*** 1275–1975. 1975

Gemeindeverwaltung Bad Ditzenbach (Hg.): Von Ganslosen bis ***Auendorf***. 1999

Gmähle, A. u. Gemeinde Börtlingen (Hg.): ***Börtlingen*** um's Jahr 2000. O. J.

Hermeling, H. A.: ***Eschenbach*** unter der Fuchseck. 1965

Heyde, G.: Das Württembergisch Wunderbad zu ***Boll***. 1937

Hornung, K.: ***Rechberghausen***. Die wechselvolle Geschichte einer Gemeinde. 1984

Illig, J. (Hg.): Geschichte von ***Göppingen*** und Umgebung. 2 Bde. 1924

Irtenkauf, W. (Red.): Heimatbuch ***Donzdorf***. Hg. Stadt Donzdorf. 1976

Kirschmer, K.: ***Hohenstaufen***. Berg – Burg – Dorf – Amt. 1948

Kirschmer, K.: Die Geschichte der Stadt ***Göppingen***. 2 Teile. 2. Aufl. 1952

Kirschmer, K. u. W. Ziegler: ***Faurndau*** 875–1975. Weg und Schicksal einer Gemeinde. 1974

Kleinknecht, J.: Heimatbuch ***Wäschenbeuren*** 1979. 1979

Lang, E. u. K. Oßwald: ***Böhmenkirch***. Dorf und Land zwischen Messelberg und Albach. Bd. 1 1990, Bd. 2 1994

Lipp, W.: ***Alt-Göppingens*** bauliche Entwicklung. Veröff. StA Göppingen 2, 1962

Mundorff, M. u. K.-H. Rueß: ***Holzheim.*** Eine Dorfgeschichte. 1993

Poloczek, H.: 850 Jahre ***Unterböhringen***. 1994.

Ramsperger, A.: Das Ortsbuch von ***Uhingen***. 1975

Schürer, P.: »Leut ond Häuser«. ***Wäschenbeuren***er Bilder- und Geschichtsbuch (1). 2. Aufl. 2001

Schürer, P.: »Leut ond Häuser«. ***Wäschenbeuren***er Bilder- und Geschichtsbuch (2). 2001

Schurr, O.: Geschichte von ***Schlat***. 1970

Seehofer, J.: Stadt ***Lauterstein*** in Vergangenheit und Gegenwart. 1981

Thierer, P.: ***Türkheim.*** Geschichte eines Albdorfes. 1995

Ziegler, W.: Von Siezun bis ***Süßen***. Ein Streifzug durch 900 Jahre. 1971

Ziegler, W.: ***Wiesensteig.*** Stadt und Schloß. 1981

Ziegler, W. u. W. Runschke (Red.): ***Süßen***. Vom Dorf zur Stadt. 1996

Weitere benutzte Literatur:

Akermann, M.: Die Filsbrücken von Eislingen vom 16.–20. Jahrhundert. Aus der Heimatgeschichte, Jh. Gesch.- u. Altertumsver. Göppingen 4, 1965, S. 49–61

Akermann, M.: Göppingens Stadtbild im Wandel der Jahrhunderte. Schwäb. Heimat 21, 1970, S. 72–80

Akermann, M.: Die Boller Landtafel von 1602. Schwäb. Heimat 21, 1970, S. 98–102

Bader, W. u. a.: Göppingen unterm Hakenkreuz. Veröff. StA Göppingen 32. 1994

Bayer, H.-J.: Zur früheren Eisenerzgewinnung auf der Schwäbischen Alb. Blätter des Schwäbischen Albvereins 1988, S. 200–207

Beck, H.: Menschen und Tiere in der Boller Landtafel von 1602. Hohenstaufen 9, 1975, S. 96–105

Beschreibung des Oberamts Geislingen. 1823. (J. A. Rink)

Beschreibung des Oberamts Geislingen. 1842. (Chr. F. v. Stälin)

Beschreibung des Oberamts Göppingen. 1844. (R. Moser)

Beschreibung des Oberamts Kirchheim. 1842 (R. Moser)

Beschreibung des Oberamts Schorndorf. 1851. (R. Moser)

Beschreibung des Oberamts Welzheim. 1845. (R. Moser)

Blümcke, M.: Abschied von der Dorfidylle? 1982 (Kapitel über Juden, Arbeitsleben, Kinderarbeit u. a. m.)

Blümel, W. D.: 2000 Jahre Klimawandel und Kulturgeschichte – von der Eiszeit in die Gegenwart. WechselWirkungen, Jb. Univ. Stuttgart 2002, S. 2–19

Bork, H.-R. u. a.: Landschaftsentwicklung in Mitteleuropa. 1998

Brandauer, H. W.: Tausend Jahre Kirchengeschichte Gingen/Fils. 1984

Bräuhäuser, M.: Altwürttembergs Bergbau im östlichen Schurwald. Mit besonderer Berücksichtigung der Grubenbetriebe zu Reichenbach a./F. in den Jahren 1564–1607 und 1707–1739. Württ. Jb. 1919, S. 81–104

Brockhaus: Die Weltgeschichte, Bd. 1: Anfänge der Menschheit und frühe Hochkulturen. 1997

Burmester, K. H.: Der Schwarze Tod. Die Judenverfolgungen anläßlich der Pest von 1348/49. 1999

Carlé, W.: Geologie und Hydrogeologie der Mineral- und Thermalwässer in Bad Überkingen. Jh. geol. Landesamt Bad.-Württ. 14, 1972, S. 69–144

Carlé, W.: Geologie und Hydrogeologie der Mineral- und Thermalwässer in Boll. Jh. geol. Landesamt Bad.-Württ. 16, 1974, S. 97–158

Carlé, W.: Geologie und Hydrogeologie der Mineral- und Thermalwässer von Bad Überkingen. Geol. Jb. C 31, 1982, S. 3–72

Carlé, W. u. P. Groschopf: Zur Stratigraphie, Genese und Tektonik des Dogger-Eisenerz-Vorkommens von Geislingen an der Steige. Jh. f. Naturk. Württ. 122, 1967, S. 67–91

Carlé, W. u. P. Groschopf: Geologie und Hydrogeologie der Säuerlinge, Mineralwässer und Thermalwässer von Bad Ditzenbach. Oberrhein. Geol. Abh. 21, 1972, S. 1–42

Das Land Baden-Württemberg. Amtliche Beschreibung nach Kreisen und Gemeinden, hg. Staatl. Archivverw. Baden-Württ. I, 2. Aufl. 1977; II,1 (alte Ausg.) 1971

Dietrich, S.: Württembergische Landesgeschichte für neugierige Leute. 2 Teile. 2002

Domus, H. u. G. Carlucci: Stauferkreis Göppingen. Momentaufnahmen zur Jahrtausendwende. 1999

Dongus, H.: Die Naturräumlichen Einheiten auf Blatt 171 Göppingen (1 : 200 000). 1961

Dongus, H.: Die Oberflächenformen der mittleren Schwäbischen Alb (östlicher Teil). Jh. f. Karst- und Höhlenk. 4, 1963, S. 21–43

Dongus, H.: Die Großformen der Landschaft und ihre Entstehung. Jh. f. Karst- u. Höhlenk. 6, 1965, S. 1–16

Dreher, A.: Göppingens Gewerbe im 19. Jahrhundert. Veröff. StA Göppingen 7, 1971

Filtzinger, Ph. u. D. Planck: Die Römer in Baden-Württemberg. 1970
Fischer, J. u. a.: Württemberg im Spätmittelalter. Ausstellungs-Katalog. 1985 (S. 111ff.: Geleitrechte)
Geyer, O. F. u. M. P. Gwinner: Die Schwäbische Alb und ihr Vorland. Samml. geol. Führer 67. 1984
Geyer, O. F. u. M. P. Gwinner: Geologie von Baden-Württemberg. 4. Aufl. 1991
Griesinger, Th.: Württemberg nach seiner Vergangenheit und Gegenwart. 1866
Griesmeier, J.: Die Pendelwanderung in Württemberg. W. Jb. 1929, S. 60–113
Groschopf, P.: Der geologische Aufbau der Landschaft zwischen Geislingen und Weißenstein. Jh. f. Karst- u. Höhlenk. 6, 1965, S. 1727
Grotz, R.: Entwicklung, Struktur und Dynamik der Industrie im Wirtschaftsraum Stuttgart. Stuttg. Geogr. Stud. 82, 1971
Gruber, H.: »Dem freien Bürger Waffen in die Hand!« Die Geislinger Bürgerwehr 1848/49. In: Eine Stadt im Wandel, Veröff. StA Geislingen 15, 1998, S. 47–61
Gruber, H.: »Dr Bach wird ons ewig trenna!« Chronologie der Eingemeindung von Altenstadt. In: Eine Stadt im Wandel, Veröff. StA Geislingen 15, 1998, S. 69–80
Hagel, J.: Über die herrschaftliche Brennholz-Flößerei von der Fils, Lauter und Erms nach Stuttgart seit dem 17. Jahrhundert. ZWLG 61, 2002, S. 185–232
Hecht, V.: Die Württembergische Metallwarenfabrik Geislingen/Steige 1853 bis 1945. Geschäftspolitik und Unternehmensentwicklung. Veröff. Wirtschaftsarchiv Bad.-Württ. 19. 1995
Hegele, A.: Fließgewässer im Raum Göppingen. Hohenstaufen Helfenstein 3, 1993, S. 9–38
Helmbrecht, J. u. K.-H. Rueß (Hg.): Demokratischer Neubeginn. Göppingen in den Jahren 1945–1955. Veröff. StA Göppingen 39. 1999
Hornberger, Th.: Die kulturgeographische Bedeutung der Wanderschäferei in Süddeutschland. 1959
Hummel, H.: Wandmalereien im Kreis Göppingen. Veröff. KrA Göpp. 6, 1978
Kauß, D.: Der Göppinger Stadtbrand vom 25. August 1782 und seine Folgen. Hohenstaufen 13, 1968, S. 135–155
Kauß, D.: Die Hohenstaufenstadt Göppingen. Hohenstaufen 10, 1977, S. 137–153
Kemmel, J. D.: Die »Allgemeine Hauss Chronok«. In: Eine Stadt im Wandel, Veröff. StA Geislingen 15, 1998, S.11–23
Kirsch, P.: Arbeiterwohnsiedlungen im Königreich Württemberg in der Zeit vom 19. Jahrhundert bis zum Ende des Ersten Weltkrieges. Tüb. Geogr. Stud. 84, 1982
Köhle-Hezinger, Chr. u. W. Ziegler (Hg.): »Der glorreiche Lebenslauf unserer Fabrik«. Zur Geschichte von Dorf und Baumwollspinnerei Kuchen. Veröff. KrA Göppingen 13. 1991
Köhler, R.: Entstehung und Entwicklung der Posten, der Postkurse und Poststellen in Württemberg. Württ. Jb. 1932/1933, S. 93–103
Landerer, W.: Das Christophbad in Göppingen. Schwäb. Heimat 21, 1970, S. 92–97
Lang, W.: Die »Schlacht am Walfischkeller«. Hohenstaufen 9, 1975, S. 138–147
Lang, W.: Spätmittelalterliche Glasproduktion im Nassachtal, Uhingen, Kreis Göppingen. Materialhefte zur Archäologie Bad.-Württ. 59. 2001
Lehle, H.: Göppingen – Mittelpunkt eines bedeutenden Wirtschaftsraumes. Schwäb. Heimat 21, 1970, S. 88–92
Lehmann, J.: Barbarossa & Co. Reise zu den Staufern in Südwestdeutschland. 2002
Luipold, M.: Der Göppinger Flugplatz. Hohenstaufen 13, 1986, S. 180–202
Mauch, R.: Woher hat die Fils ihren Namen? Hohenstaufen Helfenstein 11, 2001, S. 19–46
Maurer, H.-M.: Der Hohenstaufen. Geschichte der Stammburg eines Kaiserhauses. 1977
Mundorff, M.: Eislingen und seine Fabriken. 2001
Naumann, F.: Wiesensteig. Beiträge zur Stadtgeschichte. 1999
Rathfelder, O.: Die Landschaft im Kreis Göppingen. Schwäb. Heimat 21, 1970, S. 65–71
Redies, R., A. Wais u. K. Fuchs: Stauferkreis Erlebniskreis. Ein Führer durch den Landkreis Göppingen. 1996
Regierungsblatt Württemberg (Gesetze und Verordnungen wie im Text angegeben)
Röhm, H.: Die Vererbung des landwirtschaftlichen Grundeigentums in Baden-Württemberg. Forsch. z. dt. Landesk. 102. 1957
Rohrer, H.: Projektionen der Zukunft [Göppingens]. Schwäb. Heimat 21, 1970, S. 81–87
Rueß, K.-H.: »Was in Paris geschah, das habt ihr zu büßen!« Die Pogromnacht in Göppingen. 1998
Rueß, K.-H.: Die Deportation der Göppinger Juden. 2001
Sauer, P.: Revolution und Volksbewaffnung. 1976
Sauer, P.: Not und Armut in den Dörfern des Mittleren Neckarraums. ZWLG 41, 1982, S. 131–149
Scherrieble, J.: Reichenbach an der Fils unterm Hakenkreuz. Ein schwäbisches Industriedorf in der Zeit des Nationalsozialismus. 2. Aufl. 1995
Schmierer, W.: Die Anfänge der Arbeiterbewegung in Göppingen. Hohenstaufen 9, 1975, S. 118–127
Schmolz, H.: Das Geislinger Kinderfest. In: Eine Stadt im Wandel, Veröff. StA Geislingen 15, 1998, S. 63–67
Schreg, R.: Die alamannische Besiedlung des Geislinger Talkessels. Fundberichte Bad.-Württ. 23, 1999, S. 385–509 + Anhang
Schwenkel, H.: Die Jura-Ölschieferwerke A.-G. in Holzheim. Württemberg 2, 1930, S. 38–39
Schwenkel, H.: Das Geißentäle. Schwäb. Heimat 1957, H. 5, S. 165–170
Seidelmann, W.-I.: Mit dem Binnenschiff über die Schwäbische Alb. Kanalpläne durch das Filstal (1917–1972). Hohenstaufen Helfenstein 2, 1992, S.188–217
Stadt Ebersbach (Hg.): Mitten durch. Die Geschichte des Verkehrs in Ebersbach an der Fils. 1991
Stille, B.: Vom Baltikum ins Schwabenland. Estenlager und Ausquartiertenschicksal in Geislingen 1945–1950. 1994
Thierer, P.: 1540–2000. 460 Jahre Geislinger Jahrmärkte, 300 Jahre Geislinger Pferdemarkt. 2000
Urlichs, M u. a.: Der Posidonien-Schiefer des unteren Juras und seine Fossilien. Stuttg. Beitr. Naturk. C 36, 1994
Weber, F. u. A. Gmähle: Die Fils entlang. Veröff. KrA Göppingen 14. 1992
Wiedenmann, E.: Neues über Staufeneck und Ramsberg. Hohenstaufen 9, 1975, S. 56–72
Wiedenmann, E.: Sühnekreuze – Denkmäler mittelalterlichen Rechtsbrauchtums. Bl. Schwäb. Albver. 1980, S. 4–8
WMF (Hg.): 150 Jahre WMF 1853–2003. 2003
Wöhrle, K.: Die Gewässer der Markung Göppingen – einst und jetzt. Aus der Heimatgeschichte, Jh. Gesch.- u. Altertumsver. Göppingen 4, 1965, S. 14–47
Wysocki, J.: Gulden, Gold und Deutsche Mark. Alltag im Filstal seit 1846
Ziegler, W.: Die Kulturdenkmale des Kreises Göppingen. 1974
Ziegler, W.: Romantische Filstalreise. Die künstlerische Entdeckung einer Landschaft im 18. und 19. Jahrhundert. Veröff. KrA Göppingen 8. 1983
Ziegler, W.: Daniel Straub und die Anfänge der MAG und WMF Geislingen. Hohenstaufen – Helfenstein 1, 1991, S. 41–120
Ziegler, W. u. K.-H. Rueß: Gotik an Fils und Lauter. Veröff. KrA Göppingen 12, 1986

Karten

Geologisches Landesamt Baden-Württemberg (Hg.): Geologische Karte Baden-Württemberg 1 : 25 000: Blatt 7223 Göppingen. 1975
Landesvermessungsamt (Hg.): Wanderkarte 1 : 50 000 Blatt 15 Göppingen – Geislingen. 1996

Archivalische Quellen

Hauptstaatsarchiv Stuttgart:
A 202 Bü 2068: Schäden 1634–1638
A 220 Bü 60: Wässerungsstreit Schlat 1709
A 249 Bü 780: Brand Göppingens 1782
E 143 Bü 486, 487, 489, 492, 494: Auswanderung 1851–1856 (ohne 1853)

Bildnachweis

Giacinto Carlucci: S. 20 unten, 24 oben, 31, 37, 85, 111 oben, 113, 121, 145, 158
Rainer Fieselmann: Titel, S. 10/11, 15, 77, 150
Albrecht Gmähle: S. 7, 9 unten, 16, 20 oben, 24 unten, 25, 45, 52, 55 oben, 56, 58, 63 unten, 86, 101 oben, 102 oben, 103 (2), 105 unten, 106 (2), 107 unten, 109 unten, 111 unten, 112, 114, 117 unten, 119, 120 unten, 122, 124 (2), 126, 134/135, 142, 157, 166, 167, 168, 169
Manfred Grohe: Vorderer Vorsatz, S. 34, 41, 62, 100 unten, 123 oben, 136, 140/141, 152/153, 155 unten, 164/165, 170, 172/173
Dr. Jürgen Hagel: S. 18, 19, 21, 28, 33, 38, 43, 48, 49, 51, 53, 54, 55 Mitte u. unten, 57, 61 (2), 63 oben, 64, 80, 93 unten, 98, 100 oben, 101 unten, 102 unten, 104, 110, 117 oben, 118, 120 oben, 123 unten, 127 (2), 132, 133, 138, 155 oben und Mitte, 156, 159
Guido Kolano: S. 3, 94, 107 oben, 108, 116 unten, 128, 143, 171
Sigrid Kolano: S. 47, 109 oben, 116 oben
M. Krause/ Evang. Akademie Bad Boll: S. 162
WMF AG Geislingen: S. 130
Hauptstaatsarchiv Stuttgart: S. 46 (A 220 Bü 60), 67 (N 201 Nr. 3), 95 (J 302 Nr. 51), 146 (N1 Nr. 1), 148 (A 249 Bü 780/1 – K 3)
Staatsarchiv Ludwigsburg: S. 90 (B 210 Bü 15)
Landesvermessungsamt Baden-Württemberg (Grundlage: Rasterdaten der Topographischen Karte 1 : 100 000 Baden-Württemberg © Landesvermessungsamt Baden-Württemberg [www.lv-bw.de], vom 21. 08. 03, Az.: 2851.2-D/2696): hinterer Vorsatz
Kreisarchiv Göppingen: S. 32, 82, 96, 115
Gemeindearchiv Boll: S. 23, 74 oben, 91, 161
Stadtarchiv Donzdorf: S. 39
Stadtarchiv Ebersbach: S. 66, 92
Stadtarchiv Geislingen: S. 27, 131
Städtisches Museum Geislingen: S. 68, 71, 125, 129
Stadtarchiv Göppingen: S. 73, 74 unten, 78, 79, 105 oben, 151, 154
Städtisches Museum Göppingen: S. 22, 42, 60, 147
Gemeindearchiv Heiningen: S. 75, 76
Städtisches Museum Ludwigsburg: S. 72
Stadtarchiv Ulm: S. 87
Archiv Silberburg-Verlag: S. 13, 14 oben, 17, 26, 139, 144
Aus Th. Griesinger: Württemberg nach seiner Vergangenheit und Gegenwart, 1866: S. 99
Aus Heimatbuch des Kreises Göppingen 1956: S. 8, 50, 93 oben
Aus G. Wagner u. A. Koch: Raumbilder zur Erd- und Landschaftsgeschichte Südwestdeutschlands. 1961: S. 14 unten
Aus G. Wagner: Einführung in die Erd- und Landschaftsgeschichte. 3. Aufl. 1960: S. 9 oben
Aus E. Wiedenmann: Neues über Staufeneck und Ramsberg, Hohenstaufen 9, 1975: S. 40

Quellennachweis für die farbig unterlegten Texte und Tabellen

S. 22: G. Heyde: Das Württembergisch Wunderbad zu Boll. 1937, S. 77f.

S. 25: J. Kettenmann: Sagen im Kreis Göppingen. 1975, S. 17f.

S. 26: Zusammengestellt nach den Angaben in örtlichen Chroniken

S. 30: Boll. Das Dorf und Bad an der Schwäbischen Alb. Hg. von der Gemeinde Boll. 1988, S. 125 – G. Heyde (wie S. 22) – Informationstafel im Kurhaus Bad Boll

S. 33: C. Dieterich: Das Gewitter am 12. Mai 1853 sammt dem, was es im Filsthal angerichtet hat. 1853. Zitiert nach R. Jente: Überschwemmungen im Filstal. Veröff. Kreisarchiv Göppingen 7, 1983. – Schwäb. Kronik 17. 5. 1853, S. 845f.

S. 36: Zusammengestellt nach R. Jente (wie bei S. 33), ergänzt

S. 39: K. Eisele, M. Köhle u. Chr. Schöllkopf: Geschichtliche Heimatkunde des Filsgaus. 1926, S. 4f.

S. 43: Zitiert nach Eisele, Köhle u. Schöllkopf (wie S. 39), S. 42

S. 44: Beschreibung des Oberamts Schorndorf. 1851

S. 48: B. Losch: Sühne und Gedenken, Steinkreuze in Baden-Württemberg. 1981, S. 25

S. 51: K. Kirschmer: Mühlenchronik des Filstales. 1960, S. 59ff.

S. 57: J. Wysocki: Gulden, Gold und Deutsche Mark. Alltag im Filstal seit 1846. 1996, S. 27

S. 59: Hauptstaatsarchiv Stuttgart E 143 Bü 486, 487, 489, 492, 494: Auswanderung 1851–1856 (1853 fehlt)

S. 65: Beschreibung des Oberamts Göppingen. 1844, S. 224

S. 67: Zitiert nach W. Ziegler: Von Siezun bis Süßen. 1971, S. 96

S. 69: Zitiert nach J. D. Kemmel: Die »Allgemeine Hauss Chronick«. In: Eine Stadt im Wandel, Veröff. StA Geislingen 15, 1998, S. 11–21

S. 70: Zitiert nach K. Kirschmer u. W. Ziegler: Faurndau 875–1975. 1974, S. 352f.

S. 71: Alp- und Filsthalbote, Amts- und Intelligenzblatt für die Oberamtsstadt und den Bezirk Geislingen, 16. 7. 1859, S. 231, zitiert nach W. Ziegler: Romantische Filstalreise. 1983, S. 76f.

S. 75: Landratsamt Göppingen

S. 76: Landratsamt Göppingen

S. 78: K.-H. Rueß: »Was in Paris geschah, das habt ihr zu büßen!« Die Pogromnacht in Göppingen. 1998. – K.-H. Rueß: Die Deportation der Göppinger Juden. 2001

S. 84: Landratsamt Göppingen

S. 90: W. Ziegler: Von Siezun bis Süßen. 1971, S. 357ff. – W. Ziegler u. W. Runschke: Süßen. Vom Dorf zur Stadt. 1996

S. 92: Mitten durch. Geschichte des Verkehrs in Ebersbach an der Fils. 1991, S. 41f.

S. 108: W. Ziegler: Von Siezun bis Süßen. 1971, S. 41ff.

S. 118: Th. Griesinger: Württemberg nach seiner Vergangenheit und Gegenwart. 1866; S. 282

S. 122: J. Kettenmann: Sagen im Kreis Göppingen. 1975, S. 26ff.

S. 129: Martin Zeiller, Schwäbische Chronik. 1653, zitiert nach Geschichtliche Heimatkunde des Filsgaus. 1926, S. 111

S. 131: K. Bauer: Geschichte der Stadt Geislingen an der Steige. Bd. 2, 1975. S. 541f., ergänzt.

S. 132: Nach einem Faltblatt des Städt. Verkehrsamts Geislingen

S. 133: Nach den Chroniken der genannten Orte

S. 137: Desgleichen

S. 142: Zitiert nach U. Jeggle in M. Blümcke: Abschied von der Dorfidylle? 1982, S. 115f.

S. 144: A. Aich: Geschichte der Gemeinde Salach und der Burg Staufeneck. 1960, S. 92

S. 147: J. Illig (Hg.): Geschichte von Göppingen und Umgebung. 2 Bde. 1924. – K. Kirschmer: Die Geschichte der Stadt Göppingen. 1952. – D. Kauß: Der Göppinger Stadtbrand vom 25. August 1782 und seine Folgen. Hohenstaufen 13, 1986, S. 135–155. – Hauptstaatsarchiv Stuttgart A 249 Bü 780

S. 151: K. Kirschmer (wie S. 147), ergänzt

S. 156: Nach den Chroniken der genannten Orte

S. 158: A. Tänzer: Geschichte der Juden in Jebenhausen und Göppingen. 1927

S. 160: Elsa Reger: Mein Leben mit und für Max Reger. 1930, S. 37f. – Stuttgarter Zeitung. 3. 12. 2002, S. 24

S. 163: J. Kettenmann: Sagen im Kreis Göppingen. 1975, S. 67f.

Ortsregister für das Gebiet der Fils

Später eingemeindete Orte sind für sich aufgeführt, jeweils beide Drackenstein, Eislingen und Süßen dagegen zusammengefasst. Burgen sind in der Regel unter den Orten erfasst.

Aichelberg
Hohengehren
Aichwald
Baltmannsweiler
Lichtenwald
Schlichten
Oberberken
Unterberken
Adelberg
Waldhausen
Altbach
PLOCHINGEN
Reichenbach a.d. Fils
EBERSBACH a.d. Fils
Wangen
Holzhausen
Deizisau
Hochdorf
UHINGEN
Faurndau
WERNAU (Neckar)
Notzingen
Albershausen
WENDLINGEN am Neckar
Unterboihingen
Ötlingen
Schlierbach
Hattenhofen
KIRCHHEIM unter Teck
Ohmden
Zell u. Aichelberg
Boll
Jesingen
Holzmaden
Aichelberg
WEILHEIM a.d. Teck
Dettingen unter Teck
Nabern
Bissingen an der Teck
OWEN (AUEN)
Hepsisau
Neidlingen
Beuren
Ochsenwang
Erkenbrechtsweiler
Unterlenningen
Oberlenningen
WIESENSTEIG
Schopfloch
Gutenberg
Grabenstetten
Schlattstall
Brunnen
B 10
B 297
B 313
B 465
A 8 E 52
Maßstab 1 : 100 000
1 cm auf der Karte entspricht 1 km in der Natur
0 1 2 3 km